विश्व के महान् भाषण

विश्व के महान् भाषण

संपादक

सुशील कपूर

प्रकाशक

प्रभात प्रकाशन प्रा. लि.

4/19 आसफ अली रोड, नई दिल्ली-110002

फोन : 011-23289777 • हेल्पलाइन नं. : 7827007777

इ-मेल : prabhatbooks@gmail.com ❖ वेब ठिकाना : www.prabhatbooks.com

संस्करण

2025

मूल्य

पाँच सौ रुपए

मुद्रक

यश प्रिंटोग्राफिक्स, नोएडा

VISHWA KE MAHAN BHASHAN (World Famous Speeches)
Ed. Shri Sushil Kapoor

Published by **PRABHAT PRAKASHAN PVT. LTD.**
4/19 Asaf Ali Road, New Delhi-110002

ISBN 978-93-5048-066-3

₹ 500.00

अपने प्राण हथेली पर रखकर
निराशा के गहन अंधकार में डूबे जनमानस में
जागरूकता का उज्ज्वल आलोक फैलानेवाले
'वीर सेनानियों' की पुण्य स्मृति को
सादर समर्पित

प्रस्तावना

थोथी राजनीतिक भाषणबाजी से जिनके हृदय संतप्त हैं, प्रस्तुत संकलन उनके लिए निस्संदेह शीतल निर्झरिणी होगा। अवसरवादी राजनीति के वर्तमान माहौल में सुधी पाठकों का इस तथ्य से साक्षात्कार कराना कि कभी बड़े से बड़ा जोखिम उठाकर भी सत्य को उजागर करनेवाले अदम्य साहसी भी थे, निराशा से थके-हारे जन-जन के हृदयों में विद्रोह के शोले भड़काने वाले भी थे, अपने थोड़े से शब्दों से राष्ट्रीय संकट की वेला में जान की बाजी लगाकर संघर्ष करने की प्रेरणा देनेवाले भी थे—हमने अपने उद्देश्य ही नहीं, कर्तव्य को भी समझा, प्रस्तुत संकलन उसी का परिणाम है।

हमारे कहने का अभिप्राय यह कदापि नहीं कि आज का वातावरण केवल अवसरवादी बयानबाजी से ओतप्रोत है। आज भी अगणित देशभक्त, समाज-सुधारक, आध्यात्मिक चिंतक अपनी अभिव्यक्ति से समाज में सकारात्मक परिवर्तन लाने के लिए प्रयत्नशील हैं, परंतु मानव इतिहास की दीर्घ अवधियों में जो कुछ अनमोल, प्रेरणाप्रद, उत्साहजनक कहा गया है, उसका अध्ययन या पुनःस्मरण कितना उपादेय है, इसका सहज ही अनुमान लगाया जा सकता है।

शताब्दियों के अंतराल में भाषणों या बयानों के रूप में अनंत सामग्री बिखरी हुई है। उसमें से चुनकर कुछ प्रस्तुत करने का कोई एक निर्धारित निकष नहीं हो सकता। रुचियाँ विविध होती हैं। किसी को एक विषय रुचिकर होता है तो अन्य को दूसरा। अतः प्रस्तुत संकलन के लिए भाषणों का चयन करते समय हमने विविधता का भी ध्यान रखा है।

अपनी अभिव्यक्ति से जनमानस को मंत्रमुग्ध करने की अद्‍भुत क्षमता रखनेवाली विश्व की जिन महान् हस्तियों के भाषणों का संकलन हमने किया है, उनमें से

अधिकांश अंग्रेजी में या फिर किसी अन्य विदेशी भाषा में थे, जिनके अंग्रेजी अनुवाद का सहारा लेकर हिंदी के पाठकों के लिए यह रूपांतर प्रस्तुत किया गया है। अतः हमारा विनम्र आग्रह है कि इनमें यदि कहीं कुछ त्रुटियाँ दिखाई दें तो उनको अनुवाद की खामी माना जाए, न कि मूल वक्ता की।

—सुशील कपूर

अनुक्रमणिका

अब्राहम लिंकन

अब्राहम लिंकन (12 फरवरी, 1809–15 अप्रैल, 1865) अमेरिका के सोलहवें राष्ट्रपति थे। उन्होंने अमेरिका को उसके सबसे बड़े संकट–गृह युद्ध (अमेरिकी गृह युद्ध)–से पार लगाया। अमेरिका में दास प्रथा के अंत का श्रेय लिंकन को ही जाता है।

अब्राहम लिंकन का जन्म एक गरीब अश्वेत परिवार में हुआ था। वह प्रथम रिपब्लिकन थे, जो अमेरिका के राष्ट्रपति बने। उससे पहले वह एक वकील, इलियंस स्टेट के विधायक, अमेरिका के हाउस ऑफ रिप्रेजेंटेटिव्स के सदस्य रहे। वह दो बार सीनेट के चुनाव में असफल भी हुए।

जनता की, जनता के द्वारा, जनता के लिए

✍ **अब्राहम लिंकन**

19 नवंबर, 1863 को अमेरिका के तत्कालीन राष्ट्रपति अब्राहम लिंकन ने यह प्रसिद्ध भाषण दिया था, जिसका अंतिम वाक्य लोकतंत्र की परिभाषा बन गया।

"4 सदी ई.पू. एवं 7 वर्ष पहले हमारे पूर्वजों ने इस महाद्वीप पर एक नए राष्ट्र की स्थापना की थी। अपनी स्वाधीनता की अवधारणा के साथ यह इस तर्क को समर्पित थी कि सभी मानव एक समान हैं।

"आज हम एक बहुत बड़े गृहयुद्ध में लिप्त हैं। इस बात का परीक्षण करते हुए कि क्या ऐसी अवधारणा और समर्पण चिरस्थायी हो सकता है। हम यहाँ उस गृहयुद्ध के एक बड़े युद्धक्षेत्र में एकत्र हुए हैं। इसके एक भाग को हम उन लोगों के अंतिम विश्राम स्थल के रूप में समर्पित करने आए हैं, जिन्होंने इसलिए अपने प्राण न्योछावर कर दिए, ताकि राष्ट्र जीवित रहे। ऐसा हम पूरी मर्यादा के साथ करेंगे। लेकिन व्यापक अर्थों में हम इस धरती को समर्पित नहीं कर सकते। हम इसका पवित्रीकरण नहीं कर सकते, इसे महिमामंडित नहीं कर सकते। जिन जीवित या अब वीरगति को प्राप्त शूरवीरों ने यहाँ संघर्ष किया, वे इसे इतना पुनीत कर गए हैं कि हमारी साधारण क्षमता उसमें न कुछ वृद्धि कर सकती है, न उसे घटा सकती है। हम आज यहाँ जो कुछ कह रहे हैं, संसार उस पर कम ही ध्यान देगा और उसे

अधिक दिनों तक याद भी नहीं रखेगा। लेकिन उन्होंने यहाँ जो कारनामे किए, उन्हें वह कभी नहीं भूलेगा।

"असल में हम जो जीवित हैं, यह उनका कर्तव्य है कि स्वयं को उस अधूरे महान् कार्य के लिए समर्पित करें, जिसके लिए इन शहीदों ने अपने प्राणों की आहुति दी। उन्होंने स्वयं को इसके लिए अंतिम रूप से संपूर्णतः समर्पित कर दिया था। अब हमें पूर्ण संकल्प लेना चाहिए, ताकि उनका बलिदान व्यर्थ न जाए, ताकि इस राष्ट्र में स्वाधीनता का नया जन्म हो, ताकि जनता की सरकार, जनता के द्वारा संचालित सरकार, जनता के निमित्त सरकार इस धरती से विनष्ट न हो जाए।"

□

अल्बर्ट आइंस्टीन

अल्बर्ट आइंस्टीन का जन्म 14 मार्च, 1879 को जर्मनी के वुटेमबर्ग के एक यहूदी परिवार में हुआ। उनके पिता एक इंजीनियर और सेल्समैन थे। उनकी माँ पौलीन आइंस्टीन थी। वे पढ़ाई में अव्वल थे। उनकी मात्रभाषा जर्मन थी और बाद में उन्होंने इटालियन व अंग्रेजी सीखी। वे एक भौतिकीविद् थे। वे सबसे अधिक सापेक्षता के सिद्धांत और द्रव्यमान-ऊर्जा समीकरण $E=mc^W$ के लिए जाने जाते हैं। उन्हें सैद्धांतिक भौतिकी, खासकर प्रकाश-विद्युत् उत्सर्जन की खोज के लिए 1921 में नोबेल पुरस्कार प्रदान किया गया।

आइंस्टीन के अन्य योगदानों में—सापेक्ष ब्राह्मांड, कोशिकीय गति, क्रांतिक उपच्छाया, सांख्यिक मेकैनिक्स की समस्याएँ, अणुओं की ब्राउनियन गति, अणुओं की उत्परिवर्तन संभाव्यता, एक अणुवाले गैस का क्वांटम सिद्धांत, कम विकिरण घनत्ववाले प्रकाश के ऊष्मीय गुण, विकिरण के सिद्धांत, एकीक्रीत क्षेत्र सिद्धांत और भौतिकी का ज्यामितीकरण आदि शामिल हैं।

आइंस्टीन ने पचास से अधिक शोध-पत्र और विज्ञान से अलग किताबें लिखीं; सन् 1999 में 'टाइम' पत्रिका ने उन्हें शताब्दी-पुरुष घोषित किया। 18 अप्रैल, 1955 को उनका निधन हो गया।

मैं लोकतंत्र के आदर्शों का पैरोकार हूँ

✍ **अल्बर्ट आइंस्टीन**

इस धरती पर हमारी स्थिति विचित्र दिखती है। हममें से हर कोई यहाँ थोड़े समय के लिए अनिच्छापूर्वक या अनामंत्रित आया दिखता है, यह जाने बिना कि वह क्यों आया है या कहाँ से आया है। अपने रोजमर्रा के जीवन में हम केवल यह महसूस करते हैं कि मनुष्य यहाँ दूसरों के लिए आया है—उनके लिए, जिन्हें हम प्यार करते हैं। उन लोगों के लिए भी, जिनकी किस्मत हमारी अपनी किस्मत से बँधी है। मैं इस विचार से प्राय: चिंतित हो जाता हूँ कि मेरा जीवन बहुत हद तक अपने साथियों के काम पर आधारित है। मैं उन लोगों का सचमुच बहुत ऋणी हूँ।

मैं इच्छा की स्वतंत्रता में विश्वास नहीं करता। स्कोपेहाउर के शब्दों में—"मनुष्य जो चाहता है, कर सकता है लेकिन वह जिस चीज की इच्छा करता है, नहीं कर सकता।" मैं अपने जीवन की हर स्थिति में इन शब्दों को याद रखता हूँ। ये शब्द दूसरों के काम से तालमेल बिठाने में मेरी मदद करते हैं, भले ही वह काम मेरे लिए कष्टदायक हो। इच्छा की स्वतंत्रता के अभाव के प्रति मेरी जागरूकता मुझे अपनी इच्छा से काम करने और फैसला लेनेवाले व्यक्ति के रूप में स्वयं को और अपने साथी व्यक्तियों को बहुत गंभीरता से लेने और अपना आपा खोने से रोकती है। मैंने दौलत और ऐशो-आराम की कामना नहीं की। मैं इनसे बहुत घृणा करता हूँ।

सामाजिक न्याय के प्रति मेरे जुनून के कारण प्राय: दूसरे व्यक्तियों के साथ मेरा टकराव हो जाता है। मैं बंधन और पराधीनता से बहुत घृणा करता हूँ। इस

कारण भी दूसरों से मेरा टकराव हो जाता है। मैं बंधन और पराधीनता को बिलकुल आवश्यक नहीं मानता। मेरे मन में हर व्यक्ति के लिए हमेशा से सम्मान रहा है; लेकिन हिंसा और गुटबाजी से मुझे नफरत रही है।

इस मायने में मैं धार्मिक हूँ। मेरे लिए इन रहस्यों के बारे में अटकलें लगाना और उनमें निहित चीजों की महज एक झलक पाने की कोशिश करना ही पर्याप्त है।

□

एडमंड बर्क

एडमंड बर्क का जन्म 12 जनवरी, 1729 को डब्लिन (आयरलैंड) में हुआ। वह एक सफल एवं समृद्ध वकील पिता रिचर्ड के पुत्र थे। बहुमुखी प्रतिभा के धनी बर्क एक राजनीतिज्ञ, लेखक, राजनीतिक चिंतक एवं सांसद के तौर पर विख्यात रहे। वह लंबे समय तक ब्रिटिश संसद् में विग पार्टी के सांसद रहे। अमेरिका के क्रांतिकारियों का प्रबल समर्थन करने और फ्रांस की क्रांति का पुरजोर विरोध करने के लिए उन्हें विशेष रूप से जाना जाता है।

उनका निधन 9 जुलाई, 1797 को 68 वर्ष की आयु में बीकंस्फील्ड, बकिंघमशायर (इंग्लैंड) में हुआ।

निरंकुश अधिकार

✍ **एडमंड बर्क**

एडमंड बर्क ब्रिटिश सांसद और राजनीतिक विचारक थे। उन्होंने सन् 1788 में यह भाषण वारेन हेस्टिंग्स के महाभियोग के मामले में अदालत में दिया था।

सम्माननीय लॉर्ड्स, आपने उन सिद्धांतों को सुना, जिनके आधार पर वारेन हेस्टिंग्स ब्रिटिश साम्राज्य के अधीन एशिया के भूभाग पर शासन करते रहे हैं। अपनी राय जाहिर करते हुए उन्होंने घोषणा की है कि वह स्वेच्छाचारी शासक थे और निरंकुश अधिकारों का प्रयोग करते रहे हैं। अपने सभी कृत्यों को उन्होंने इस ढाल के पीछे छिपा लिया है। उनका कहना है, 'मैं एशिया के संविधान को केवल अपने काम करने के दस्तूर से जानता हूँ।' क्या आप यह सुनना गवारा करेंगे कि आदमी के भ्रष्ट कार्यकलाप शासन के सिद्धांत बनाते हैं? उनके पास निरंकुश अधिकार थे। सम्माननीय लॉर्ड्स, ईस्ट इंडिया कंपनी के पास उन्हें देने के लिए कोई निरंकुश अधिकार नहीं थे। सम्राट् के पास भी उन्हें देने को निरंकुश अधिकार नहीं थे। आप, सम्माननीय लॉर्ड्स के पास, सांसदों के पास या समस्त विधायिका के पास भी उन्हें देने को ऐसे निरंकुश अधिकार नहीं हैं।

हमारे पास किसी को देने के लिए कोई निरंकुश अधिकार नहीं हैं; क्योंकि निरंकुश अधिकार ऐसी चीज है, जो न तो किसी आदमी के पास हो सकती है, न ही वह दे सकता है। कोई व्यक्ति स्वयं को भी कानूनन स्वेच्छा से संचालित नहीं कर सकता, किसी अन्य को संचालित करने की तो बात ही क्या! हम सबका

जन्म अधीनता में हुआ है। सब उच्च व निम्न शासक व शासित एक महान्, अपरिवर्तनीय, पूर्ववर्ती विधान के अधीन हैं। यह विधान हमारी सभी युक्तियों, परिकल्पनाओं, हमारी सभी संवेदनाओं से सर्वोपरि, हमारे अस्तित्व से पूर्ववर्ती रहा है। इसके माध्यम से हम ब्रह्मांड के चिरंतन ढाँचे से आबद्ध हैं, जिससे बाहर हम हिल भी नहीं सकते।

यह महान् विधान हमारी संविदा की परिपाटी से नहीं उपजा है, बल्कि यह हमारी संविदा व परिपाटी को वह शक्ति व दंड-विधान देता है, जो उनके पास हैं। यह हमारे खोखले संस्थानों से नहीं उपजा। हरेक अच्छी भेंट हमें ईश्वर से मिली है। सभी शक्तियाँ प्रभु की हैं। जो शक्तियाँ देता है और केवल वही जो शक्तियों का स्रोत है, वह शक्ति के स्रोत से इतर किसी अन्य द्वारा इनका उपयोग सहन नहीं करता।

इस प्रकार, यदि मानव पर मानव का सारा आधिपत्य ईश्वरीय व्यवस्था के फलस्वरूप है तो यह उसे प्रदत्त करनेवाले के शाश्वत विधान से नियंत्रित है। कोई भी मानव अधिकरण उसमें हस्तक्षेप या परिवर्तन नहीं कर सकता। न वह, जो उसे कार्यान्वित करता है, न ही वे, जो उसके द्वारा शासित हैं। अगर वे ऐसी प्रथा चलाने का पागलपन करें जो उनके जीवन, स्वतंत्रता व संपत्ति को विधि-नियंत्रित न करके किसी व्यक्ति की स्वेच्छाचारित के अधीन करती हो, तो ऐसी प्रथा अमान्य होगी।

विजयी होने के कारण भी ऐसी निरंकुश सत्ता प्राप्त नहीं की जा सकती। न ही कोई राजा उत्तराधिकार में इसे पा सकता है; क्योंकि कोई भी व्यक्ति धोखाधड़ी, लूटमार या हिंसा का उत्तराधिकारी नहीं हो सकता। निरंकुश अधिकार देनेवाले और उन्हें पानेवाला दोनों ही समान रूप से अपराधी हैं। विश्व में जहाँ भी ऐसी निरंकुशता दिखाई दे, प्रत्येक व्यक्ति का कर्तव्य है कि अपनी पूरी शक्ति से उसका प्रतिरोध करे।

विधि-विधान और स्वेच्छाचारी अधिकारों की सतत शत्रुता है। आप न्यायाधिकारी का नाम लें तो मैं कहूँगा—औचित्य। आप किसी अधिकार या सत्ता का नाम लें तो मैं कहूँगा—सुरक्षा। यह कहना कि कोई भी व्यक्ति निरंकुश अधिकार पा सकता है, निबंधन का व्याघात होगा, धार्मिकता में ईश-निंदा होगी, राजनीति में दुष्टता होगी। प्रत्येक पद के साथ उसके कर्तव्य भी जुड़े होते हैं। आखिर कोई न्यायाधिकारी किसलिए होता है ? यह सोच कि वह अधिकार के लिए दंडाधिकारी बना है, मूर्खता ही होगी। सभी न्यायाधीश न्याय के उस चिरंतन विधान से निर्देशित होते हैं, जिसके द्वारा हम सब शासित हैं। हम चाहें तो ये बंधन तोड़ सकते हैं, लेकिन हमें यह भी जान लेना चाहिए कि मनुष्य का जन्म विधि-विधान से नियंत्रित रहने के लिए हुआ है। जो इस विधान के स्थान पर स्वेच्छा को रखता है, वह ईश्वर का शत्रु है।

आदरणीय लॉर्ड्स, मैं आपको स्मरण दिलाना चाहता हूँ कि श्री हेस्टिंग्स की सरकार एक दमन-तंत्र था। यह व्यक्तियों पर डाका डालने, जनता को लूटने-खसोटने, ब्रिटिश शासन की सारी व्यवस्था को बिगाड़ने का तंत्र था। इसका उद्देश्य किसी भी सरकार के पास अधिक-से-अधिक जितने अधिकार हो सकते हैं, उन्हें हासिल करना और किसी भी सरकार के सामने जो साझे लक्ष्य होते हैं, उन्हें ध्वस्त करना था। ब्रिटेन के सभी प्रजाजनों की ओर से मैं वारेन हेस्टिंग्स पर इन समस्त दुष्टताओं का आरोप लगाता हूँ।

सम्माननीय लॉर्ड्स, इस महान् न्याय के लिए हमें क्या चाहिए ? हमें प्रयोजक कारण चाहिए ? इसके लिए आपके पास उत्पीड़ित शासकों का मामला है, तबाह की गई महारानियों और बेगमों का मामला है, उजाड़े गए प्रांतों और नष्ट किए गए राज्यों का मामला है।

आप अपराधी के अपराध के बारे में जानना चाहते हैं। क्या इससे पहले कभी किसी को इससे अधिक असमान अधिकार दिए गए थे ? आपको भारत में इस जैसा कोई दूसरा दोषी खोजने पर भी नहीं मिलेगा। वारेन हेस्टिंग्स ने वहाँ इतना माल-मत्ता भी बाकी नहीं छोड़ा, जिसके दम पर उस जैसा दूसरा अपराधी पनप सके।

सम्माननीय लॉर्ड्स, आपको अभियोगी चाहिए ? आपके सामने ब्रिटेन की जन-संसद् के सदस्य हैं, भारत की समस्त जनता के अपमान व उस पर किए गए अत्याचारों से वाकिफ व्यक्ति हैं।

क्या हमें किसी न्यायाधिकरण की आवश्यकता है ? सम्माननीय लॉर्ड्स, इस जैसा न्यायाधिकरण तो आधुनिक विश्व में दूसरा हो ही नहीं सकता। हम भारत व मानवता के हित पूर्ण विश्वास के साथ इसे आपके हाथों में सौंपते हैं। अत: पूर्ण विश्वास व जन-सांसदों के आदेशानुसार मैं श्री वारेन हेस्टिंग्स पर उच्च स्तरीय अपराधों व दुराचरण का महाभियोग लगाता हूँ।

1. मैं यहाँ उपस्थित हाउस ऑफ कॉमंस के सदस्यों की ओर से उन पर महाभियोग लगाता हूँ, जिनके संसदीय विश्वास को उन्होंने तोड़ा है।
2. मैं ब्रिटेन के जनसाधारण की ओर से उन पर महाभियोग लगाता हूँ, जिनके राष्ट्रीय चरित्र को उन्होंने अपमानित किया है।
3. मैं भारतीय जनता की ओर से उन पर महाभियोग लगाता हूँ, जिनके कानून, अधिकारों व स्वाधीनता को उन्होंने नष्ट किया है, जिनकी संपत्तियों का उन्होंने विनाश किया है, जिनके देश को उन्होंने उजाड़कर

वीरान कर दिया है।

4. मैं उन समस्त चिरंतन कानूनों के लिए उन पर महाभियोग लगाता हूँ, जिनका उन्होंने उल्लंघन किया है।
5. मैं उन पर उस मानव प्रकृति के नाम पर महाभियोग लगाता हूँ, जिसका उन्होंने घोर अपमान किया है, उसे आघात पहुँचाया है और उसका दमन किया है। ऐसा उन्होंने जीवन की स्थिति में हर आयु, वर्ग, लिंग के लोगों के साथ किया है।

सम्माननीय लॉर्ड्स, इस भयंकर प्रकरण के उपसंहार में यहाँ जन-सांसदों के मध्य मैं विदा होनेवाली पीढ़ी और आनेवाली पीढ़ी को साक्षी बनाता हूँ। इन दोनों के बीच चिरंतन विधि-विधान की एक शृंखला के रूप में हम अवस्थित हैं। हम सारे विश्व का प्रत्यक्ष देखने के लिए आह्वान करते हैं कि हम किसी कर्तव्य-पालन से हिचकिचाएँ नहीं। हम किसी छल-कपट या लीपा-पोती के अपराधी नहीं। हमने अपराध के साथ किसी तरह का समझौता नहीं किया। हमें किसी लांछन का भय नहीं—उस संघर्ष के दौरान जो हमने अपराधों, दुर्व्यसनों, अपार धन-संपत्ति के अभिभूत करनेवाले प्रभाव के विरुद्ध छेड़ा है।

सम्माननीय लॉर्ड्स, विधाता की इच्छा कुछ ऐसी रही है कि हम सदा किसी महान् परिवर्तन के कगार पर रहे हैं। एक और केवल एक वस्तु ऐसी है, जो सर्वदा अपरिवर्तनशील है। जो इस संसार के निर्माण से पहले से थी और जो इसके सारे ताने-बाने के बावजूद स्थिर बनी हुई है। मेरा अभिप्राय न्याय से है। वह न्याय, जो ईश्वरत्व से निःसृत होता है और हममें से प्रत्येक के सीने में निवास करता है। यह हमें अपने प्रति तथा दूसरों के प्रति व्यवहार को निर्देशित करने के लिए प्रदान किया गया है। जब यह धरती जलकर राख हो जाएगी, वह तब भी रहेगा। उस दिन भी, जब जीवन व्यतीत हो जाने के बाद अभियोक्ता हमें उस महान् न्यायाधीश के समक्ष प्रस्तुत करेगा।

सम्माननीय लॉर्ड्स, आपके साथ ऐसा कुछ भी अशुभ नहीं हो सकता जिसके हम सब सहभागी न बनें। लेकिन अगर ऐसा कुछ होता है कि हमने जो भयावह परिवर्तन देखे हैं, उनके प्रभाव में आ जाएँ, यदि ऐसा होता है कि आप सम्माननीय लॉर्ड्स मानव समाज की सभी मर्यादित विशिष्टताओं से विहीन होकर निष्ठुरता व दुष्टता के प्रभाव में आ जाएँ, उस हत्यारे तंत्र से प्रभावित हो जाएँ, जिसके विरोध में यशस्वी राजाओं व महारानियों ने अपना रक्त बहाया और जिन सामंतों ने उनके राजसिंहासन की रक्षा में कष्ट उठाए, तो क्या आपको उस संतुष्टि

की अनुभूति होगी, जो उस भयानक पीड़ा को सहते हुए भी उन लोगों को हुई थी ?

सम्माननीय लॉर्ड्स यदि आपका पतन होता है तो भी क्या इतना पतन होगा ? यदि आप दृढ़ रहते हैं और मुझे विश्वास है कि आप दृढ़ रहेंगे, आप प्राचीन राजतंत्र के भाग्य, प्राचीन महान् साम्राज्यों के अधिनियमों, स्वाधीनताओं के साथ अटल रहेंगे। मेरी कामना है कि आप अपने अधिकारों के साथ ही अपनी प्रतिष्ठा में भी निर्दोष बने रहें, आप सद्गुणों का विकल्प नहीं बनें बल्कि सद्गुणों का आभूषण बनें, सद्गुणों के संरक्षक बनें, आप आततायियों के आतंक के दीर्घजीवी होने पर उसके विरुद्ध दीर्घकालीन दृढ़ता बनाए रखें, आप आहत राष्ट्रों की शरण बनें, आप अलंघनीय न्याय के विरुद्ध होनेवाले सतत प्रतिरोध के प्रतिकार-स्वरूप एक पवित्र मंदिर के समान बने रहें।

□

एडवर्ड अष्टम

एडवर्ड अष्टम का जन्म 23 जून, 1894 को व्हाइट लॉज, रिचमंड (इंग्लैंड) में हुआ था। वह ग्रेट ब्रिटेन के राजा थे तथा ब्रिटिश राष्ट्रमंडल उपनिवेशों के सम्राट् थे। सिंहासनारूढ़ होने के कुछ दिनों बाद ही एडवर्ड ने अपनी शादी को लेकर संवैधानिक संकट खड़ा कर दिया। वह अमेरिका की एक सामाजिक कार्यकर्त्री वालिस सिंपसन—जो अपने पहले पति से तलाक ले चुकी थीं, परंतु द्वितीय पति जीवित था—से विवाह करना चाहते थे। ब्रिटेन के प्रधानमंत्री ने इस पर आपत्ति की। लेकिन सिंपसन के दूसरे पति से तलाक लेने के बाद 3 जून, 1937 को उन्होंने फ्रांस में शादी कर ली। उनकी सहानुभूति नाजियों के साथ थी। उन्हें बहमास का गवर्नर बनाया गया, लेकिन द्वितीय विश्वयुद्ध के बाद उन्हें कोई आधिकारिक पद नहीं दिया गया। सेवानिवृत्ति के बाद उन्होंने अपना शेष जीवन फ्रांस में बिताया।

राज-त्याग पर भाषण

✍ **एडवर्ड अष्टम**

जब मेरे लिए स्वेच्छा से कुछ कहना संभव होता तो मैं कुछ भी छिपाना नहीं चाहता। लेकिन अब तक मेरे लिए इस तरह बोलना संवैधानिक रूप से संभव न था।

कुछ घंटों पहले मैंने राजा और सम्राट् के तौर पर अपना अंतिम कर्तव्य संपूर्ण किया। और अब, जबकि मेरे भाई ड्यूक ऑफ यार्क ने उत्तराधिकारी के तौर पर मेरा स्थान ग्रहण कर लिया है तो सबसे पहले मैं उनके प्रति राजनिष्ठा व्यक्त करता हूँ। ऐसा मैं अपने संपूर्ण हृदय से करता हूँ।

आप सब उन कारणों से परिचित हैं, जिन्होंने मुझे सिंहासन त्यागने को विवश किया। लेकिन मैं आपको यह बताना चाहता हूँ कि यह निर्णय लेते समय मैं न तो अपने देश को भूला, न ही उस साम्राज्य को, जिसकी सेवा मैंने युवराज के तौर पर और बाद में राजा के तौर पर पिछले पच्चीस वर्षों तक करने का प्रयास किया। लेकिन आप मेरा विश्वास करें कि इस उत्तरदायित्व के भारी बोझ और राजा के तौर पर अपने कर्तव्य–पालन को निभाना मेरे लिए उस महिला की सहायता व समर्थन के बिना असंभव प्रतीत होता है, जिसे मैं प्रेम करता हूँ।

मैं आपको यह भी बताना चाहता हूँ कि यह निर्णय नितांत मेरा अपना है। इस चीज का निर्णय मुझे केवल अपने लिए लेना था। इससे संबद्ध दूसरे व्यक्ति ने अंत तक मुझे दूसरा मार्ग अपनाने को राजी करने का प्रयास किया। मैंने यह लिया, अपने जीवन का सबसे गंभीर फैसला। इस एक विचार के आधार पर कि अंततः सबकी भलाई किसमें है।

इस निश्चित जानकारी ने मेरे निर्णय की कठिनाइयों को कुछ कम कर दिया कि देश के सार्वजनिक मामलों के उनके दीर्घ प्रशिक्षण और अपने सद्‌गुणों के कारण मेरे भाई मेरा स्थान ग्रहण करने में सर्वथा सक्षम होंगे और साम्राज्य के जीवन एवं प्रगति को इससे कोई बाधा या क्षति नहीं होगी। उन्हें एक और अतुलनीय वरदान प्राप्त है, जो आप में से भी बहुतों को मिला है, पर मुझे नहीं—पत्नी व बच्चों सहित एक सुखी परिवार।

इस कठिन समय के दौरान मेरी माँ राजमाता और मेरे परिवार ने मुझे ढाढ़स बँधाया। राज्य के मंत्रियों, विशेष रूप से प्रधानमंत्री श्री बाल्दविन ने सदा मेरे साथ समुचित व्यवहार किया। उनके और मेरे बीच या मेरे और संसद् के बीच कभी कोई संवैधानिक मतभेद नहीं हुआ। मेरे पिता ने मुझे संवैधानिक परंपराओं की शिक्षा दी है। अत: मैं कभी ऐसी स्थिति पैदा नहीं होने देता।

जब मैं युवराज था और बाद में जब मैं सिंहासन पर बैठा, सभी वर्गों के लोगों ने मेरे साथ बहुत ही अच्छा व्यवहार किया है। चाहे वह साम्राज्य में यात्रा के दौरान हो या सामान्य दिनचर्या। उसके लिए मैं अत्यंत कृतज्ञ हूँ।

हालाँकि अब मैं सार्वजनिक भार से मुक्त हो रहा हूँ और कुछ समय बाद अपने मूल निवास को लौट जाऊँगा, लेकिन सदा अंग्रेज नस्ल और साम्राज्य का पूरी दिलचस्पी से हित-चिंतन करता रहूँगा। यदि कभी भी महाराजा को मेरी सेवाओं की आवश्यकता हुई तो सदा प्रस्तुत रहूँगा।

अब हमारे एक नए राजा हैं। मैं अपने संपूर्ण हृदय से उनकी व उनके प्रजाजन आप सबकी सुख-समृद्धि की कामना करता हूँ। ईश्वर आप सबका कल्याण करें। ईश्वर राजा की सदा रक्षा करें।

□

ए.पी.जे. अब्दुल कलाम

रामेश्वरम् (तमिलनाडु) के एक अल्प शिक्षित परिवार में सन् 1931 में जनमे प्रो. अवुल पकीर जैनुलाबदीन अब्दुल कलाम ने रक्षा वैज्ञानिक के रूप में ख्याति अर्जित की। उनकी अद्वितीय उपलब्धियों के लिए उन्हें देश के सर्वोच्च नागरिक सम्मान 'भारत रत्न' से सम्मानित किया गया। देश के रक्षा शोध एवं विकास कार्यक्रमों के मुखिया के रूप में उन्होंने प्रायः बंद-से पड़े शोध प्रतिष्ठानों को एक नई गति दी तथा उनमें नई ऊर्जा का संचार किया।

कलाम साहब का व्यक्तिगत जीवन तपस्या भरा रहा है। दिन में अठारह घंटे काम करने के बीच वह वीणा बजाने का भी अभ्यास करते। अपनी उपलब्धियों का श्रेय वह अपने शिक्षकों और अपने पथ-प्रदर्शकों को देते हैं। उन्होंने भारत के राष्ट्रपति के पद को भी सुशोभित किया।

हम भारत के लिए क्या कर सकते हैं?

✍ **ए.पी.जे. अब्दुल कलाम**

भारत के बारे में मेरे तीन सपने हैं। हमारे इतिहास के 3,000 वर्षों में सारी दुनिया से लोग यहाँ आए, हमारे ऊपर आक्रमण किए, हमारी धरती पर कब्जा किया और हमारे मस्तिष्क को गुलाम बनाया। अलेक्जेंडर से लेकर तुर्क, मुगल, पुर्तगाली, ब्रिटिश, फ्रांसीसी, डच—सभी यहाँ आए, हमें लूटा और जो कुछ हमारा था, उस पर कब्जा कर लिया। लेकिन हमने किसी अन्य राष्ट्र के साथ ऐसा कभी नहीं किया। हमने किसी को जीतकर गुलाम नहीं बनाया। हमने उनकी जमीन पर कब्जा नहीं किया, उनकी संस्कृति व इतिहास को नष्ट नहीं किया और न ही अपनी जीवन-शैली उन पर थोपने की कोशिश की। क्यों? क्योंकि हम दूसरों की आजादी का सम्मान करते हैं। इसीलिए मेरा पहला सपना आजादी का है। मेरा मानना है कि भारत ने आजादी का पहला सपना सन् 1857 में देखा। हमें हर हाल में इस आजादी की रक्षा करनी चाहिए, उसकी जड़ों को मजबूत बनाना चाहिए। यदि हम आजाद नहीं रहेंगे तो कोई भी हमारा सम्मान नहीं करेगा।

भारत के बारे में मेरा दूसरा सपना विकास का है। पचास वर्षों तक हम विकासशील राष्ट्र रहे हैं। अब समय आ गया है कि हम अपने को विकसित राष्ट्र के रूप में देखें। हम सकल घरेलू उत्पाद (जी.डी.पी.) के मामले में दुनिया के 5 शीर्ष राष्ट्रों में आते हैं। हमारे ज्यादातर क्षेत्रों में विकास की दर 10 प्रतिशत है। हमारी गरीबी

का स्तर गिर रहा है। हमारी उपलब्धियों को आज दुनिया भर में मान्यता मिल रही है। इसके बावजूद आत्मविश्वास के अभाव के कारण हम अपने को विकसित, आत्मनिर्भर और आत्म-आश्वस्त राष्ट्र के रूप में नहीं देख रहे हैं।

मेरा तीसरा सपना है कि भारत दुनिया की बराबरी में खड़ा हो सके। मेरा मानना है कि जब तक भारत दुनिया की बराबरी में खड़ा नहीं होगा, कोई भी हमारा सम्मान नहीं करेगा। केवल शक्ति ही शक्ति का सम्मान करती है। हमें सैन्य शक्ति के साथ-साथ आर्थिक शक्ति भी बनना होगा। मुझे तीन महान् लोगों—अंतरिक्ष विभाग के डॉ. विक्रम साराभाई, उनके उत्तराधिकारी प्रो. सतीश धवन और परमाणु मैटेरियल के जनक डॉ. ब्रह्म प्रकाश के साथ काम करने का सौभाग्य मिला। मैं इसे अपने जीवन का महान् अवसर मानता हूँ।

मेरे कॅरियर में चार उपलब्धियाँ रही हैं। एक, मैंने बीस साल इसरो में बिताए। मुझे भारत के पहले उपग्रह प्रक्षेपण यान एस.एल.वी.3 का परियोजना निदेशक बनने का अवसर दिया गया। एस.एल.वी.3 के द्वारा ही 'रोहिणी' का प्रक्षेपण हुआ था। मेरे वैज्ञानिक जीवन में इन वर्षों ने महत्त्वपूर्ण भूमिका निभाई। दो, इसरो के बाद मैं डी.आर.डी.ओ. में गया। वहाँ मुझे भारत के प्रक्षेपास्त्र कार्यक्रम का अंग बनने का मौका मिला। सन् 1994 में जब 'अग्नि मिशन' की सभी जरूरतें पूरी हो गईं तो मेरी खुशी का पारावार नहीं रहा। यह मेरी दूसरी उपलब्धि थी। तीन, परमाणु ऊर्जा विभाग और डी.आर.डी.ओ. की शानदार साझेदारी में 11 और 13 मई को परमाणु परीक्षण हुए। यह तीसरी उपलब्धि थी। इन परमाणु परीक्षणों में अपनी टीम के साथ हिस्सा लेने की मुझे बहुत खुशी थी। हमने दुनिया के सामने सिद्ध कर दिया कि भारत न केवल परमाणु परीक्षण कर सकता है, बल्कि वह विकसित देशों की पंक्ति में भी आ गया है। इस उपलब्धि से भारतीय के रूप में मुझे अपने ऊपर बहुत गर्व हुआ। हमने 'अग्नि' के लिए अब एक री-एंट्री ढाँचा विकसित कर लिया है। साथ ही, इसके लिए एक अत्यंत हलका नया मैटेरियल कार्बन-कार्बन भी विकसित किया है। चार, एक दिन निजाम इंस्टीट्यूट ऑफ मेडिकल साइंसेज के एक ऑर्थोपेडिक सर्जन मेरी प्रयोगशाला में आए। उन्होंने जब मैटेरियल को उठाया तो उसे बहुत हलका पाया। वे मुझे अस्पताल ले गए और अपने मरीजों को दिखाया। वहाँ छोटे-छोटे लड़के-लड़कियाँ थीं, जिनके दोनों पैरों में 3-3 कि.ग्रा. के धातु के कैलिपर लगे हुए थे। वे इधर-उधर पैर घिसटते हुए चल रहे थे। सर्जन ने कहा, "कृपया मेरे मरीजों की पीड़ा दूर कर दीजिए।"

तीन हफ्तों में हमने फ्लोर रिएक्शन वाले ऑर्थोसिस के कैलिपर बनाए, जिनमें से प्रत्येक का वजन 300 ग्राम था। हम उन्हें ऑर्थोपेडिक सेंटर में ले गए। बच्चों को अपनी आँखों पर विश्वास नहीं हो रहा था। पहले वे अपने पैरों पर 3 कि.ग्रा. बोझ के साथ घिसटते हुए चलते थे, लेकिन अब वे आसानी से इधर-उधर चल-फिर सकते थे। यह मेरी चौथी उपलब्धि थी।

यहाँ का मीडिया इतना नेगेटिव क्यों है ? हम भारतीय अपनी स्वयं की शक्ति पहचानने में इतना क्यों घबराते हैं ? हम एक महान् राष्ट्र हैं। हमारी सफलता की कहानियाँ आश्चर्यचकित कर देने वाली हैं। लेकिन हम उन्हें खारिज कर देते हैं। क्यों ? हम दुग्ध-उत्पादन में संसार में अव्वल हैं। हम दूरसंवेदी उपग्रहों में अव्वल हैं। गेहूँ उत्पादन के मामले में हम दूसरे स्थान पर आते हैं। हम चावल के दूसरे सबसे बड़े उत्पादक हैं। डॉ. सुदर्शन को देखिए, उन्होंने एक आदिवासी गाँव को स्वपोषित-आत्मनिर्भर बना दिया। इस तरह की लाखों उपलब्धियाँ हैं। लेकिन हमारा मीडिया बुरी खबरों, विफलताओं और आपदाओं के ही पीछे पड़ा रहता है।

एक बार मैं तेल अबीब में था और एक इजराइली अखबार पढ़ रहा था। पिछले दिन इजराइल पर कई हमले हुए थे, बम बरसाए गए थे और अनेक मौतें हुई थीं। हमले हमास ने किए थे। लेकिन अखबार के मुखपृष्ठ पर एक यहूदी भद्र पुरुष की तसवीर छपी थी, जिन्होंने पाँच वर्षों में अपनी ऊसर जमीन को ऑर्किड और उपजाऊ जमीन में बदल दिया था। सुबह उठकर लोगों ने सबसे पहले वह प्रेरक तसवीर देखी। हत्या, बमबारी और मौत की भयानक खबरें अंदर के पृष्ठों पर छपी थीं। भारत में हम केवल मौत, बीमारी, आतंकवाद और अपराध की खबरें पढ़ते हैं। आखिर, हम इतना नेगेटिव क्यों हैं ? एक और सवाल, एक राष्ट्र के रूप में हम विदेशी चीजों के प्रति इतना आसक्त क्यों हैं ? हम विदेशी टी.वी. चाहते हैं, हम विदेशी शर्ट चाहते हैं, हम विदेशी टेक्नोलॉजी चाहते हैं। हर आयातित चीज के प्रति इतनी आसक्ति क्यों रखते हैं ? क्या हम इस बात को महसूस नहीं करते कि आत्मनिर्भरता से आत्मसम्मान आता है ?

जब मैं हैदराबाद में यह व्याख्यान दे रहा था तो चौदह साल की एक लड़की ने मेरे ऑटोग्राफ के लिए कहा। मैंने उससे पूछा कि जीवन में उसका लक्ष्य क्या है ? उसने उत्तर दिया, 'मैं विकसित भारत में रहना चाहती हूँ।' उस लड़की के लिए आपको और मुझे इस विकसित भारत का निर्माण करना होगा। आपको ऐलान करना चाहिए कि भारत अल्प-विकसित राष्ट्र नहीं है, बल्कि विकसित राष्ट्र है।

क्या अपने देश के बारे में सोचने के लिए आपके पास 10 मिनट का समय है?

आप कहते हैं कि हमारी सरकार अक्षम है। आप कहते हैं कि हमारे कानून बहुत पुराने हैं। आप कहते हैं कि नगरपालिका कूड़ा नहीं उठाती। आप कहते हैं कि फोन खराब रहता है, ट्रेनें समय पर नहीं चलतीं, हमारी एअरलाइन दुनिया में सबसे घटिया है, चिट्ठियाँ गंतव्य पर कभी नहीं पहुँचतीं। आप कहते हैं कि हमारे देश को कुत्तों ने नोच डाला है। आप कहते हैं कि हमारा देश नरक है। आप कहते हैं और कहते ही रहते हैं।

लेकिन आप इन सबके बारे में क्या करते हैं? आप कभी सिंगापुर जाइए। जब आप हवाई अड्डे से बाहर निकलेंगे तो सबकुछ अंतरराष्ट्रीय स्तर का पाएँगे। हर जगह साफ-सफाई मिलेगी। आप सड़कों पर सिगरेट का टुकड़ा नहीं फेंकेंगे या आप किसी स्टोर में खाना नहीं खाएँगे। आपको वहाँ के अंडरग्राउंड लिंक्स को देखकर बहुत गर्व होगा। आपको आर्चर्ड रोड (जो कि माहिम कॉजवे या पेडर रोड के समतुल्य है) पर शाम 5 से 8 बजे के बीच ड्राइव करने के लिए 5 डॉलर (लगभग 60 रुपए) चुकाना पड़ेगा।

आपकी हैसियत चाहे जो भी हो, अगर आप किसी रेस्तराँ या शॉपिंग मॉल में अधिक समय तक ठहर जाते हैं तो आपको पार्किंग में आकर अपना पार्किंग टिकट पंच कराना पड़ेगा। सिंगापुर में आप कुछ नहीं कहते। आप रमजान के दौरान दुबई में सार्वजनिक रूप से खाने की हिम्मत नहीं कर सकते। आप जेद्दा में अपने सिर को ढके बिना बाहर जाने का साहस नहीं कर सकते। आप लंदन में अपने एस.टी.डी. और आई.एस.डी. कॉल्स का बिल किसी और के बिल में डालने के लिए 10 पाउंड (650 रुपए) प्रति माह पर टेलीफोन एक्सचेंज के किसी कर्मचारी को नहीं खरीद सकते। आप वाशिंगटन में 55 मील प्रति घंटा (88 किलोमीटर प्रति घंटा) से अधिक की रफ्तार से गाड़ी चलाने और फिर ट्रैफिक पुलिस से यह कहने का साहस नहीं कर सकते, "जानता है साला, मैं कौन हूँ? मैं फलाँ का बेटा हूँ। दो रुपए लो और दफा हो जाओ।" आप ऑस्ट्रेलिया और न्यूजीलैंड के समुद्र-तटों पर नारियल की खाली खोपड़ी कूड़ेदान के अलावा और कहीं नहीं फेंक सकते। आप टोकियो की सड़कों पर पान खाकर क्यों नहीं थूकते? आप बोस्टन में परीक्षा में नकल क्यों नहीं करते या फर्जी सर्टिफिकेट क्यों नहीं खरीदते? हम अभी भी आप ही की बात कर रहे हैं। आप दूसरे देश में वहाँ की व्यवस्था का सम्मान करते हैं, उसके नियम-कानून का पालन करते हैं

लेकिन अपने देश में नहीं। जिस क्षण आप भारत की धरती पर उतरते हैं, सड़कों पर कागज और सिगरेट के टुकड़े फेंकना शुरू कर देते हैं। अगर आप विदेश में जिम्मेदार नागरिक बन सकते हैं तो अपने देश में क्यों नहीं? एक बार मुंबई के पूर्व निगमायुक्त श्री तिनेकर ने एक इंटरव्यू में कहा था, "धनी लोगों के कुत्तों को सड़कों पर शौच के लिए टहलाया जाता है। और फिर वही लोग अक्षमता तथा गंदे फुटपाथ के लिए अधिकारियों की आलोचना करते हैं और उन्हें दोषी ठहराते हैं। वे अधिकारियों से क्या करने की उम्मीद करते हैं? जिस समय उनके कुत्ते शौच के लिए सड़कों पर निकलते हैं, क्या अधिकारी झाड़ू लेकर उनके पीछे-पीछे जाएँ? अमेरिका में जब भी कोई कुत्ता शौच करता है तो वह उसके मालिक को साफ करना पड़ता है। जापान में भी ऐसा ही है। क्या भारत में ऐसा संभव है?" तिनेकर की बात बिलकुल सही है। हम सरकार चुनने के लिए मतदान करने जाते हैं और फिर अपनी सभी जिम्मेदारियों को भूल जाते हैं। हम घर में बैठकर सरकार से लाड़-प्यार चाहते हैं। हम कुछ न करते हुए सरकार से हर काम करने की उम्मीद करते हैं। हम सरकार से साफ-सफाई की उम्मीद करते हैं, लेकिन खुद चारों तरफ कूड़ा फैलाते हैं। हम रास्ते पर पड़े हुए कागज के टुकड़ों को उठाकर कूड़ेदान में नहीं डालते। हम रेलवे से उम्मीद करते हैं कि वह हमें साफ-सुथरा बाथरूम मुहैया कराएगा, लेकिन हम बाथरूम का ठीक तरह से इस्तेमाल करना नहीं सीखते। हम चाहते हैं कि इंडियन एअरलाइंस और एअर इंडिया हमें सर्वोत्तम खाना तथा प्रसाधन मुहैया कराएँ; लेकिन मौका मिलते ही हम उठाईगीरी से नहीं चूकते। यह बात उन कर्मचारियों पर भी लागू होती है, जो लोगों के प्रति अपने फर्ज को भूल जाते हैं। जब महिलाओं, दहेज, कन्या या अन्य से संबंधित ज्वलंत सामाजिक मुद्दे उठते हैं तो हम ड्राइंगरूम में बैठकर शोर मचाते हैं; लेकिन खुद अपने घर में उसका उलटा करते हैं। हमारा बहाना? 'पूरी व्यवस्था को बदलने की जरूरत है। यदि मैं अकेले अपने बेटों के विवाह में दहेज नहीं लूँगा तो उससे क्या फर्क पड़ेगा?' तो व्यवस्था को बदलने कौन जा रहा है? व्यवस्था में कौन से तत्त्व शामिल हैं? हम अपनी सुविधा के लिए कहते हैं कि व्यवस्था में हमारे पड़ोसी, अन्य परिवार, अन्य शहर, अन्य समुदाय और सरकार शामिल हैं। लेकिन निश्चित रूप से मैं और आप नहीं। जब व्यवस्था में हमारे सकारात्मक योगदान की बात आती है तो हम अपने परिवार के साथ अपने को एक सुरक्षित खोल में बंद कर लेते हैं, विदेशों से अपने देश की तुलना करते हैं और यह उम्मीद करते हैं कि कोई मिस्टर क्लीन आएगा और अपने जादुई

हाथ से चमत्कार करेगा। या हम देश छोड़कर भाग जाते हैं। आलसी और डरपोक लोगों की तरह हम अपने ही डर से परेशान होकर अमेरिका चले जाते हैं और उनके वैभव तथा ऐश्वर्य का गुणगान करते हैं। जब न्यूयॉर्क असुरक्षित हो जाता है तो हम इंग्लैंड भाग जाते हैं। जब इंग्लैंड में बेरोजगारी आती है तो हम अगली उड़ान से दुबई चले जाते हैं। जब खाड़ी में लड़ाई छिड़ती है तो हम भारत सरकार से अपनी रक्षा और स्वदेश-वापसी की गुहार लगाते हैं। हर व्यक्ति देश को बरबाद करने के लिए तैयार है। कोई भी व्यक्ति व्यवस्था को पुष्ट बनाने के बारे में नहीं सोचता। हमारी चेतना पैसे की गुलाम बन गई है।

प्रिय भारतीयो, यह लेख चिंतन व आत्मनिरीक्षण के लिए प्रेरित करता है और अंत:करण को झकझोरता है। मैं यहाँ जे.एफ. केनेडी द्वारा अपने साथी अमेरिकियों से कहे गए शब्दों को भारत के संदर्भ में पेश कर रहा हूँ—

"अपने से पूछिए कि आप भारत के लिए क्या कर सकते हैं। भारत को आज का अमेरिका और अन्य पश्चिमी देश बनाने के लिए जो भी करने की जरूरत है, करिए।"

हमें भारत की उम्मीदों के अनुरूप काम करना चाहिए।

□

एलिजाबेथ प्रथम

एलिजाबेथ प्रथम (7 सितंबर, 1533–24 मार्च, 1603) 17 नवंबर, 1558 से अपनी मृत्यु तक इंग्लैंड और आयरलैंड की महारानी थीं। हेनरी अष्टम की पुत्री एलिजाबेथ ट्यूडर वंश की अंतिम शासक थीं। उनका इंग्लैंड के राजसिंहासन पर बैठने का घटनाक्रम भी बड़ा नाटकीय रहा। उनकी माता एनी बोलीन को राजकुमारी एलिजाबेथ के जन्म के ढाई साल बाद मृत्युदंड दे दिया गया था। इसके साथ ही एलिजाबेथ को अवैध संतान घोषित कर दिया गया। उनके सौतेले भाई एडवर्ड-छठे ने लेडी जेन को सिंहासन का उत्तराधिकारी बनाते हुए अपनी बहन को उत्तराधिकार से वंचित कर दिया था; लेकिन वह वसीयत रद्द कर दी गई और 1558 में वह कैथोलिक मेरी प्रथम के बाद सिंहासनारूढ़ हुईं, जिसके शासनकाल में प्रोटेस्टेंट विद्रोहियों का समर्थन करने के संदेह में एलिजाबेथ को लगभग एक साल तक कारागार में डाल दिया गया था।

महारानी एलिजाबेथ आजन्म अविवाहित रहीं, हालाँकि उनके विवाह के अनेक प्रस्ताव आए। उनके विवाह न करने के कारण को लेकर अनेक प्रकार की अटकलें और विवाद प्रचलित हैं। वह अपने पिता और अन्य शासकों की अपेक्षा बहुत उदार थीं। 'मैं देखती हूँ, पर कुछ कहती नहीं हूँ' उनका सिद्धांत वाक्य था। उनके 44 वर्ष के लंबे शासनकाल में इंग्लैंड को स्थिरता मिली। स्पेन के विशाल जहाजी बेड़े की पराजय से एलिजाबेथ प्रथम को अभूतपूर्व ख्याति मिली।

नौसैनिक आक्रमण

✍ **एलिजाबेथ प्रथम**

मई 1588 में स्पेन के सम्राट् फिलिप्स द्वितीय ने इंग्लैंड पर नौसैनिक आक्रमण करने के लिए 131 युद्धपोतों का विशाल बेड़ा भेजा था। इस गंभीर संकट की घड़ी में इंग्लैंड की महारानी एलिजाबेथ प्रथम ने निम्नलिखित प्रेरक भाषण दिया और युद्ध की गतिविधियों में विशेष व्यक्तिगत रुचि ली। इंग्लैंड के नौसैनिकों ने इस विशाल आक्रमण का करारा जवाब देकर स्पेन के युद्धपोतों को तहस-नहस कर दिया था—

''मेरे प्रिय प्रजाजनो! मुझे कुछ लोगों ने परामर्श दिया है कि अपनी सुरक्षा के निमित्त सशस्त्र सैनिक समूहों के विश्वासघात के प्रति सदा सावधान रहूँ। लेकिन मैं आपको आश्वस्त करती हूँ कि अपने प्रिय व विश्वासपात्र प्रजाजनों पर संदेह करने की मुझमें तनिक भी इच्छा नहीं।

''भयभीत तो अत्याचारी रहते हैं। मैंने सदा ऐसा आचरण किया है कि ईश्वर के बाद मैंने अपने प्रजाजनों के स्वामीभक्त व प्रेमपूर्ण हृदयों के कारण अपनी सर्वाधिक शक्ति व सुरक्षा का अनुभव किया है। इसलिए मैं इस घड़ी में आपके बीच आई हूँ। यह किसी खेल के आमोद-प्रमोद की घड़ी नहीं। यह तो युद्ध की भयंकरता की घड़ी है, जिसमें मैं आपके साथ ही जीना-मरना चाहती हूँ। भले ही मेरे प्रभु, मेरे साम्राज्य और मेरी प्रजा के हित में मेरा सम्मान, मेरा रक्त मिट्टी में मिल जाए।

''मैं जानती हूँ कि मेरा शरीर एक अबला का है, लेकिन मेरा हृदय राजा का

है, वह भी इंग्लैंड के राजा का। मुझे इस विचार मात्र से घृणा है कि स्पेन या यूरोप का कोई शासक मेरे साम्राज्य की सीमाओं का अतिक्रमण करने का दुस्साहस करे। मैं स्वयं हथियार उठाऊँगी, युद्ध में आपमें से प्रत्येक के द्वारा दिखाई गई वीरता का स्वयं निर्णय करके उन्हें पुरस्कृत करूँगी।

''मुझे अभी भी विदित है कि आप पुरस्कार व सम्मान के पात्र हैं और यह एक राजा का वचन है कि आपको पुरस्कार दिया जाएगा। इस दौरान मेरे लेफ्टिनेंट जनरल मेरी ओर से आपका नेतृत्व करेंगे। इससे पूर्व शायद ही किसी ने इतने भले और श्रेष्ठ प्रजाजनों का नेतृत्व किया होगा। मुझे मेरे जनरल के प्रति आपकी आज्ञाकारिता पर कोई संदेह नहीं। सैन्य शिविर में अपने सामंजस्य व संगठन एवं युद्ध में आपके शौर्य के कारण हम शीघ्र ही मेरे प्रभु, मेरे साम्राज्य एवं मेरे प्रजाजनों के शत्रुओं पर विजय पा लेंगे।''

□

कोफी अन्नान

कोफी अन्नान का जन्म कुमौसी, गोल्ड कोस्ट (घाना) में 8 अप्रैल, 1938 को एक संभ्रांत परिवार में हुआ था। उनके पितामह और चाचा दोनों अपने कबीले के मुखिया थे। अपनी शिक्षा के लिए प्रसिद्ध केप कोस्ट के फैंटसिपिम स्कूल में आरंभिक शिक्षा ग्रहण करने के बाद अन्नान ने क्वामे नकरुमा यूनिवर्सिटी ऑफ साइंस एंड टेक्नोलॉजी, मेकालेस्टर कॉलेज और ग्रेजुएट इंस्टीट्यूट ऑफ इंटरनेशनल एंड डेवलपमेंट स्टडीज से उच्च शिक्षा ग्रहण की।

घाना के लब्धप्रतिष्ठ राजनयिक अन्नान 1 जनवरी, 1997 से 31 दिसंबर, 2006 तक संयुक्त राष्ट्र संघ के महासचिव पद पर रहे। वैश्विक एड्स एवं स्वास्थ्य निधि प्रदान करके विकासशील देशों की एड्स के विरुद्ध एवं अपनी जनता के स्वास्थ्य की देखभाल करने में सहायता करने के लिए उन्हें वर्ष 2001 में संयुक्त रूप से शांति के लिए नोबेल पुरस्कार से सम्मानित किया गया।

परमाणु हथियारों के खतरे

✍ **कोफी अन्नान**

घाना में जनमे राजनयिक कोफी अत्ता अन्नान 1 जनवरी, 1997 से 31 दिसंबर, 2006 तक संयुक्त राष्ट्र के महासचिव रहे। निरस्त्रीकरण पर अपना यह भाषण उन्होंने 28 नवंबर, 2006 को अमेरिका की प्रिंस्टन यूनीवर्सिटी में दिया था।

बहुराष्ट्रवाद के महान् प्रणेता और विश्व शांति के समर्थक वुडरो विल्सन के नाम पर स्थापित इस स्कूल में भाषण देने के लिए आमंत्रित किए जाने पर मुझे अपार हर्ष हो रहा है। उन्होंने अन्य बातों के साथ यह तर्क भी प्रस्तुत किया कि महाविध्वंस के शस्त्रास्त्रों पर एक स्वीकृत अंतरराष्ट्रीय सीमा निर्धारित की जानी चाहिए।

प्रिंस्टन अल्बर्ट आइंस्टीन तथा अन्य अनेक महान् वैज्ञानिकों की स्मृति से अभिन्न रूप से संबद्ध है, जिन्होंने इस देश को पहली परमाणु शक्ति बनाने में भूमिका अदा की। इससे आज की संध्या मेरे इस भाषण के लिए अत्यंत अनुकूल पृष्ठभूमि बनती है, क्योंकि मेरा विषय है परमाणु अस्त्रों का खतरा और उस खतरे का सामना करने की तात्कालिक आवश्यकता, जो परमाणु प्रसार को रोकने तथा निरस्त्रीकरण— दोनों को एक साथ करने से ही संभव है। मेरा कहना है कि ये दोनों लक्ष्य, निरस्त्रीकरण व परमाणु अप्रसार अभिन्न रूप से परस्पर संबद्ध हैं। अत: इनमें से किसी भी एक में प्रगति के लिए हमें दूसरों के प्रति आगे बढ़ना होगा।

वर्तमान विश्व में हर कोई स्वयं को असुरक्षित महसूस करता है। लेकिन इसमें से हर कोई किसी एक ही चीज को लेकर असुरक्षित महसूस नहीं करता। विश्व के

विभिन्न भागों में भिन्न-भिन्न प्रकार के खतरे वहाँ की जनता को अधिक तात्कालिक प्रतीत होते हैं।

संभवत: अधिसंख्य लोग निर्धनता, पर्यावरण के विनाश और संक्रामक रोगों जैसे आर्थिक व सामाजिक खतरों को वरीयता देना चाहेंगे।

दूसरे अंतरराष्ट्रीय संघर्ष पर जोर दे सकते हैं या कुछ अन्य गृह-युद्ध सहित आंतरिक संघर्ष पर बल दे सकते हैं। केवल विकसित विश्व में ही नहीं, अन्यत्र भी अनेक लोग अब आतंकवाद को सूची में सबसे ऊपर स्थान देना चाहेंगे।

वास्तव में ये सभी खतरे परस्पर संबद्ध हैं। ये सभी राष्ट्रीय सीमाओं के आर-पार हैं। हमें इन सबसे निबटने के लिए वैश्विक रणनीति की आवश्यकता है। इसलिए सरकारें भी अब इन रणनीतियों को बनाने तथा कार्यान्वित करने के लिए संयुक्त राष्ट्र में और अन्यत्र एकजुट हो रही हैं। एक क्षेत्र ऐसा भी है, जिसके लिए किसी साझा रणनीति का नितांत अभाव है, जबकि उससे सर्वाधिक खतरा हो सकता है। यह है परमाणु अस्त्रों का क्षेत्र।

मैं इसे सबसे बड़ा खतरा क्यों मानता हूँ? इसके तीन कारण हैं—पहला, परमाणु अस्त्र समस्त मानवता के अस्तित्व के लिए खतरा हैं; दूसरा, परमाणु अप्रसार के क्षेत्र के विश्वास का बहुत बड़ा संकट है। उत्तर कोरिया परमाणु अप्रसार संधि से पीछे हट गया है। भारत, पाकिस्तान और इजराइल कभी इसमें शामिल ही नहीं हुए। ईरान के परमाणु कार्यक्रम से संबंध में कई गंभीर प्रश्न उठते हैं। यह वर्तमान परमाणु शक्तियों द्वारा अपनाए गए प्रत्येक मामले के बारे में विशिष्ट रवैए की वैधता व विश्वसनीयता पर प्रश्नचिह्न लगाता है।

तीसरा खतरा आतंकवाद के कारण है कि आतंकवादियों के हाथ परमाणु हथियार लग सकते हैं। इससे उनके प्रयोग का खतरा बहुत अधिक बढ़ जाता है।

फिर भी, इस गंभीर खतरे के सर्वव्यापी स्वरूप के बावजूद विश्व की सरकारें इसका सामना समस्त रूप से न करके अलग-अलग कर रही हैं।

एक दृष्टि से तो यह बात समझ में आती है। समस्त विश्व के आत्मविनाश की कल्पना भी असह्य है। लेकिन यह कोई बहाना नहीं। हमें विश्व के किसी एक या कई प्रमुख नगरों में परमाणु बम के विस्फोट या फिर दो परमाणु शक्तियों के परस्पर टकराव के पर्यावरण व मानवता पर होनेवाले परिणाम के विषय में सोचने का प्रयास करना चाहिए।

परमाणु अस्त्रों की चर्चा करते समय मैं रासायनिक या जैविक अस्त्रों की समस्या को गौण नहीं मान रहा हूँ, जिन्हें अंतरराष्ट्रीय संधियों द्वारा प्रतिबंधित किया गया है।

वास्तव में आतंकवाद से सबसे बड़ा खतरा, जिस पर ध्यान नहीं दिया गया, उनके द्वारा जैव अस्त्रों का प्रयोग करना ही है।

लेकिन परमाणु अस्त्र सबसे खतरनाक हैं। एक बम ही पूरे शहर को नष्ट कर सकता है, यह बात हम हिरोशिमा और नागासाकी के भयानक उदाहरणों से जानते हैं। और आज तो उनकी अपेक्षा कहीं अधिक शक्तिशाली बम हैं। ये बम समस्त मानवता के लिए बहुत बड़ा खतरा हैं।

40 वर्ष पहले इस बात को समझते हुए कि इस खतरे को हर कीमत पर टालना होगा, विश्व के लगभग सभी राष्ट्रों ने मिलकर एक महान् समझौता किया, जो परमाणु अप्रसार संधि में सन्निहित है।

वास्तव में तत्कालीन परमाणु अस्त्रोंवाले राष्ट्रों और शेष विश्व के बीच यह एक अनुबंध था। परमाणु अस्त्रवाले राष्ट्रों ने नेकनीयती से परमाणु निरस्त्रीकरण, अप्रसार, परमाणु ऊर्जा के शांतिपूर्ण उपयोग की सुविधा उपलब्ध कराने का समझौता किया। इसके अतिरिक्त उन्होंने अलग से घोषणा की कि वे परमाणु अस्त्र-विहीन राष्ट्रों को परमाणु अस्त्रों की धमकी नहीं देंगे। इसके बदले में शेष राष्ट्रों ने वचन दिया कि वे न तो परमाणु अस्त्रों का उत्पादन करेंगे, न ही उन्हें कहीं से प्राप्त करेंगे। वे अपनी सभी परमाणु गतिविधियों को अंतरराष्ट्रीय परमाणु ऊर्जा एजेंसी के निरीक्षण में रखेंगे। इस तरह इस संधि का प्रारूप परमाणु अप्रसार, निरस्त्रीकरण की प्रगति के साथ-साथ विशिष्ट स्थितियों में परमाणु ऊर्जा के शांतिपूर्ण प्रयोग के लिए राष्ट्रों के अधिकार को सुनिश्चित करने के लिए तैयार किया गया।

सन् 1970 में यह संधि लागू हुई। तब से लेकर अभी हाल तक इसे मुख्यत: विश्व-सुरक्षा की आधारशिला माना जाता था। इसने अपने कटु आलोचकों की भविष्यवाणियों को भी गलत साबित कर दिया है। जॉन एफ. केनेडी तथा कई दूसरे राजनेताओं ने सन् 1960 के दशक में जो भविष्यवाणी की थी, उसके अनुरूप परमाणु अस्त्रों का प्रसार दर्जनों राष्ट्रों में अभी तक भी नहीं हुआ है। वास्तव में परमाणु अस्त्र प्राप्त करने की अपेक्षा अधिक राष्ट्रों ने उन्हें प्राप्त करने की महत्त्वाकांक्षा को त्याग दिया है।

फिर भी, हाल के वर्षों में परमाणु अप्रसार संधि की तिरस्कारपूर्ण आलोचना हुई है। इसका कारण यह है कि अंतरराष्ट्रीय बिरादरी इस बात पर सहमत होने में असमर्थ रही है कि दक्षिण एशिया, कोरियाई प्रायद्वीप और मध्य-पूर्व की विशिष्ट संकटपूर्ण स्थितियों में इसे कैसे लागू किया जाए! इसके अतिरिक्त संधि के सदस्य कुछ राष्ट्रों पर आरोप है कि वे परमाणु अस्त्र क्षमता प्राप्त करने के लिए प्रयत्नशील हैं।

सन् 2005 में दो बार सरकारों को संधि की आधारशिला को मजबूत करने का अवसर मिला। पहली बार मई के पर्यवेक्षण सम्मेलन में और फिर सितंबर के विश्व शिखर सम्मेलन में, परंतु वे दोनों बार असफल रहे, क्योंकि दोनों बार वे इस बात पर सहमत होने में असफल रहे कि पहले परमाणु अप्रसार होना चाहिए या निरस्त्रीकरण।

परमाणु अप्रसार पहले होना चाहिए का तर्क देनेवाले मुख्यतः परमाणु अस्त्रोंवाले राष्ट्र व उनके समर्थक हैं। उनका कहना है कि मुख्य खतरा परमाणु अस्त्रों से नहीं, बल्कि जिसके पास ये अस्त्र हों, उसके चरित्र के कारण है। अतः नए राष्ट्रों तक तथा गैर-राष्ट्रों तक उनके प्रसार से खतरा है। परमाणु अस्त्रोंवाले राष्ट्रों का कहना है कि उन्होंने शीतयुद्ध समाप्त होने के बाद से पर्याप्त निरस्त्रीकरण किया है, लेकिन अंतरराष्ट्रीय शांति व सुरक्षा के लिए उनके उत्तरदायित्व को निभाने के लिए उनके पास परमाणु अस्त्रों का निवारण के रूप में होना आवश्यक है।

निरस्त्रीकरण पहले होना चाहिए था।3 इस तर्क को देनेवालों का कहना है कि परमाणु अस्त्रों के वर्तमान जखीरे और उसमें आए दिन होनेवाले सुधार से विश्व में अत्यंत जोखिम की स्थिति बनी हुई है। अनेक अपरमाणु राष्ट्रों ने आरोप लगाया है कि परमाणु अस्त्रोंवाले राष्ट्र सन् 1995 में परमाणु अप्रसार संधि के अनिश्चितकाल तक बढ़ाए जाने के समय किए अपने वादों से पीछे हट रहे हैं। यही बात सन् 2000 में फिर से दोहराई गई। उनकी राय में परमाणु अप्रसार का महान् समझौता एक झाँसा बनकर रह गया है। उनका कहना है कि संयुक्त राष्ट्र सुरक्षा परिषद् ने भी महाविनाश के अस्त्रों के प्रसार को अंतरराष्ट्रीय शांति व सुरक्षा के लिए अकसर खतरा बताया है, लेकिन यह घोषणा कभी नहीं की कि परमाणु अस्त्र अपने आप में ही ऐसा खतरा हैं। उनका कहना है कि परमाणु निरस्त्रीकरण के लिए कोई गंभीर कदम नहीं उठाया गया है और ऐसा न करने से परमाणु राष्ट्रों व अपरमाणु राष्ट्रों के बीच एक स्थायी भेदभाव की स्थिति बन गई है।

इस विवाद के दोनों पक्षों का कहना है कि परमाणु अप्रसार संधि के दायरे से बाहर के चार अतिरिक्त राष्ट्रों के पास परमाणु अस्त्रों का होना, उनके तर्क को और सबल बनाता है।

शस्त्रास्त्रों के संचय से खतरा उत्पन्न होता है, जो युद्ध की स्थिति तक पहुँच सकता है। राजनीतिक संघर्ष अस्त्रों के संचय के लिए प्रेरित करते हैं। अतः शस्त्रास्त्रों

और संघर्षों दोनों को कम करने के प्रयास करने की आवश्यकता है। इसी तरह निरस्त्रीकरण और परमाणु अस्त्रों के अप्रसार दोनों के लिए प्रयास करने की आवश्यकता है।

फिर भी, प्रत्येक पक्ष दूसरे के पहल करने की प्रतीक्षा में है। फलस्वरूप परस्पर सुनिश्चित विनाश ने परस्पर सुनिश्चित निष्क्रियता व गतिहीनता का स्थान ले लिया है। यह असहमति का भयानक संकेत है। संधि के प्राधिकार का सम्मान करने की आवश्यकता है, अन्यथा इस शून्य का अनुचित लाभ उठाए जाने की पूरी आशंका है।

इससे पूर्व इसी वर्ष मैंने कहा था कि हम नींद में विनाश की ओर चल रहे हैं। दरअसल स्थिति उससे भी बदतर है। हम तो तीव्र गति से उड़ते एक विमान के नियंत्रण कक्ष में सो रहे हैं। यदि हम जागकर इसे नियंत्रित नहीं करेंगे तो परिणाम की सहज ही कल्पना की जा सकती है।

कोई विमान तभी तक आकाश में उड़ान भर सकता है जब तक उसके दोनों पंख सही काम कर रहे हों। हम अप्रसार व निरस्त्रीकरण में चुनाव नहीं कर सकते। हमें ये दोनों ही कार्य तात्कालिक स्तर पर करने होंगे।

यहाँ मैं इन दोनों पक्षों के विषय में अपने विचार व्यक्त करना चाहूँगा।

जो निरस्त्रीकरण पहले होना चाहिए, इसके लिए आग्रह करते हैं। मेरा उनसे कहना है—परमाणु अस्त्र प्रसार मुख्यत: उनके लिए खतरा नहीं है, जिनके पास ये अस्त्र हैं। जितनी अधिक उँगलियाँ परमाणु अस्त्रों के विमोचक पर होंगी और उनमें जितनी अधिक उँगलियाँ अस्थिर राष्ट्रों के नेताओं की होंगी, या इससे भी बदतर गैर-राष्ट्रीय पात्रों की होंगी, समस्त मानवता के लिए उतना ही बड़ा खतरा होगा।

निरस्त्रीकरण में प्रगति न होना परमाणु प्रसार के खतरे का सामना न करने के लिए कोई उचित बहाना नहीं। किसी भी राष्ट्र को यह नहीं समझना चाहिए कि परमाणु अस्त्रों के अपने कार्यक्रम को बढ़ावा देकर वह परमाणु अस्त्र अप्रसार संधि का संरक्षक बन सकता है या अन्य राष्ट्रों को निरस्त्रीकरण के लिए राजी कर सकता है।

सब राष्ट्रों से मेरा आग्रह है कि जिसको श्रेय मिलना चाहिए, उसे दिया जाए। जहाँ भी निरस्त्रीकरण होता है, उसे मान्यता दी जाए। परमाणु अस्त्रवाले राष्ट्रों ने जो कदम उठाए हैं, उनकी सराहना की जाए। भले ही उन्होंने यह कारवाई स्वेच्छा से एकतरफा की हो या समझौते के फलस्वरूप। चाहे परमाणु अस्त्रों के भंडार को कम करने के लिए हो या फिर उनका प्रसार रोकने के लिए। हमें इस बात की कद्र करनी चाहिए कि परमाणु शक्तियों ने अस्त्रों के उत्पादन के लिए नए विखंडनीय पदार्थों का उत्पादन रोक दिया है और परमाणु परीक्षण पर स्थगन को बरकरार रखे हुए हैं।

इसी प्रकार इसके प्रसार पर नियंत्रण रखने के लिए उठाए गए छोटे कदमों का भी समर्थन करें, जैसे कि महाविनाश के अस्त्रों के लिए आवश्यक पदार्थों पर निर्यात-नियंत्रण के प्रयास, जो सुरक्षा परिषद् के प्रस्ताव संख्या 1540 के अनुरूप हैं।

कृपया आई.ए.ई.ए. के महानिदेशक और अन्य के सभी राष्ट्रों की असैनिक आवश्यकताओं के लिए उनके परमाणु कार्यक्रमों के निमित्त ईंधन उपलब्ध कराने के तरीकों की गारंटी देने के प्रयत्नों का समर्थन करें। राष्ट्रों को अपनी ऊर्जा की बढ़ती आवश्यकता को पूरा करने के लिए इन कार्यक्रमों की आवश्यकता है। लेकिन जहाँ देश परमाणु ईंधन की संवेदनशील प्रक्रिया को स्वयं पूरा करने के प्रयास कर रहे हैं, उनके बारे में हम कुछ नहीं कह सकते।

अंतत: हमें ऐसे प्रयत्नों को प्रोत्साहन देने या उनकी अनुमति देने की कोशिश नहीं करनी चाहिए, जहाँ परमाणु अस्त्रों को नष्ट करने अथवा उनके अप्रसार को सशर्त बनाया जा रहा हो तथा उनको किसी देश को दी जानेवाली रियायतों या दूसरे मुद्दों के साथ जोड़ा जा रहा हो। इस धरती पर मानव जीवन की सुरक्षा इतनी अमूल्य है कि उसे बंधक बनाने की अनुमति नहीं दी जा सकती।

जो परमाणु अस्त्र अप्रसार को पहले किए जाने के लिए आग्रह करते हैं, उनसे मेरा कहना है—

यह सच है कि शीतयुद्ध के बाद से परमाणु निरस्त्रीकरण में कुछ प्रगति हुई है। कई देशों ने तैनाती से परमाणु अस्त्रों को हटा लिया है। उन्होंने परमाणु अस्त्रों के संचालन/प्रक्षेपण की संपूर्ण प्रणाली को समाप्त कर दिया है। अमेरिका व रूस ने परमाणु अस्त्रों की तैनाती की संख्या को सीमित करना स्वीकार कर लिया है। उन्होंने गैर-रणनीतिक अस्त्रों को युद्धपोतों व पनडुब्बियों से हटा लिया है। अमेरिकी संसद् ने कथित बंकर ध्वंसक बम के लिए राशि स्वीकृत करने से इनकार कर दिया है। अधिकांश परमाणु परीक्षण केंद्र बंद कर दिए गए हैं। परमाणु परीक्षणों पर राष्ट्रीय स्थगन जारी है। फ्रांस, रूस और ब्रिटेन ने व्यापक परमाणु परीक्षण प्रतिबंध संधि (C.T.B.T.) की अभिपुष्टि की है।

फिर भी, संचयित अस्त्रों की संख्या भयावह रूप से अधिक है। प्राप्त सूचना के अनुसार 27,000 परमाणु अस्त्र अभी भी मौजूद हैं, जिनमें से 12,000 सक्रिय रूप से तैनात हैं।

कुछ देशों का विचार है कि उन्हें कम अस्त्रों की आवश्यकता है। वे छोटे और प्रयोग करने लायक होने चाहिए। उनकी धारणा है कि इनका प्रयोग युद्ध में किया जा सकता है। परमाणु अप्रसार संधि के सभी परमाणु अस्त्रोंवाले राष्ट्र अपने परमाणु अस्त्रों

के भंडार या प्रक्षेपण प्रणाली का आधुनिकीकरण कर रहे हैं। उन्हें यह नहीं समझना चाहिए कि यह परमाणु अप्रसार संधि के अनुकूल है। हर कोई आसानी से समझ सकता है कि यह क्या है—परमाणु अस्त्रों से पुनः लैस होने की शिष्टोक्ति!

यह भी स्पष्ट नहीं है कि ये देश परमाणु अप्रसार संधि से बाहर के परमाणु शक्तिवाले देशों के साथ किस तरह व्यवहार करना चाहते हैं। परमाणु क्षमता अर्जित करने के जोखिम के प्रति वे चेतावनी तो देते हैं, पर यह नहीं जानते कि उसे कैसे रोका जाए या अगर ऐसा हो गया है तो उसके प्रति क्या प्रतिक्रिया होनी चाहिए! उन्हें निश्चय ही इस जोखिम बढ़ानेवाली प्रक्रिया को उलटने की कोशिश करनी चाहिए। यह परमाणु अस्त्रों के भंडार को निरंतर कम करके की जा सकती है, जिससे परमाणु अस्त्रों की मुद्रा का अवमूल्यन होगा और दूसरे भी ऐसा करने के लिए प्रोत्साहित होंगे।

लेकिन इसके विपरीत, अपने अस्त्र भंडार से चिपके रहकर और उसका आधुनिकीकरण करके, विशेषतः ऐसी स्थिति में जब उनके देश को ऐसा कोई खतरा नहीं है जिसके निग्रह के लिए परमाणु अस्त्रों की आवश्यकता हो, परमाणु अस्त्रोंवाले राष्ट्र अन्य देशों को प्रोत्साहित कर रहे हैं। विशेष रूप से उन देशों को, जो अपने क्षेत्र में वास्तविक खतरा महसूस करते हैं। उनको लगता है कि परमाणु अस्त्र उनकी सुरक्षा और रुतबे, दोनों के लिए आवश्यक हैं। यदि परमाणु अस्त्रों के अस्तित्व को ही सार्वभौम रूप से खतरनाक और अवैध मान लिया जाए तो इन अस्त्रों का प्रसार करनेवालों का सामना करना सरल हो जाएगा।

इसी प्रकार, यदि दूसरों को परमाणु या प्रक्षेपास्त्र परीक्षण के लिए निरुत्साहित करनेवाले देश स्वयं परमाणु परीक्षण प्रतिबंध संधि को कड़ाई से लागू करें तथा अपना प्रक्षेपास्त्र परीक्षण स्थगित करें तो वे अपने तर्क को अधिक प्रभावी रूप से प्रस्तुत कर सकते हैं। इस तरह के कदम उठाने से परमाणु अप्रसार में किसी अन्य उपाय की तुलना में कहीं अधिक प्रगति होगी।

अर्जेंटीना, ब्राजील, जर्मनी और जापान जैसी बड़ी शक्तियों ने इन अस्त्रों का विकास न करके यह दिखा दिया है कि परमाणु अस्त्र उनकी सुरक्षा या रुतबे के लिए आवश्यक नहीं हैं। दक्षिण अफ्रीका ने अपना भंडार नष्ट कर दिया और परमाणु अस्त्र अप्रसार संधि का सदस्य बन गया। बेलारूस, यूक्रेन और कजाकिस्तान ने पूर्व सोवियत संघ के अपने परमाणु अस्त्रों को त्याग दिया। लीबिया ने अपना परमाणु और रासायनिक अस्त्र उत्पादन का कार्यक्रम त्याग दिया। परमाणु शक्ति संपन्न देशों ने इन उदाहरणों की प्रशंसा की है। उन्हें चाहिए कि वे स्वयं भी इनका अनुसरण करें।

अनेक देशों की सरकारें व नागरिक समाज शीतयुद्ध के परमाणु अस्त्रों के

निग्रहवाले सिद्धांत की प्रासांगिकता पर प्रश्नचिह्न लगा रहे हैं। सभी परमाणु अस्त्र संपन्न देश इस तर्क का प्रयोग करते हैं। लेकिन इस युग में जब गैर-राज्यीय पात्रों से भी खतरा निरंतर बढ़ रहा है, इसकी क्या प्रासंगिकता रह जाती है ? क्या हमें इसके एवज में प्रसार को रोकने के लिए कोई सर्वसम्मत रणनीति नहीं अपनानी चाहिए ?

उपर्युक्त सभी कारणों से मैं परमाणु अस्त्रोंवाले सभी देशों का आह्वान करता हूँ कि वे निश्चित समय-सारणी के साथ अपनी निरस्त्रीकरण की वचनबद्धता को लागू करने के लिए कोई ठोस योजना बनाएँ। मेरा उनसे आग्रह है कि वे सभी परमाणु अस्त्रों के अंतरराष्ट्रीय नियंत्रण में उत्तरोत्तर त्याग के अपने इरादे की घोषणा करें।

मित्रो, संक्षेप में बात यह है कि दोनों ही पक्षों में प्रगति ही इसका समाधान है। हमें अप्रसार व निरस्त्रीकरण एक साथ और तुरंत करना चाहिए। हम तब तक इसमें सफल नहीं होंगे जब तक कि हम आतंकवाद के खतरे तथा कुछ विशिष्ट राष्ट्रों के वास्तविक व काल्पनिक खतरों से उनको बरी न कर दें, जिनके कारण वे सुरक्षित महसूस करने के लिए परमाणु अस्त्रों का निर्माण या उन्हें प्राप्त करना चाहते हैं।

यह एक जटिल व हतोत्साहित करनेवाला काम है। इसके लिए विश्वास उत्पन्न करने, बातचीत व समझौता करने में पारंगत नेतृत्व की आवश्यकता है, पर इससे पहले हमें इस पर नए सिरे से चर्चा करने की आवश्यकता है। इसमें अंतरराष्ट्रीय समझौतों को शामिल किया जाना चाहिए और उनका सम्मान किया जाना चाहिए। इसके लिए वुडरो विल्सन के बहुपक्षीय दृष्टिकोण को अपनाना आवश्यक है, जो अंतरराष्ट्रीय संस्थानों, संधियों, नियमों व परंपराओं को आधार मानकर अपनाया गया हो। मैं अपने भाषण की समाप्ति सर्वत्र युवाओं से अपील के साथ करता हूँ, क्योंकि उनमें से बहुत से यहाँ भी उपस्थित हैं।

मेरे युवा मित्रो, आप सब पहले से ही विश्व के विकास, मानव अधिकार व पर्यावरण संरक्षण के कार्य में संलग्न हैं। अपनी ऊर्जा व कल्पना-शक्ति का प्रयोग इस चर्चा में भी करें। जिस वंचक विमान पर हम सवार हैं, उस पर नियंत्रण पाने में हमारी सहायता करें, ताकि इससे पहले कि बहुत देर हो जाए, हम उसे सुरक्षित उतार सकें।

□

क्लीमेंट एटली

क्लीमेंट एटली (3 जनवरी, 1883–8 अक्तूबर, 1967) सन् 1945 से 1951 तक ब्रिटेन के प्रधानमंत्री और 1935 से 1955 तक वहाँ की लेबर पार्टी के नेता रहे। महायुद्ध के समय जो मिली-जुली सरकार बनी थी, उसमें विंस्टन चर्चिल प्रधानमंत्री और एटली उपप्रधानमंत्री थे। 1945 में वह चर्चिल की कंजरवेटिव पार्टी को हराकर प्रधानमंत्री बने थे। लेबर पार्टी की पहली पूर्ण बहुमतवाली सरकार बनाने का श्रेय उन्हीं को जाता है।

ब्रिटेन में अनेक आर्थिक सुधार करके कई प्रमुख उद्योगों का राष्ट्रीयकरण करने और बेरोजगारी कम करने के उनके प्रयासों को वहाँ की जनता का भरपूर समर्थन मिला। प्रधानमंत्री के रूप में एटली के कार्यकाल की सर्वाधिक महत्त्वपूर्ण घटना ब्रिटिश उपनिवेशों को स्वाधीन करना था, जिसके तहत भारत, पाकिस्तान, बर्मा, श्रीलंका और जॉर्डन ने उपनिवेशी दासता से मुक्त होकर स्वाधीनता के वातावरण में साँस ली।

वर्ष 2004 में कराई गई एक मतगणना में एटली को 20वीं शताब्दी का महानतम ब्रिटिश प्रधानमंत्री माना गया।

शांति की समस्याएँ

✍ **क्लीमेंट एटली**

ब्रिटेन के प्रधानमंत्री एटली ने अपना यह भाषण अक्तूबर 1941 में अंतरराष्ट्रीय श्रम संगठन के सम्मेलन में दिया था।

हम केवल जीत की ही परिकल्पना नहीं कर रहे हैं। हम केवल युद्ध जीतने के लिए ही दृढ़ संकल्पित नहीं, बल्कि शांति जीतने का संकल्प भी रखते हैं। इसके लिए पहले से योजना बनानी आवश्यक है। यदि युद्ध के अंत में हमें बिना तैयारी की स्थिति में नहीं रहना तो अभी से काररवाई करनी होगी। लेकिन शांति की समस्याओं को कोई एक राष्ट्र अकेले नहीं सुलझा सकता। ब्रिटेन की युद्धोपरांत की योजनाएँ विश्व की युद्धोपरांत की योजनाओं के अनुरूप होनी चाहिए; क्योंकि यह संघर्ष केवल राष्ट्रों के बीच संघर्ष नहीं, यह भावी सभ्यता के लिए संघर्ष है। इसके परिणाम सभी स्त्री-पुरुषों के जीवन को प्रभावित करेंगे, केवल उनके जीवन को नहीं, जो इस संघर्ष में शामिल हैं।

यह निश्चित है कि जब तक सारे विश्व में जनसाधारण की पीठ से शस्त्रास्त्रों का कुचलनेवाला भार हटाया नहीं जाता, वे एक सामाजिक जीव होने का पूरा आनंद नहीं उठा सकते, जो कि संभव है। आक्रमण के निरंतर खतरे की स्थिति में हम अपने सपनों की नगरी का निर्माण नहीं कर सकते। भय से मुक्ति और अभाव से मुक्ति पाने का प्रयास एक साथ होना चाहिए।

ब्रिटिश राष्ट्रकुल और संयुक्त राज्य के साझे लक्ष्यों की संयुक्त अभिव्यक्ति, जिसे 'अटलांटिक घोषणा-पत्र' कहते हैं, उसमें केवल युद्ध से संबद्ध उद्देश्य ही

नहीं, बल्कि उससे बहुत बाद के उद्देश्य भी शामिल हैं।

यह हमें वर्तमान उत्तरदायित्वों को निभाने के लिए प्रतिबद्ध करता है, ताकि छोटे-बड़े सभी राष्ट्र सुख-शांति से रह सकें।

ब्रिटेन उन राजनेताओं को धन्यवाद देता है, जिन्होंने अपनी अत्यधिक समस्याओं के बावजूद शांति बनाए रखने के लिए महीनों तक अथक प्रयास किए, जबकि इटली उसमें व्यवधान उत्पन्न कर रहा था।

इथियोपिया की सरकार, गिरजाघर और उसकी समस्त जनता ने ईश्वर से प्रार्थना की है कि वह शांति बनाए रखने के प्रयत्नों में उनकी सहायता करे और उनका मार्गदर्शन करे। इथियोपिया अपने सभी अंतरराष्ट्रीय उत्तरदायित्वों को पूरा करने के प्रति जागरूक रहा है। उसने वर्तमान संघर्ष का शांतिपूर्ण हल निकालने के लिए अपने गौरव व सम्मान के अनुरूप त्याग भी किया है।

ब्रिटेन अपने हृदय की गहराइयों से आशा करता है कि शांतिपूर्ण संधि का न्यायपरक रास्ता निकलेगा। वह संयुक्त राष्ट्र संघ के अधिकारियों से आशा करता है कि वे संधि के अनुरूप विश्व के सभी छोटे-बड़े राष्ट्रों को, जो शांति को अपना आदर्श मानते हैं, सभ्यता के लिए खतरा पैदा करनेवाले संकट का निवारण करने के लिए बाध्य करेंगे।

□

गैलीलियो गैलिली

गैलीलियो गैलिली (15 फरवरी, 1565–8 जनवरी, 1642) इटली के वैज्ञानिक थे। उन्हें परीक्षामूलक (प्रयोगात्मक) विज्ञान का जनक माना जाता है। उन्होंने दोलन के सूत्र का प्रतिपादन तथा दूरबीन का आविष्कार किया, साथ ही दूरदर्शी यंत्र को अधिक उन्नत बनाया। उसकी सहायता से उन्होंने अनेक खगोलीय प्रेक्षण लिये तथा कॉपरनिकस के सिद्धांत का समर्थन किया। उन्हें आधुनिक प्रायोगिक खगोलिकी का जनक माना जाता है।

सन् 1609 में गैलीलियो द्वारा खगोलीय प्रेक्षण आरंभ करने की घटना की 400वीं जयंती के रूप में वर्ष 2009 को 'अंतरराष्ट्रीय खगोलिकी वर्ष' के रूप में मनाया गया था।

क्षमा-याचना

✍ **गैलीलियो गैलिली**

17वीं शताब्दी के महान् खगोल-शास्त्री गैलीलियो गैलिली ने अपनी पुस्तक 'डायलॉग कंसर्निंग द टू वर्ल्ड सिस्टम्स' में प्रतिपादित किया था कि पृथ्वी ब्रह्मांड के केंद्र में नहीं है। सूर्य पृथ्वी की परिक्रमा नहीं करता, बल्कि पृथ्वी सूर्य की परिक्रमा करती है। पृथ्वी स्थिर नहीं, वह घूमती है आदि। ये सभी बातें 'बाइबिल' की धार्मिक मान्यताओं के विरुद्ध जाती थीं। ऐसी महापापपूर्ण अभिव्यक्ति के लिए गैलीलियो पर सन् 1633 में मुकदमा चलाया गया। अपनी जान बचाने के लिए उन्हें अपना मत त्यागने और क्षमा-याचना के लिए विवश होना पड़ा। 22 जून को उन्होंने तत्संबंधी निम्नलिखित क्षमा-याचना की—

"सभी अतिविशिष्ट लोगों और आस्तिक ईसाइयों के मन से मेरे विरुद्ध समुचित कारणों से उत्पन्न संदेह को दूर करने के उद्‍देश्य से मैं सच्चे मन और निष्कपट आस्था के साथ अपनी उपर्युक्त गलतियों, अपधर्म व पवित्र गिरजाघर के विपरीत की गई समस्त अन्य गलतियों, मत आदि का शपथपूर्वक त्याग करता हूँ, उनके लिए खुद को कोसता हूँ और उनसे घृणा करता हूँ। मैं शपथ लेता हूँ कि भविष्य में कभी भी मौखिक या लिखित रूप में कोई ऐसी अभिव्यक्ति या दावा नहीं करूँगा, जो मेरे बारे में इस जैसा संदेह उत्पन्न करे।

"मैं, गैलीलियो गैलिली ने उपर्युक्तानुसार शपथपूर्वक मत-त्याग किया है, शपथ ली है और स्वयं को वचनबद्ध किया है। इसे सत्यापित करने के लिए मैंने मत-त्याग के इस दस्तावेज पर हस्ताक्षर किए हैं। मैंने सन् 1633, 22वें दिन रोम में, मिनर्वा के कॉन्वेंट में इसे शब्दशः पढ़कर सुनाया है।

"मैंने, गैलीलियो गैलिली ने अपने हस्ताक्षरों के साथ उपर्युक्तानुसार अपने मत का शपथपूर्वक त्याग किया है।"

कहते हैं, इस प्रकार अपने मत-त्याग की शपथ लेने और क्षमा-याचना के लिए घुटनों के बल बैठे गैलीलियो जब उठे तो वह धीरे से बुदबुदाए, "मैं फिर कहूँगा कि यह (पृथ्वी) घूमती है।"

□

जवाहरलाल नेहरू

स्वतंत्र भारत के प्रथम प्रधानमंत्री पं. जवाहरलाल नेहरू का जन्म 14 नवंबर, 1889 को इलाहाबाद में हुआ था। उनके पिता मोतीलाल नेहरू उस समय के प्रसिद्ध वकील थे। उच्च शिक्षा के लिए उन्हें इंग्लैंड भेजा गया। सन् 1912 में पं. नेहरू भारत लौटे और राजनीति में अभिरुचि लेने लगे। बाँकीपुर में कांग्रेस का अधिवेशन हुआ, उसमें जवाहरलाल ने भाग लिया। आजादी की लड़ाई में वे जी-जान से जुट गए और शीघ्र ही महात्मा गांधी के प्रिय पात्र बन गए। स्वतंत्रता की लड़ाई में उन्हें कई बार जेल जाना पड़ा। अंततः भारत को आजादी मिली। 2 दिसंबर, 1946 को भारत में अंतरिम सरकार बनी तो वह प्रधानमंत्री बनाए गए। उन्होंने कई पुस्तकें लिखीं, जिनमें 'भारत एक खोज' बहुत ही प्रसिद्ध है। 27 मई, 1964 को उनका निधन हो गया।

महात्मा

✍ **जवाहरलाल नेहरू**

"वह चले गए। सारे भारत में एकाकी और असहाय रह जाने की भावना व्याप्त है। हम सब इस भावना का अनुभव कर रहे हैं। मैं नहीं जानता कि हम कब इससे मुक्त हो सकेंगे। फिर भी, इस भावना के साथ एक गर्व एवं कृतज्ञता की भावना भी है कि हमारी पीढ़ी को इस महान् आत्मा के साथ संबद्ध होने का अवसर मिला। हमारे बाद आनेवाले समय में, शताब्दियों, शायद सहस्राब्दियों बाद भी लोग इस पीढ़ी के बारे में सोचेंगे, जब यह महात्मा धरती पर विचरण करते थे। तब वे हमारे बारे में सोचेंगे कि हम कितने ही छोटे क्यों न हों, उनका अनुसरण करते हुए उनके चरण-चिह्नों पर चल सकते थे।

आइए, हम स्वयं को उनके योग्य बनाएँ।"

□

जॉन एफ. केनेडी

जॉन एफ. केनेडी का जन्म 29 मई, 1917 को हुआ था। दूसरी विश्वयुद्ध में सेना में मोटर तारपीडो की कमान सँभालने के बाद वह मैसाच्यूसेट्स से 3 जनवरी, 1947 से 3 जनवरी, 1953 तक अमेरिकी हाउस आफ रिप्रेजेंटेटिव्स के सदस्य रहे। इसके बाद 3 जनवरी, 1953 से 22 दिसंबर, 1960 तक सीनेट के सदस्य रहे। 1960 के चुनावों में तत्कालीन उपराष्ट्रपति रिचर्ड निक्सन को हराकर जॉन केनेडी अमेरिका के राष्ट्रपति बने। रूजवेल्ट के बाद वह अमेरिका के सबसे कम उम्र के राष्ट्रपति थे। वह अमेरिका के एकमात्र कैथोलिक ईसाई राष्ट्रपति और पुलित्जर प्राइस से सम्मानित राष्ट्रपति थे।

अमेरिका के अत्यधिक लोकप्रिय राष्ट्रपतियों में गिने जानेवाले जॉन केनेडी की 22 नवंबर, 1963 को एक हत्यारे ने डलास में गोली मारकर हत्या कर दी। उनकी मृत्यु का समाचार पाकर अमेरिका में ही नहीं, सारे विश्व में शोक की लहर दौड़ गई थी। उल्लेखनीय यह भी है कि उनका हत्यारा ली हार्वे ओसवाल पकड़ा तो गया था, लेकिन उस पर अभियोग चलाए जाने से पहले ही उसकी भी हत्या कर दी गई, जिससे केनेडी की हत्या का रहस्य और भी गहरा गया।

चंद्रमा पर जाने का निर्णय

✍ **जॉन एफ. केनेडी**

अमेरिकी राष्ट्रपति जॉन एफ. केनेडी ने ह्यूस्टन की राइस यूनिवर्सिटी के सभागार में अपने इस ऐतिहासिक भाषण में मानव की वैज्ञानिक प्रगति का लेखा लेते हुए अमेरिका के मानव को चंद्रमा पर उतारने की योजना की घोषणा की—

अध्यक्ष पित्सर, उपाध्यक्ष महोदय, गवर्नर, सांसद थॉमस, सीनेट सदस्य बिली और सांसद मिलर, श्री वेब, श्री बेल, वैज्ञानिकगण, विशिष्ट अतिथिगण, देवियो और सज्जनो!

मुझे मानद अतिथि प्रोफेसर बनाने के लिए मैं अध्यक्ष का आभारी हूँ। मैं आपको आश्वासन देता हूँ कि मेरा पहला भाषण बहुत लंबा नहीं होगा।

मुझे यहाँ आने की प्रसन्नता है और इस अवसर पर आने की विशेष प्रसन्नता है।

हम एक कॉलेज में एकत्रित हुए हैं, जो ज्ञान के लिए प्रसिद्ध है, एक शहर में, जो प्रगति के लिए विख्यात है, एक राज्य में, जो अपनी शक्ति के लिए विख्यात है। आज हमें इन तीनों की आवश्यकता है। क्योंकि हम एक परिवर्तन एवं चुनौती की घड़ी में एकत्र हुए हैं, एक आशा और भय के दशक में, एक ज्ञान और अज्ञान के युग में। क्योंकि जितना अधिक हमारा ज्ञान बढ़ता है उतना ही हमें अपने अज्ञान का पता चलता है।

इस आश्चर्यजनक तथ्य के बावजूद कि संसार में कुल जितने ज्ञात वैज्ञानिक हुए हैं, उनमें से अधिकांश आज जीवित व कार्यरत हैं। इस तथ्य के बावजूद कि इस

देश की वैज्ञानिक जन-शक्ति प्रत्येक 12 वर्षों में दोगुनी हो रही है। यह दर हमारी जनसंख्या वृद्धि की दर के तिगुने से अधिक है। इसके बावजूद अज्ञात, अनुत्तरित व अधूरे का विशाल विस्तार हमारे सामूहिक समय से कहीं अधिक है।

हमने कितनी तेजी से और कहाँ तक प्रगति की है, इसका ठीक-ठीक अनुमान नहीं लगाया जा सकता। फिर भी, अगर मानव के आलेखित 50,000 वर्षों के इतिहास का संक्षिप्तीकरण करके उसे आधी शती मान लें तो हम कह सकते हैं कि पहले 40 वर्षों के बारे में अत्यल्प जानकारी है। सिवा इसके कि उसके अंत तक मानव ने अपने शरीर को पशु-चर्म से ढँकना सीख लिया था। फिर इसी मापदंड से आज से लगभग 10 वर्ष पहले मानव ने कंदराओं से निकलकर अन्य प्रकार के आश्रय बनाने आरंभ किए। केवल 5 वर्ष पहले मानव ने लिखना और पहिएवाली गाड़ी का उपयोग करना सीखा। ईसाई मत का आरंभ 2 से कम वर्षों में हुआ। मुद्रण इसी वर्ष में आरंभ हुआ। मानव इतिहास की 50 वर्षों की इस अवधि में 2 महीने से कुछ कम समय पहले भाप के इंजन ने ऊर्जा का एक नया स्रोत हमें दिया।

न्यूटन ने गुरुत्वाकर्षण का अर्थ खोजा। विद्युत्, टेलीफोन, मोटरगाड़ियाँ और विमान पिछले महीने ही आए। हमने पेंसिलीन, टेलीविजन और परमाणु ऊर्जा का विकास केवल पिछले सप्ताह में ही किया था। और अब, अगर अमेरिका का अंतरिक्ष यान शुक्र ग्रह तक पहुँचने में सफल हो जाता है तो हम कहेंगे कि हम आज मध्यरात्रि से पहले सितारों तक पहुँचे हैं।

यह विस्मयकारी गति है। ऐसी तीव्र गति नई बुराइयाँ लेकर आती है; जो पुराना है उसे छिन्न-भिन्न कर देती है। नया अज्ञान, नई समस्याएँ, नए खतरे लाती है। अंतरिक्ष में नए अध्यायों को उद्घाटित करने में निश्चय ही उच्च व्यय एवं कठिनाइयाँ हैं। लेकिन इसके उच्च स्तरीय लाभ भी हैं।

अत: कुछ लोग यह सलाह देते हैं कि हमें थोड़ा सा थमकर दम लेना चाहिए, इंतजार करना चाहिए। लेकिन इस ह्यूस्टन नगर, इस टेक्सास राज्य और इस संयुक्त राज्य अमेरिका का निर्माण उन लोगों ने नहीं किया जो इंतजार करते थे, विश्राम करते थे और पीछे मुड़कर देखना चाहते थे। इस देश को उन्होंने जीता जो आगे बढ़ना जानते थे और इसी तरह अंतरिक्ष-विजय भी होगी।

प्लेमाउथ खाड़ी उपनिवेश की स्थापना के अवसर पर सन् 1930 में विलियम ब्रैडफोर्ड ने कहा था कि सभी महान् और सम्मानजनक कार्य बहुत बड़ी कठिनाइयों का सामना करने पर संपन्न होते हैं। उन पर जवाबदेह साहस के साथ ही विजय पाई जा सकती है।

यदि हमारी प्रगति का यह इतिहास हमें कुछ सिखाता है तो वह यह है कि मानव अपनी ज्ञान व प्रगति के अन्वेषण में दृढ़ संकल्प और अडिग होता है। अंतरिक्ष की खोज का कार्य आगे बढ़ता रहेगा, भले ही हम इसमें शामिल हों या न हों। यह अब तक का सबसे बड़ा साहसिक अभियान है। दूसरे राष्ट्रों का अग्रणी बनने की आकांक्षा रखनेवाला कोई भी राष्ट्र अंतरिक्ष के लिए लगी इस होड़ में पीछे नहीं रह सकता।

हमारे पूर्वजों ने सुनिश्चित किया कि यह देश औद्योगिक क्रांति, आधुनिक अनुसंधान और परमाणु शक्ति की प्रथम तरंग पर आरूढ़ हो। हमारी आज की पीढ़ी आनेवाले अंतरिक्ष युग में पिछड़ना नहीं चाहती। हम इसके सहभागी बनना चाहते हैं। हम इसका नेतृत्व करना चाहते हैं। आज समस्त विश्व की नजरें अंतरिक्ष में चंद्रमा पर और उसके आगे के ग्रहों पर टिकी हुई हैं। हमने प्रण किया है कि हम इस पर कोई शत्रुता भरी विजय पताका नहीं फहरने देंगे। इस पर स्वाधीनता एवं शांति की पताका ही फहरेगी। हमने प्रण किया है कि हम अंतरिक्ष को महाविनाश के अस्त्रों से परिपूर्ण नहीं होने देंगे। हम इसे ज्ञान व समझ-बूझ के उपकरणों से सुसज्जित देखेंगे।

लेकिन इस राष्ट्र की ये प्रतिज्ञाएँ तभी पूरी होंगी, यदि हम इस राष्ट्र के वासी पहल करें—इसीलिए हम पहल करने का इरादा रखते हैं। थोड़े में कहें तो यह कि विज्ञान और उद्योग में हमारा नेतृत्व, शांति व सुरक्षा के लिए हमारी आशाएँ, स्वयं व अन्य लोगों के प्रति हमारे उत्तरदायित्व—इन सभी के लिए इस प्रयास की आवश्यकता है, जिसके माध्यम से हम इन रहस्यों को सुलझाएँगे, इन्हें मानव-कल्याण के लिए और विश्व के अंतरिक्षीय देशों में हमारे अग्रणी होने के लिए हम इन्हें सुलझाएँगे।

हम इस नए महासागर में संतरण के लिए चल पड़े हैं, क्योंकि यहाँ नया ज्ञान प्राप्त होगा, नए अधिकार प्राप्त होंगे, जिनका प्रयोग मानवमात्र के विकास के लिए होगा। परमाणु विज्ञान और दूसरी सभी प्रौद्योगिकियों की तरह ही अंतरिक्ष विज्ञान की भी अपनी कोई अंतरात्मा नहीं है। यह भलाई की शक्ति बने या बुराई की, यह सब मानव पर निर्भर है। यदि अमेरिका इसमें उत्कर्ष की स्थिति बना लेता है, तभी हम यह निश्चित करने में सहायक होंगे कि यह नया महासागर शांति का समुद्र होगा या भयंकर युद्धक्षेत्र! मैं यह नहीं कहता कि हम अंतरिक्ष के शत्रुतापूर्ण प्रयोग के विरुद्ध अरक्षित रहें, उसी तरह जैसे हम धरती या समुद्र के शत्रुतापूर्ण प्रयोग से असुरक्षित नहीं रह सकते। पर मैं यह कहता हूँ कि युद्ध की अग्नि धधकाए बिना भी

अंतरिक्ष का अनुसंधान किया जा सकता है और उस पर नियंत्रण किया जा सकता है। यह काम हम मानवों ने हमारी धरती पर अपनी हुकूमत का विस्तार करने के चलते जो गलतियाँ की हैं, उनको दोहराए बिना भी संपन्न किया जा सकता है।

इस समय हमारे अंतरिक्ष में किसी भी प्रकार का संघर्ष, पूर्वग्रह, राष्ट्रीय द्वंद्व नहीं है। इसके जोखिम हम सबके लिए एक से खतरनाक हैं। इस पर विजय पाने के लिए समस्त मानवता में जो कुछ श्रेष्ठतम है, उसकी अपेक्षा है। ऐसे शांतिपूर्ण सहयोग का अवसर फिर कभी न आएगा। कुछ लोग पूछते हैं कि चंद्रमा ही क्यों, इसे ही हमने अपना लक्ष्य क्यों चुना है? वे तो यह भी पूछ सकते हैं कि सर्वोच्च पर्वतीय शिखर पर क्यों चढ़ा जाए? 35 साल पहले हमने अटलांटिक महासागर क्यों उड़ान भरके पार किया? राइस टेक्सास में यह सब क्यों कर रहा है?

हमने चंद्रमा तक जाने का निर्णय लिया। हमने इस दशक में ही चंद्रमा तक पहुँचने तथा अन्य कार्य करने का निर्णय लिया तो इसलिए नहीं कि वे कार्य सरल हैं, बल्कि इसलिए कि वे कठिन हैं। वे ऐसे लक्ष्य हैं, जो हमारी सर्वश्रेष्ठ ऊर्जाओं को संगठित करने और उनकी माप लेने में सहायक होंगे। वे ऐसी चुनौतियाँ हैं, जिन्हें हम स्वीकार करने को तत्पर हैं, जिन्हें टालने के हम अनिच्छुक हैं, जिन पर तथा अन्य ऐसी ही चुनौतियों पर हम विजय पाने की आकांक्षा रखते हैं।

इन्हीं कारणों से मैंने गत वर्ष अंतरिक्ष में हमारे प्रयत्नों की गति बढ़ाने का निर्णय लिया था। मेरे राष्ट्रपतित्व काल में लिये गए सर्वाधिक महत्त्वपूर्ण निर्णयों में यह एक होगा।

पिछले 24 घंटों में हमने उन सुविधाओं का निरीक्षण किया है, जो मानव इतिहास के सबसे जटिल और महान् अनुसंधान के लिए निर्मित हैं। हमने सेटर्न सी-1 बूस्टर रॉकेट के परीक्षण के दौरान धरती को काँपते और वायु को विच्छिन्न होते देखा है। जॉन ग्लेन ने 10,000 मोटरगाड़ियों के बराबर शक्तिशाली एटलस प्रक्षेपित किया था। यह उससे भी कई गुना अधिक शक्तिशाली था। हमने एफ-1 रॉकेट इंजनों का स्थान देखा, जिनमें हरेक सेटर्न के आठ इंजनों की सम्मिलित शक्ति से अधिक शक्तिशाली है। इनको संयुक्त करके आधुनिक सेटर्न मिसाइल का निर्माण किया जाएगा। इसका संयोजन केप कॉर्निवाल में बनाए जा रहे एक भवन में किया जाएगा। यह भवन 45 मंजिला किसी बिल्डिंग जितना ऊँचा, शहर के एक ब्लॉक जितना चौड़ा और इस क्षेत्र की लंबाई से दोगुना होगा।

पिछले 19 महीनों में कम-से-कम 45 कृत्रिम उपग्रहों ने पृथ्वी की परिक्रमा की है। इनमें से 40 अमेरिका में निर्मित थे। सोवियत संघ में निर्मित उपग्रहों की

अपेक्षा ये कहीं अधिक परिष्कृत थे और इन्होंने मानवता को कहीं अधिक ज्ञान की आपूर्ति की।

मैरिनर अंतरिक्ष यान, जो इस समय शुक्र ग्रह की ओर अग्रसर है, वह अंतरिक्ष विज्ञान के इतिहास का सबसे उपयोगी उपकरण है। इसके अचूक निशाने की तुलना केप कॉर्निवाल से एक मिसाइल छोड़ने से की जा सकती है, जो स्टेडियम में जाकर 40 गज की लाइन के अंदर गिरे।

हमारे परिवहन उपग्रह हमारे जलयानों की समुद्र में सुरक्षित मार्ग पर चलने में सहायता कर रहे हैं। टाइरस कृत्रिम उपग्रहों ने हमें तूफानों व चक्रवातों के आने की अनेक अप्रत्याशित चेतावनियाँ दी हैं। ये दावाग्नियों व दिपखंडों के बारे में भी ऐसी ही चेतावनियाँ देंगे।

हम असफल भी हुए हैं। अन्य लोग भी असफल हुए हैं। भले ही वे इसे न स्वीकारें। उनकी ये बातें भले ही कम सार्वजनिक होती हों।

हम सुनिश्चित होने के लिए मानव-सहित उड़ान में विलंब करते रहे हैं। लेकिन इस दशक में हम और विलंब नहीं करेंगे तथा कमियों को पूरा करके आगे बढ़ेंगे।

अपने ब्रह्मांड और पर्यावरण के बारे में हमारे इस नए ज्ञान से हमारी शिक्षा व विज्ञान समृद्ध होंगे। इससे हमें सीखने, मानचित्रण व अवेक्षण की नई तकनीकों का पता चला है। इससे हमें उद्योग, चिकित्सा, घरों व स्कूलों के लिए नए उपकरण व कंप्यूटर मिले हैं। राइस जैसे प्रौद्योगिकी शिक्षण संस्थान इससे लाभान्वित होंगे।

हालाँकि यह अभी अंतरिक्षीय प्रयत्नों का शुरुआती दौर ही है, लेकिन इसने बड़ी संख्या में नई कंपनियों और हजारों की संख्या में नौकरियों का सृजन किया है। अंतरिक्ष व उससे संबंधित उद्योगों ने निवेश व कुशल कर्मियों की नई माँग का सृजन किया है। यह नगर, यह राज्य और यह क्षेत्र इस वृद्धि में बड़ा हिस्सेदार होगा। जो कभी पुरानी पश्चिमी सीमा की सीमा चौकी हुआ करती थी, अब वह विज्ञान व अंतरिक्ष की नई सीमा चौकी होगी। अपने मानव-सहित अंतरिक्ष यान केंद्र के साथ आपका ह्यूस्टन शहर एक बड़े वैज्ञानिक व यांत्रिकी समुदाय का केंद्र बनेगा। आनेवाले पाँच वर्षों में नासा इस क्षेत्र में वैज्ञानिकों व इंजीनियरों की संख्या दोगुनी करने की आशा रखता है। उसका प्रतिवर्ष 6 करोड़ डॉलर का वेतन तथा अन्य खर्चों का प्रावधान होने और संयंत्र व प्रयोगशालाओं की सुविधा के लिए 20 करोड़ डॉलर के निवेश का प्रावधान है। नगर के इस केंद्र के लिए केंद्रीय सरकार से

उसके अंतरिक्षीय प्रयत्नों के निमित्त 1 अरब डॉलर की व्यवस्था किए जाने का अनुमान है।

निश्चय ही हमें इस सबकी बड़ी कीमत अदा करनी पड़ रही है। इस साल का अंतरिक्ष बजट सन् 1961 की तुलना में तीन गुना है। यह पिछले आठ वर्षों के अंतरिक्ष बजट के योग से भी अधिक है। अब यह बजट 540 करोड़ डॉलर प्रतिवर्ष का है। यह बहुत बड़ी रकम है; फिर भी हम लोग प्रतिवर्ष सिगरेटों और सिगारों पर जो खर्च करते हैं, उससे कम ही है। अंतरिक्ष पर होनेवाला खर्च शीघ्र ही कुछ और बढ़ेगा। प्रति व्यक्ति प्रति सप्ताह 40 सेंट से बढ़कर यह अमेरिका के प्रति स्त्री-पुरुष व बच्चे के लिए 50 सेंट प्रति सप्ताह हो जाएगा। कारण यह कि इस कार्यक्रम को हमने उच्च राष्ट्रीय वरीयता दी है। हालाँकि मैं समझता हूँ कि किसी सीमा तक यह विश्वास और कल्पना पर आधारित है, क्योंकि हम अभी नहीं जानते कि हमें क्या लाभ मिलने वाला है।

मेरे प्रिय स्वदेशवासियो, मैं आपसे कहता हूँ कि यदि हम ह्यूस्टन के नियंत्रण केंद्र से 2,40,000 मील दूर, 300 फीट से ऊँचा, इस फुटबॉल के मैदान की लंबाई जितना विशाल रॉकेट एक अज्ञात ब्रह्मांडीय पिंड तक भेजना चाहते हैं और फिर उसे सुरक्षित पृथ्वी पर वापस भी लाना चाहते हैं तो हमें साहस से काम लेना होगा। हमारा यह रॉकेट नई मिश्र धातुओं से निर्मित होगा, जिनमें से कुछ का तो अभी आविष्कार भी नहीं हुआ है। यह हमारे अब तक के अनुभवों से कई गुना अधिक ऊष्मा और दबाव सहने में सक्षम होगा। इसमें सर्वोत्तम घड़ी से भी अधिक त्रुटिहीन उपकरण लगे होंगे। यह शोधन, निर्देशन, नियंत्रण, संवाद, भोजन व शरीर-रक्षण के निमित्त सभी आवश्यक उपकरणों से युक्त होगा। यह 25,000 किलोमीटर प्रतिघंटा से भी अधिक की गति से धरती के वातावरण में पुन: प्रवेश करेगा, जिससे सूर्य के ताप से आधे के लगभग ऊष्मा उत्पन्न होगी। और यह सब हमें बिलकुल ठीक करना होगा तो इसके लिए साहस की आवश्यकता तो होगी ही।

मैं यह काम करने जा रहा हूँ। मैं चाहता हूँ कि आप सब कुछ देर शांत रहें।

मैं सोचता हूँ कि हमें यह करना है और इसके लिए जो भी कीमत चुकानी होगी, चुकानी चाहिए। मेरी राय में, कोई पैसा बरबाद नहीं होना चाहिए, लेकिन हमें यह काम करना चाहिए और यह काम '60 के दशक में हो जाएगा। यह हो जाएगा जब आप में से कई यहाँ स्कूल, कॉलेज, विश्वविद्यालय में ही होंगे। यह उन कई लोगों के कार्यकाल में ही हो जाएगा, जो अभी इस मंच पर बैठे हैं। पर यह हो जाएगा, इस दशक के अंत तक हो जाएगा।

मुझे इस बात की प्रसन्नता है कि यह विश्वविद्यालय अमेरिका के इस महान् राष्ट्रीय प्रयास, मानव को चंद्रमा पर उतारने, में अपनी भूमिका निभा रहा है।

वर्षों पहले इंग्लैंड के महान् अन्वेषक जॉर्ज मलाय से, जिनके भाग्य में एवरेस्ट अभियान में मृत्यु लिखी थी, पूछा गया कि आप इस शिखर पर क्यों चढ़ना चाहते हैं ? इस पर उन्होंने उत्तर दिया, ''क्योंकि वह वहाँ है।''

तो अंतरिक्ष है और हम वहाँ जाएँगे। चंद्रमा और ग्रह हैं, अत: ज्ञान व शांति के लिए नई आशाएँ हैं। इसलिए जब हम इस यात्रा पर जा रहे हैं तो हम मानव द्वारा किए जा रहे इस सर्वाधिक जोखिम भरे, कठिनाइयों भरे, खतरों से भरे अभियान के लिए प्रभु से उसके आशीर्वाद की प्रार्थना करते हैं।

□

स्वतंत्रता का मूल्य

✍ **जॉन एफ. केनेडी**

4 जनवरी, 1961 को अमेरिका का राष्ट्रपति बनने पर जॉन एफ. केनेडी ने यह भाषण दिया था।

आज हम अपनी पार्टी की जीत की ही खुशी नहीं मना रहे, स्वतंत्रता की जीत की भी खुशी मना रहे हैं। यह एक अंत और एक आरंभ का प्रतीक है। यह परिवर्तन और नवीकरण का प्रतीक है। मैंने आपके और ईश्वर के समक्ष वह पवित्र शपथ ली है, जो हमारे पूर्ववर्तियों ने लगभग एक शताब्दी और तीन तिमाही पहले नियत की थी।

आज का विश्व तब से बहुत भिन्न है। अब मानव के नश्वर हाथों में हर तरह की मानव-निर्धनता और हर तरह के मानव जीवन को मिटाने की क्षमता है। फिर भी, हमारे पूर्वजों ने जिस क्रांतिकारी आस्था से प्रतिबद्ध होकर संघर्ष किया, वह विश्व में आज भी एक मुद्दा है। यह आस्था कि मानव के अधिकार राज्य-शासन की अनुकंपा से नहीं, ईश्वर के हाथों से उसे प्राप्त होते हैं।

हमें भूलना नहीं चाहिए कि हम उस प्रथम क्रांति के उत्तराधिकारी हैं। अब इस देश-काल से हमारे मित्रों और शत्रुओं सबको यह संदेश मिल जाना चाहिए कि अब मशाल अमेरिकियों की एक नई पीढ़ी के हाथों में आ गई है। वे इस युद्ध से मंद पड़ी, कठिन व कटु शांति से अनुशासित शताब्दी में जनमी अपनी विरासत पर गर्व करनेवाली और मानव अधिकारों की शनैः-शनैः न्यूनता का प्रतिकार करने वाली पीढ़ी के हाथों में है। उन अधिकारों के प्रति यह राष्ट्र सदा प्रतिबद्ध रहा है। आज भी हम

अपने देश में व समस्त विश्व में उन अधिकारों के प्रति प्रतिबद्ध हैं।

हमारा भला या बुरा चाहनेवाले प्रत्येक राष्ट्र को जान लेना चाहिए कि हम स्वतंत्रता की रक्षा व सफलता के निमित्त कोई भी मूल्य चुकाने, भार उठाने, कष्ट सहने, मित्र की सहायता करने या शत्रु का विरोध करने को तैयार हैं।

हम यह शपथ लेते हैं। इसके अतिरिक्त भी जिन सांस्कृतिक मित्रों के साथ हमारे सांस्कृतिक व आत्मिक मूल्य साझे हैं, हम उनके विश्वासपात्र मित्र होने की वफादारी की शपथ लेते हैं। अनेक सहकारी परियोजनाओं में ऐसा बहुत ही कम होगा, जो हम नहीं कर सकते। अलग-अलग हम बहुत कम कर पाएँगे, क्योंकि अलग-अलग रहकर हम शक्तिशाली विषम चुनौतियों का सामना करने का साहस नहीं कर सकते।

नव-स्वतंत्र राष्ट्रों का स्वागत करते हुए हम उन्हें आश्वस्त करते हैं कि एक प्रकार का उपनिवेशी नियंत्रण दूसरी तरह के उत्पीड़न में नहीं बदलेगा। हम यह आशा नहीं करते कि वे सदा हमारे दृष्टिकोण का समर्थन करेंगे। लेकिन हम यह आशा अवश्य करते हैं कि वे सदा अपनी स्वतंत्रता की सुरक्षा करते रहेंगे। उन्हें यह भी स्मरण रखना चाहिए कि अतीत में जिन्होंने शेर की पीठ पर सवार होने की मूर्खता की थी, वे अंततः उसके पेट में पहुँच गए।

हम आधे विश्व के झुग्गी-झोंपड़ीवासियों को, जो दीन-हीनता की बेड़ियाँ तोड़ने के लिए संघर्षरत हैं, भरसक सहायता देने की शपथ लेते हैं। हमारा प्रयास उनके अपनी सहायता करने में सहायता करने का होगा—चाहे जितने समय के लिए इस सहायता की आवश्यकता हो। इसलिए नहीं कि साम्यवादी ऐसा कर रहे होंगे, इसलिए नहीं कि हमें उनके वोट चाहिए, बल्कि इसलिए कि यही उचित है। यदि एक स्वतंत्र समाज बहुसंख्य निर्धनों की सहायता नहीं कर सकता तो वह अल्पसंख्यक धनियों की भी रक्षा नहीं कर सकता।

हमारी सीमा के दक्षिणवर्ती सहयोगी गणतंत्रों के लिए हम एक विशेष शपथ लेते हैं कि हम उनके विश्वास को अपने अच्छे कार्यों में परिवर्तित करेंगे। हम उनके साथ प्रगति के नए गठबंधन करेंगे। हम स्वतंत्र जनता व स्वतंत्र सरकारों को निर्धनता की श्रृंखलाओं से मुक्त होने में सहायता देंगे। लेकिन इस आशा की शांतिमय क्रांति को हम विरोधी शक्तियों का शिकार नहीं बनने देंगे। हम अपने सभी पड़ोसियों को बताना चाहते हैं कि हम अमेरिका में कहीं भी अतिक्रमण या विध्वंस की काररवाई होने पर उनका साथ देंगे। हरेक दूसरी शक्ति को जान लेना चाहिए कि यह गोलार्ध अपने क्षेत्र का स्वामी स्वयं होगा।

विश्व के सार्वभौम राष्ट्रों के संघ संयुक्त राष्ट्र को ऐसे समय में, जब युद्ध के

उपकरण शांति के उपकरणों से कहीं तीव्रता से बढ़ रहे हैं, हम समर्थन का वचन देते हैं। हम उसे केवल भर्त्सना करनेवाली संस्था नहीं बनने देंगे। हम नए व निर्बलों के लिए उसकी सुरक्षा-ढाल को सुदृढ़ बनाने और उसके अधिकार-क्षेत्र का विस्तार करने में उसकी सहायता करेंगे।

हमारे प्रति शत्रुतापूर्ण रवैया रखनेवाले राष्ट्रों को हम कोई वचन तो नहीं देते, लेकिन उनसे अनुरोध करते हैं कि दोनों पक्ष शांति की खोज के लिए नए सिरे से प्रयास करें। इससे पहले कि विज्ञान की छोड़ी विनाश की अँधेरी शक्तियाँ योजनाबद्ध या दुर्घटनावश हुए आत्म-विनाश से सारी मानवता को लील जाएँ।

हम उनके साथ कमजोरी से पेश नहीं आ सकते; क्योंकि जब हमारे शस्त्रास्त्र संदेह से परे पर्याप्त होंगे, तभी हम निस्संदेह आश्वस्त हो सकेंगे कि उनका कभी प्रयोग न होगा।

हमारे राष्ट्रों के दोनों ही महान् व शक्तिशाली गुट वर्तमान स्थिति में चैन से नहीं रह सकते। दोनों ही पक्ष आधुनिक शस्त्रास्त्रों के मूल्य के भारी बोझ से त्रस्त हैं। दोनों ही एटमी शक्ति की बढ़ती रफ्तार से आशंकित हैं। लेकिन दोनों ने ही आतंक के अनिश्चित संतुलन को बदलने की होड़ लगा रखी है, जिसने कि मानवता के अंतिम युद्ध को रोक रखा है।

अत: हमें नए सिरे से आरंभ करना चाहिए। यह याद रखते हुए कि सभ्याचार कमजोरी का लक्षण नहीं और ईमानदारी प्रमाण-सापेक्ष्य होती है। हमें कभी डरकर, भयभीत होकर समझौता-वार्त्ता नहीं करनी चाहिए। लेकिन हमें कभी समझौता-वार्त्ता करने से डरना भी नहीं चाहिए।

दोनों पक्षों को पता लगाना चाहिए कि वे कौन सी समस्याएँ हैं, जो हमें आपस में जोड़ती हैं, न कि उन समस्याओं को लेकर कशमकश करनी चाहिए, जो हमें पृथक् करती हैं।

दोनों पक्षों को चाहिए कि वे पहली बार ऐसे गंभीर व सुनिश्चित प्रस्ताव तैयार करें, जिनके आधार पर शस्त्रास्त्रों की जाँच व उन पर नियंत्रण किया जा सके। हमें चाहिए कि सभी राष्ट्रों को नष्ट करने की अबाधित शक्ति को सभी राष्ट्रों के अबाधित नियंत्रण के अधीन कर दें।

दोनों पक्षों को चाहिए कि विज्ञान के आतंक के स्थान पर उसके चमत्कारों का आह्वान करें। हम मिलकर सितारों का अन्वेषण करें, मरुस्थलों पर विजय पाएँ, बीमारियों का उन्मूलन करें, सागर की गहराइयों की गवेषणा करें, कला व वाणिज्य का प्रोत्साहन करें।

नए शक्ति-संतुलन का प्रयास नहीं, विधि-नियम संचालित एक नया विश्व बनाने का, जिसमें शक्तिशाली न्यायसंगत हों, शक्तिहीन सुरक्षित हों और सर्वत्र शांति बनी रहे।

यह कार्य पहले सौ दिनों में संपूर्ण नहीं होगा। यह पहले एक हजार दिनों में भी संपूर्ण नहीं होगा। यह इस शासन के कार्यकाल में भी नहीं होगा। शायद यह इस ग्रह पर हमारे समस्त जीवन काल में भी नहीं हो पाएगा। पर हम शुरुआत तो करें!

मेरे साथी नागरिको, मेरी अपेक्षा इस मार्ग की अंतिम सफलता या असफलता आपके हाथों में है। जब से इस देश की स्थापना हुई है, अमेरिकनों की हर पीढ़ी को अपनी राष्ट्रीय वफादारी का प्रमाण देना पड़ा है। जिन्होंने अपने कर्तव्य की पुकार सुनी, ऐसे युवा अमेरिकियों की कब्रें सारे विश्व में हैं।

अब फिर बिगुल बजा है—लेकिन अस्त्र उठाने के लिए नहीं, यद्यपि अस्त्र हमें चाहिए; युद्ध के लिए नहीं, यद्यपि हम युद्ध में लिप्त हैं। यह है एक लंबे संघर्ष का आह्वान, जो वर्षों तक चलेगा। 'आशा का आनंद लेते हुए, विपत्तियों में धैर्य रखते हुए।' यह संघर्ष है मानव के साझे शत्रुओं—अत्याचार, निर्धनता, रोग और युद्ध के विरुद्ध।

क्या हम उत्तर-दक्षिण, पूर्व व पश्चिम में मानव के इन शत्रुओं के विरुद्ध संधियाँ कर सकते हैं, जो मानव के लिए अधिक अर्थपूर्ण जीवन सुनिश्चित कर सके? क्या आप ऐसे ऐतिहासिक प्रयास में शामिल होंगे?

विश्व के सुदीर्घ इतिहास में कुछ ही पीढ़ियों को स्वतंत्रता की अधिकतम खतरे में रक्षा करने की भूमिका मिली है। मैं इस उत्तरदायित्व से कतराता नहीं, मैं इसका स्वागत करता हूँ। मैं इस बात में विश्वास नहीं रखता कि हमें कुछ और लोगों के साथ या किसी अन्य पीढ़ी के साथ अपना स्थान बदल लेना चाहिए। इस प्रयास को हम जो ऊर्जा, विश्वास, समर्पण दे रहे हैं, वह हमारे देश एवं उसकी सेवा करने वाले सभी लोगों को प्रकाश देगा और वह धधकती ज्वाला सारे विश्व को देदीप्यमान करेगी।

अत: मेरे साथी अमेरिकियो, यह मत पूछो कि आपका देश आपके लिए क्या कर सकता है, यह पूछो कि आप अपने देश के लिए क्या कर सकते हैं!

विश्व के मेरे साथी नागरिको, यह मत पूछो कि अमेरिका आपके लिए क्या कर सकता है, बल्कि यह कि हम एक साथ मानव-स्वतंत्रता के लिए क्या कर सकते हैं!

अंतत: चाहे आप अमेरिका के नागरिक हैं या विश्व के नागरिक, हमसे दृढ़ता और बलिदान के उन्हीं उच्च स्तरों की अपेक्षा रखें, जो हम आपसे रखते हैं।

□

जॉन मेजर

29 मार्च, 1943 को जनमे जॉन मेजर की गणना ब्रिटेन के प्रमुख राजनीतिज्ञों में होती है। कंजरवेटिव पार्टी के नेता जॉन मेजर मार्गरेट थैचर के बाद 1990 से 1997 तक इंग्लैंड के प्रधानमंत्री रहे। वह मार्गरेट थैचर के मंत्रिमंडल में भी रहे और 1990 से 2001 तक सांसद भी रहे।

प्रधानमंत्री मेजर का कार्यकाल शीतयुद्ध के बाद का रूपांतरण का दौर था, जब ब्रिटेन सहित सारा यूरोपीय समुदाय परिवर्तन की प्रक्रिया से गुजर रहा था। जॉन मेजर ने इस नाजुक दौर में सँभलकर चलने, नरमी और सहमति की नीति अपनाने का रास्ता पकड़ा, जो थैचर की तेज-तर्रार नीति के एकदम विपरीत था। उनके शासनकाल में ब्रिटेन ने आर्थिक विकास किया। बाद में उनकी पार्टी आर्थिक घोटालों में फँस गई, जिसमें अनेक सांसद और मंत्री भी लिप्त थे। इन मामलों ने इतना तूल पकड़ा कि परिस्थितियों से खिन्न होकर मेजर ने अपने पद से त्यागपत्र दे दिया।

अब मेजर सक्रिय राजनीति से संन्यास ले चुके हैं; लेकिन एक वक्ता के रूप में अभी भी उनकी बहुत माँग है।

प्रतिस्पर्धा और समृद्धि

✍ **जॉन मेजर**

ब्रिटिश प्रधानमंत्री जॉन मेजर ने यह भाषण 28 जनवरी, 1994 को लीड्स चेंबर ऑफ कामर्स में दिया था।

सन् 1994 में मेरी प्रमुख वरीयताएँ अर्थव्यवस्था, शिक्षा तथा अधिक सुरक्षित व सुव्यवस्थित समाज का निर्माण करना होंगी। ये आधारभूत हैं। आज रात मैं प्रथम दो की चर्चा करूँगा।

पहले अर्थव्यवस्था। इसके आधारभूत तत्त्व हैं—कम ऋण-ग्रहण, कम बेरोजगारी, कम मुद्रास्फीति और अधिक वृद्धि।

हमें मुद्रास्फीति की उस मानसिकता को त्यागना होगा, जिसने दीर्घकाल से हमारी संभावनाओं को बिगाड़ा हुआ है।

हरेक को यह समझ लेना चाहिए कि हमारी भावी समृद्धि का मार्ग प्रतिस्पर्धा है। यदि हम सर्वश्रेष्ठ नहीं तो दूसरे हमारी मंडियों को हथिया लेंगे और हमारा लाभ चुरा ले जाएँगे। एक राष्ट्र के रूप में हमें वह सब करने का भरसक प्रयास करना चाहिए, जिससे हम जीत सकें। यह सरल है। यदि व्यापार सफल होता है तो ब्रिटेन सफल होता है। यदि व्यापार असफल होता है तो भी हम प्रवाह के साथ आगे बढ़ते रहेंगे; लेकिन अपने उसी आत्मविश्वास के साथ नहीं, न ही विश्व में अपने उसी प्रभाव के साथ।

सबसे पहली बात तो यह कि भावी सफलता का मार्ग कम मुद्रास्फीति से होकर जाता है। मेरा सदा इसमें विश्वास रहता है। इसीलिए प्रधानमंत्री बनने के

पहले दिन ही मैंने ऐसी काररवाई करने का निर्णय ले लिया था, जो मुद्रास्फीति की आदत को सदा के लिए समाप्त कर सके। इस तरह का सुधार बहुत कष्टदायक रहा। मैं यह समझता हूँ। मंदी के दौरान अनेक व्यापार और व्यक्ति आहत हुए। लेकिन हम उससे उबर रहे हैं और भविष्य में हमारे सामने भिन्न प्रकार की संभावनाएँ हैं।

पिछले साल मुद्रास्फीति की दर 2 प्रतिशत या उससे भी कम रही है। 40 वर्ष से कम उम्र का कोई भी व्यक्ति याद नहीं कर सकता कि इससे पहले ऐसा कब हुआ था। हालाँकि आनेवाले महीनों में इसमें कुछ वृद्धि हो सकती है, लेकिन अब कम मुद्रास्फीति बनी रहेगी। अत: अब उद्योग आत्मविश्वास के साथ निवेश कर सकते हैं। लेकिन अगर हमें कम मुद्रास्फीति का लाभ उठाना है तो स्वयं को उससे अधिक भुगतान करने की आदत बदलनी होगी, जितना हमें करना चाहिए।

निजी क्षेत्र में आप लोग अपनी श्रम की लागत को कम रखे हुए हैं, जबकि आपके प्रतिस्पर्धी उसे निरंतर बढ़ा रहे हैं। सार्वजनिक क्षेत्र में भी हम लोग अपने परिचालन-व्यय पर कठोर नियंत्रण बनाए हुए हैं। हम इस बात पर जोर दे रहे हैं कि वेतन में होनेवाली बढ़ोतरी बढ़ती उत्पादकता और कुशलता से आनी चाहिए। इसका अर्थ यह नहीं कि जन-सेवकों के वेतन में कोई वृद्धि नहीं होगी। इसका अर्थ यह है कि सरकार जितना देने का सामर्थ्य रखती है उतना ही देगी।

आज ऐसे कठोर निर्णय लेना उचित है, जो कल सबको खुशहाल बनाएँगे। सरकारी ऋण-ग्रहण को कम करने के लिए हमें कुछ करों में वृद्धि करनी पड़ी है। मैं ऐसा न करना बेहतर समझता, लेकिन यह आवश्यक था; क्योंकि सतत आर्थिक वृद्धि के लिए ठोस अर्थ-प्रबंधन आवश्यक होता है। व्यय का भुगतान तो करना ही होता है।

इसीलिए हमने अब सार्वजनिक व्यय को लेकर कुछ कठोर निर्णय लिये हैं।

मुझे वे दिन याद हैं, जब कर विभाग आपकी बचत के प्रत्येक पौंड में से 98 पेंस ले जाता था। जब वह कमाई के हर पौंड में से 83 पेंस ले लेता था। मुझे याद है, जब निगम कर 52 प्रतिशत था। करों की ऐसी दरें अर्थव्यवस्था को बहुत अधिक क्षति पहुँचाती हैं। हमें दोबारा कभी भी ऐसा नहीं करना चाहिए। कम दर के प्रत्यक्ष कर ब्रिटेन को निवेश, उद्यम व कुशलता के लिए आकर्षक बनाएँगे।

अब दीर्घकालीन सतत आर्थिक वृद्धि के लिए हमारे सामने निम्न स्थितियाँ हैं—

- गत वर्ष आर्थिक वृद्धि 2 प्रतिशत थी।
- ब्याज दर 5.5 प्रतिशत थी। यह पिछले 17 वर्षों में न्यूनतम थी। यह सारे

यूरोप में न्यूनतम थी।

- हड़तालों में व्यर्थ जानेवाला समय पिछले 100 वर्षों में न्यूनतम था।
- बेरोजगारी में कमी आ रही है। पिछली जनवरी से लगभग 2.5 लाख कम—लोगों की आशाओं से कहीं बेहतर।

हम यूरोप में एकमात्र देश हैं, जहाँ अधिक रोजगार उत्पन्न हुए और बेकारी-अनुदान की कतारें कम हुई हैं।

अत: यह कोई आश्चर्य का विषय नहीं कि हमारा लचीला श्रम बाजार यूरोप में कइयों के लिए ईर्ष्या का विषय हो गया है।

हमें व्यापार को अधिक स्वतंत्रता देनी होगी। सफलता के लिए यह स्वतंत्रता चाहिए। सफलता का अर्थ है—

- व्यापार कर कम रखना।
- व्यापार को नियम-कायदों से मुक्त रखना।
- ब्रिटिश निर्यात को सहायता देना।
- आधारभूत ढाँचे में निवेश करना।
- मानव संसाधन व कुशलता में निवेश करना।

हमने इन सभी क्षेत्रों में काररवाई की है। अभी और काम बाकी हैं। हमने निगम कर में कमी की है। यूरोपीय समुदाय में हमारे व्यापार कर सबसे कम हैं। मेरे कहने का आशय यह है कि मैं उन्हें न्यूनतम रखता हूँ।

हम एक बृहत् विनिमय अधिनियम ला रहे हैं। इसमें सरकारी कामों, परिवहन, नियुक्ति, पर्यावरण व उचित व्यापार से अनावश्यक नियमों को समाप्त कर रहे हैं। व्यर्थता की होली जलेगी। नियंत्रण, फॉर्मों व कागजी काररवाई का दौर खत्म होगा।

हम ब्रिटिश निर्यात को सहायता दे रहे हैं। इसके लिए अवसर हैं। आप उनका लाभ भी उठा रहे हैं। आज सुबह के व्यापार के आँकड़ों से भी पता चल रहा था कि निर्यात नए कीर्तिमान को छू रहा है।

हमने ब्रिटिश निर्यातकों को अवसर का भरपूर लाभ उठाने में सहायता करने का निश्चय किया है। हमने निर्यात के लिए बीमा सुरक्षा का विस्तार किया है और उसके प्रीमियम में कटौती की है।

विदेशों में जो हमारे दूतावास हैं, वे छोटे-बड़े सभी ब्रिटिश निर्यातकों को सहायता देने में अधिक-से-अधिक प्रयास कर रहे हैं। ब्रिटिश हितों को प्रोत्साहित करने का अर्थ है—ब्रिटिश व्यापार को प्रोत्साहित करना।

व्यापार को स्वदेश में भी पर्याप्त समर्थन की आवश्यकता है। उत्पादन बेचने

के लिए आपको उत्पाद को एक स्थान से दूसरे स्थान पर ले जाना होता है। इसीलिए हम ब्रिटिश परिवहन का आधुनिकीकरण कर रहे हैं। वर्षों से हममें यह हास्यास्पद टाल-मटोल की भावना बनी रही है कि बड़ी परियोजनाएँ चलाना केवल सरकार का काम है। यह अनर्गल बात है। रेलवे का निर्माण किसने किया? निजी क्षेत्र, आपने! आप दोबारा भी ऐसा कर सकते हैं।

इसलिए अब हम बड़ी परियोजनाओं को निजी क्षेत्र के निवेश एवं निजी क्षेत्र के उद्यमों के लिए खोल रहे हैं। निजी क्षेत्र भूमिगत रेल संपर्क बनाने में और पश्चिमी तट की मुख्य लाइन का आधुनिकीकरण करने में सहायता कर रहा है। इसके अतिरिक्त और भी कार्य होने हैं।

ब्रिटेन आनेवाली शताब्दी में नेतृत्व करेगा या नहीं, इसका निर्धारण करनेवाले इससे भी बड़े और दीर्घकालीन मुद्दे हैं।

लोगों के प्रतिस्पर्धी हुए बिना देश प्रतिस्पर्धी नहीं बन सकता। हमारे स्कूलों, कॉलेजों, विश्वविद्यालयों व ब्रिटिश उद्योग के प्रशिक्षण स्थलों पर उनको ढाला जाता है। कई पहलुओं से स्थिति संतोषजनक है, लेकिन कुछ दृष्टियों से अच्छी नहीं। श्रमिकों में अशिक्षा एवं गणित की अनभिज्ञता हमें और नियोक्ताओं को महँगी पड़ रही है—5 अरब पाउंड प्रतिवर्ष। इसका प्रभाव बच्चों पर भी पड़ता है। उनका विकास अवरुद्ध होता है। वे अवसर खो देते हैं और उनका जीवन उतना समृद्ध नहीं होता जितना होना चाहिए।

इसलिए प्राथमिक स्तर से ही शिक्षा पर जोर देना हमारी योजना के केंद्र में होना चाहिए। एक बेहतर शिक्षित समाज के निर्माण के लिए मैं शिक्षकों के साथ मिलकर काम करना चाहता हूँ। एक ऐसा राष्ट्रीय पाठ्यक्रम रखा जाएगा, जो सुनिश्चित करे कि हर राज्य में प्राथमिक शिक्षा पर ध्यान केंद्रित किया जाए। इसमें व्याकरण, वर्तनी, गणित, विज्ञान, पढ़ना-लिखना व अंकगणित विशेष रूप से शामिल होंगे। माता-पिता यह चाहते हैं, नियोक्ता इसकी माँग करते हैं और यह मैं प्रदान करूँगा।

इसके अलावा, मेरा विश्वास है कि लोग सफेदपोश कामों और गंदी वरदीवाले कामों में जो भेदभाव करते हैं, उससे हमें छुटकारा मिलना चाहिए। ये वर्गभेद विध्वंसकारी व अनर्गल हैं। प्रत्येक व्यक्ति की कुशलता व गुणों का महत्त्व है और उसका महत्त्व माना जाना चाहिए। यह उसके हित में और देश के हित में होगा।

इसलिए हमने 16 वर्ष से अधिक आयु के छात्रों के लिए पेशेगत योग्यताओं की श्रेणी व गुणवत्ता में सुधार किया है। अब मैं 14 वर्ष से अधिक आयु के उन

बच्चों को यह अवसर देना चाहता हूँ, जो इसे पाने के इच्छुक हैं, ताकि स्कूल शैक्षणिक व व्यावसायिक दोनों तरह की शिक्षा का मिश्रण प्रस्तुत कर सकें। दोनों को समान महत्त्व दिया जाना चाहिए।

यही बात सब युवाओं के लिए सत्य है। इसीलिए हमने पोलिटेक्नीक और विश्वविद्यालयों के बीच का कृत्रिम भेद मिटा दिया है। इसीलिए हमने आधुनिक प्रशिक्षुताएँ सृजित की हैं, ताकि कुशल तकनीशियन, दस्तकार और सुपरवाइजरों की संख्या तिगुनी की जा सके।

हम ब्रिटेन को पुन: कुशल बनाने का प्रयास कर रहे हैं। जिन्होंने कठोर परिश्रम करके कुछ पाया है, वे जानते हैं कि ऐसे कितने ही दूसरे हैं, जिनमें प्रतिभा तो है, लेकिन उन्हें बाधाएँ तोड़ने का सौभाग्य नहीं मिला। अत: जो सहयोग वे दे सकते थे, उसे देने का अवसर नहीं पा सके। मैंने उन्हें वह अवसर देने का निश्चय किया है। हरेक को, चाहे वह कोई हो, कहीं से आया हो, उसकी क्षमता का भरपूर उपयोग करने के लिए पहले अच्छी शिक्षा और उसके उपरांत बेहतर प्रशिक्षण देना आवश्यक है।

ब्रिटेन को समृद्ध व शक्तिशाली बनाने का मार्ग प्रतिस्पर्धा है।

□

जॉर्ज वॉकर बुश

6 जुलाई, 1946 को जनमे जॉर्ज वॉकर बुश अमेरिका के 43वें राष्ट्रपति थे। उन्होंने अपना पदभार 20 जनवरी, 2001 को ग्रहण किया था। 20 जनवरी, 2009 को उन्होंने डेमोक्रेटिक पार्टी के नव-निर्वाचित बराक ओबामा को सत्ता सौंप दी। बुश को सन् 2004 के राष्ट्रपति चुनाव में चार वर्षों के लिए दोबारा चुन लिया गया था।

राजनीति में प्रवेश करने से पहले श्री बुश एक व्यापारी थे। वे तेल और गैस का उत्पादन करनेवाली कई कंपनियों से जुड़े थे और 1989 से 1998 तक टेक्सास रैंजर्स बेसबॉल क्लब के सह मालिकों में से एक थे। वे सन् 1995 से 2000 तक टेक्सास राज्य के गवर्नर भी रहे। उनके परिवार के सभी सदस्य राजनीति में बड़ी सक्रियता से जुड़े हुए हैं। श्री बुश के पिता जॉर्ज हर्बट वॉकर बुश अमेरिका के राष्ट्रपति रहे। श्री बुश के बड़े भाई जेब बुश वर्तमान फ्लोरिडा के वर्तमान गवर्नर हैं।

आतंक के विरुद्ध युद्ध

✍ **जॉर्ज डब्ल्यू. बुश**

अमेरिका के तत्कालीन राष्ट्रपति जॉर्ज डब्ल्यू. बुश ने 20 सितंबर, 2001 को अमेरिकी संसद् के दोनों सदनों के संयुक्त अधिवेशन में आतंकवाद के विरुद्ध युद्ध के बारे में यह ऐतिहासिक भाषण दिया—

आज रात यह देश खतरे से जागा है और स्वतंत्रता की रक्षा की आवश्यकता आन पड़ी है। हमारा दु:ख क्रोध में बदल गया है और क्रोध संकल्प में। चाहे हम अपने शत्रुओं को न्याय तक पहुँचाएँ या न्याय को शत्रुओं तक, दोनों स्थितियों में न्याय होगा।

11 सितंबर को स्वतंत्रता के शत्रुओं ने हमारे देश के विरुद्ध युद्ध की काररवाई की। अमेरिकियों का पहले भी युद्धों से वास्ता पड़ा है। लेकिन पिछले 136 वर्षों में ये सभी युद्ध वर्ष 1941 के एक रविवार के अतिरिक्त सदा विदेशी धरती पर हुए। अमेरिका का युद्ध-हताहतों से भी वास्ता रहा, लेकिन एक शांतिपूर्ण प्रभाव में एक महान् नगर के केंद्र में नहीं।

आज अमेरिकियों के सामने कई प्रश्न हैं। अमेरिकी पूछ रहे हैं, 'किसने हमारे देश पर आक्रमण किया?'

जो साक्ष्य हमने एकत्रित किए हैं, वे सभी एक अदृढ़ रूप से संबद्ध आतंकी संगठन अल कायदा की ओर इंगित करते हैं। ये उन हत्यारों में से हैं, जो तंजानिया व कीनिया के अमेरिकी दूतावासों तथा यू.एस.ए. पर बम विस्फोट के जिम्मेदार रहे हैं।

ये आतंकवादी एक ऐसे चरमपंथी इसलामी गुट से वास्ता रखते हैं, जिसे मुसलिम विद्वानों और बड़े पैमाने पर मुसलिम मौलवियों ने अस्वीकार किया है। यह कट्टरपंथी आंदोलन इसलाम के शांतिपूर्ण उपदेशों को विकृत कर रहा है।

इन आतंकवादियों को निर्देश है कि वे ईसाइयों व यहूदियों की हत्या करें, सभी अमेरिकियों को मार डालें। नागरिकों व सैनिकों में कोई भेद न करें—वे नागरिक, जिनमें बच्चे और महिलाएँ भी शामिल हैं। यह गुट, जिसका अगुआ ओसामा बिन लादेन नाम का एक व्यक्ति है, विभिन्न देशों के अनेक संगठनों से संबद्ध है, जिसमें मिस्र का इसलामी जिहाद, उज्बेकिस्तान का इसलामी आंदोलन आदि शामिल हैं।

अल कायदा के अगुआओं का अफगानिस्तान में बहुत प्रभाव है। यह उस देश के बहुत से भाग को अपने नियंत्रण में रखने के लिए तालिबानी शासन की सहायता करता है। अफगानिस्तान में हमें अल कायदा का संसार के प्रति दृष्टिकोण दिखाई पड़ता है। अफगानिस्तान के लोगों पर बर्बर अत्याचार हुए हैं। बहुत से भुखमरी के शिकार हो रहे हैं, बहुत से देश से भाग खड़े हुए हैं।

अमेरिका अफगानिस्तान की जनता का सम्मान करता है। हम उसकी मानवीय सहायता का सबसे बड़ा स्रोत हैं, लेकिन हम तालिबानी शासन की भर्त्सना करते हैं।

यह न केवल अपने लोगों का उत्पीड़न कर रहा है, बल्कि आतंकवादियों को प्रायोजित करके, उन्हें आश्रय देकर और उनकी आपूर्ति करके सर्वत्र लोगों को खतरे में डाल रहा है। हत्यारों को भड़काकर और उनकी सहायता करके तालिबानी शासन हत्याएँ कर रहा है। आज रात संयुक्त राज्य अमेरिका तालिबान से ये माँगें रखता है—

आपके देश में अल कायदा के जो भी नेता छिपे हुए हैं, उन्हें अमेरिकी अधिकारियों को सौंप दें।

आपने अमेरिकी नागरिकों सहित जिन विदेशी नागरिकों को अवैध रूप से कारागार में बंद किया हुआ है, उन्हें मुक्त कर दीजिए। विदेशी पत्रकारों, राजनयिकों व सहायता कर्मियों को अपने देश में सुरक्षा प्रदान करें। अफगानिस्तान में जितने भी आतंकवादी शिविर हैं, उन्हें तुरंत व सदा के लिए बंद कर दीजिए। प्रत्येक आतंकवादी व उसके सहायक ढाँचे को उपयुक्त अधिकारियों को सौंप दीजिए।

अमेरिका को आतंकवादी शिविरों तक जाने की पूरी सुविधा प्रदान कीजिए, ताकि हम सुनिश्चित कर सकें कि अब वे सक्रिय नहीं हैं।

इन माँगों पर किसी प्रकार की समझौता-वार्त्ता या बातचीत नहीं होगी।

तालिबान को अवश्य और तुरंत काररवाई करनी होगी।

उन्हें आतंकवादी सौंपने होंगे या फिर उनके परिणाम का सहभागी बनना होगा।

आतंकवादी स्वधर्मद्रोही हैं। उन्होंने दरअसल इसलाम का अपहरण कर लिया है।

हमारे अनेक मुसलिम मित्र अमेरिका के शत्रु नहीं। हमारे अनेक अरब मित्र हमारे शत्रु नहीं। हमारा शत्रु तो आतंकवाद का उग्र तंत्र और उसे सहायता देनेवाली प्रत्येक सरकार है।

आतंक के विरुद्ध हमारा युद्ध अल कायदा से आरंभ होता है, पर यह उसका अंत नहीं।

यह तब तक समाप्त नहीं होगा जब तक विश्व स्तरीय प्रत्येक आतंकी गुट का पता लगाकर, उसे रोककर परास्त नहीं किया जाता।

अमेरिकन पूछ रहे हैं, 'वे हमसे घृणा क्यों करते हैं ?'

वे घृणा करते हैं, क्योंकि यहाँ उन्हें एक लोकतांत्रिक पद्धति से चुनी सरकार दिखाई देती है। उनके नेता स्वयंभू हैं। उन्हें हमारी धार्मिक स्वतंत्रता, अभिव्यक्ति की स्वतंत्रता, मत देने की स्वतंत्रता, एक-दूसरे से असहमत होने की स्वतंत्रता से घृणा है।

यह युद्ध एक दशक पहले हुए इराक युद्ध के समान न होगा, जिसमें एक क्षेत्र को मुक्त कराया गया और कम समय में निर्णायक परिणाम मिले। यह दो वर्ष पहले कोसोवो में हुए नभ-युद्ध के समान भी नहीं होगा, जहाँ थलसेना का प्रयोग नहीं हुआ और एक भी अमेरिकी युद्ध में हताहत नहीं हुआ।

हमारी काररवाई तात्कालिक जवाबी हमले या इक्के-हुक्के आक्रमणोंवाली नहीं होगी। अमेरिकियों को एक युद्ध की उम्मीद नहीं रखनी चाहिए। यह एक लंबा सैनिक अभियान होगा, जैसा हमने पहले कभी नहीं देखा। इसमें टी.वी. पर दिखाए जानेवाले नाटकीय आक्रमण भी होंगे और परिणामों को भी गोपनीय रखनेवाले छद्म आक्रमण भी।

हम आतंकवादियों को राशिहीन कर देंगे। उन्हें एक-दूसरे के विरुद्ध कर देंगे। उन्हें एक स्थान से दूसरे स्थान पर खदेड़ेंगे, जब तक उनके पास शरण या विश्राम के लिए कोई स्थान न रहे। जो राष्ट्र आतंकवादियों को सुरक्षित आश्रय या सहायता देते हैं, हम उनका भी पीछा करेंगे। अब हरेक क्षेत्र के हरेक राष्ट्र को निर्णय करना है कि वह या तो हमारे साथ है या आतंकवादियों के साथ।

आज के दिन से जो भी राष्ट्र आतंकवाद को प्रश्रय देता है या उसकी सहायता करता है, अमेरिका उसे शत्रुतापूर्ण शासन मानेगा। हमारे राष्ट्र को चेतावनी दी गई है कि हम आक्रमण से निरापद नहीं। हम अमेरिकियों की रक्षा के लिए सुरक्षात्मक कदम उठाएँगे।

अमेरिका के लिए कारवाई करने का समय आ गया है और यह हमें गौरवान्वित करेगा। यह अकेले अमेरिका का संघर्ष नहीं है, न ही केवल अमेरिका की स्वतंत्रता दाँव पर है। यह सारे विश्व का संघर्ष है, यह सभ्यता का संघर्ष है। यह उन सभी का संघर्ष है जो प्रगति, बहुलता, सहनशीलता और स्वतंत्रता में विश्वास रखते हैं।

हम प्रत्येक राष्ट्र का हमारा साथ देने के लिए आह्वान करते हैं।

हम अपने सिद्धांतों के निमित्त लड़ रहे हैं और हमारा पहला उत्तरदायित्व उनका पालन करना है। किसी को भी उसकी नृजातीय पृष्ठभूमि या धार्मिक आस्था के कारण अनुचित व्यवहार या अनुचित वचनों का निशाना नहीं बनाया जाना चाहिए।

जब तक अमेरिका दृढ़ और शक्तिशाली है, यह युग आतंकवाद का युग नहीं बन सकेगा। यहाँ भी और सारे विश्व में भी स्वाधीनता का युग रहेगा।

हमारा देश और हमारी पीढ़ी हमारी जनता और हमारे भविष्य पर मँडराने वाले हिंसा के काले खतरे को मिटा देगी। अपने प्रयत्नों व अपने साहस से हम सारे विश्व को इस उद्देश्य के लिए जाग्रत् करके एकजुट कर देंगे।

हम थकेंगे नहीं, हम विचलित नहीं होंगे, हम असफल नहीं होंगे।

□

जॉर्ज वाशिंगटन

जॉर्ज वाशिंगटन 22 फरवरी, 1732 से 14 दिसंबर, 1799 तक संयुक्त राज्य अमेरिका के पहले राष्ट्रपति रहे। उनकी माता का नाम मैरी बॉल और पिता का नाम ऑगस्टाइन वॉशिंगटन था। वे दोनों एक स्थानीय विश्वविद्यालय में शिक्षक थे। वे लोग वर्जीनिया में रहते थे। वॉशिंगटन ने बहुत लंबे समय तक किसी विद्यालय में प्रवेश नहीं लिया। उन्होंने अमेरिकी सेना का नेतृत्व करते हुए ब्रिटेन के ऊपर अमेरिकी क्रांति (1775-1783) में विजय हासिल की। उन्हें 1789 में अमेरिका का पहला राष्ट्रपति चुना गया।

जॉर्ज वाशिंगटन के बारे में एक कहानी प्रचलित है कि एक बार उन्होंने बचपन में अपने पिता के चेरी वृक्ष को काट दिया। जब उनके पिता ने पूछा तो उन्होंने झूठ नहीं बोला और सच-सच बताया कि पेड़ उन्होंने ही काटा है। सच में वॉशिंगटन कितने ईमानदार थे।

भविष्य की राह कठिन है, पर हम विजय हासिल करेंगे

✍ **जॉर्ज वाशिंगटन**

सीनेट और प्रतिनिधि सदन के साथी नागरिको!

आपके आदेश से भेजी गई अधिसूचना मौजूदा महीने की 14 तारीख को मिली। उलट-फेर की किसी भी घटना से मैं इतना चिंतित नहीं हुआ जितना कि इस अधिसूचना से। एक तरफ मेरे देश ने मुझे आवाज दी। अपने देश की आवाज मैं एकांतवास में भी श्रद्धा और प्रेम से सुन सकता हूँ। अपनी बढ़ती उम्र और गिरते स्वास्थ्य के कारण मैंने एकांतवास की शरण अपनी मरजी से ली थी। दूसरी तरफ, जिस विश्वास के साथ मेरे देश ने मुझे पुकारा, वह उसके सबसे बुद्धिमान और सबसे अनुभवी नागरिकों को अपनी योग्यता के बारे में सोचने के लिए विवश कर दिया था। देश की पुकार से उन लोगों को (जिन्हें प्रकृति ने कम प्रतिभा दी थी और जो नागरिक प्रशासन में अनाड़ी थे) अपनी कमियों के प्रति सचेत होना चाहिए था। भावनाओं के इस टकराव में, मैं निश्चयपूर्वक कह सकता हूँ कि उन परिस्थितियों का समुचित मूल्यांकन करते हुए अपने दायित्व का निर्वाह करना मेरा कर्तव्य रहा है, जिनसे मेरा कर्तव्य-पालन प्रभावित हो सकता था। मैं यह कहने का साहस कर सकता हूँ कि यदि अपने कर्तव्य-पालन में मैं पूर्व उदाहरणों से प्रभावित हुआ' या अपने साथी नागरिकों के विश्वास से अभिभूत हुआ और अपनी अक्षमता तथा जिम्मेदारियों पर ध्यान नहीं दिया तो इसमें मेरी बहुत अधिक गलती नहीं होगी, क्योंकि ऐसा गुमराह करनेवाले प्रयोजनों के कारण होगा। इसके जो भी परिणाम

होंगे, उनके कारणों को ध्यान में रखते हुए उनका फैसला मेरा देश करेगा।

इस तरह की परिस्थितियों में मैंने जनादेश को स्वीकार करते हुए वर्तमान स्थिति को सुधारा है। इस पहली सरकारी जिम्मेदारी में उस परमपिता को भूलना नादानी होगी, जो पूरे ब्रह्मांड पर शासन करता है, जो राष्ट्रों की परिषदों की अध्यक्षता करता है और जो मनुष्य में हर तरह का अवगुण पैदा कर सकता है। उन जरूरी उद्देश्यों के लिए परमपिता के आशीर्वाद से संयुक्त राज्य की जनता अपनी स्वतंत्रता व सुख के लिए एक सरकार का गठन करे और उसके प्रशासन को सँभालनेवाली हर संस्था अपनी जिम्मेदारी निभाने में सक्षम हो। हर सार्वजनिक और निजी अच्छाई के सृजनकर्ता उस परमपिता को श्रद्धांजलि देते हुए मैं खुद को आश्वस्त करता हूँ कि इससे आपकी भावनाएँ व्यक्त होती हैं, जो न तो मुझसे कम हैं और न मेरे साथी नागरिकों से। कोई भी व्यक्ति संयुक्त राज्य से कहीं अधिक मनुष्यों के मामले को संचालित करने, अदृश्य हाथ को मानने और उसकी पूजा करने के लिए बाध्य नहीं किया जा सकता।

हर कदम, जिसके जरिए संयुक्त राज्य की जनता एक स्वतंत्र राष्ट्र का चरित्र हासिल कर सकी है, दैवी शक्ति से प्रेरित दिखता है। और उनकी संयुक्त सरकार की व्यवस्था में जो महत्त्वपूर्ण क्रांति आई है, उसमें कई विशिष्ट समुदायों के विचारों और सहमति का योगदान रहा है। इसलिए इसकी तुलना उन साधनों से नहीं की जा सकती, जिनके जरिए ज्यादातर सरकारें कृतज्ञता और दूरदर्शिता के अभाव में स्थापित हुई हैं। वर्तमान संकट से पैदा हुए इन विचारों ने मेरे दिमाग पर इतना गहरा असर डाला है कि मैं उन्हें दबा नहीं सकता। आप मेरी इस सोच से सहमत होंगे कि ऐसी कोई चीज नहीं है, जिसके प्रभाव में आकर नई और स्वतंत्र सरकार अपनी जिम्मेदारी से भटक जाए।

कार्यपालिका विभाग की स्थापना करनेवाली धारा के तहत राष्ट्रपति का यह दायित्व है कि 'वे उन उपायों को आपके सामने विचारार्थ प्रस्तुत करेंगे, जिन्हें वे आवश्यक और इष्टकर समझेंगे।' आज जिन परिस्थितियों से मैं रू-बरू हूँ, उसे देखते हुए आप लोग मुझे उस विषय में और अधिक जाने से माफ करेंगे और महान् संवैधानिक चार्टर के अनुरूप चलेंगे। यह चार्टर आपके अधिकारों को परिभाषित करते हुए उन उद्देश्यों को निर्दिष्ट करता है, जिन पर आपको ध्यान देना होगा। यह उन परिस्थितियों के अधिक अनुरूप और उन भावनाओं के अधिक अनुकूल होगा, जो मुझे विशिष्ट उपायों के स्थान पर प्रतिभाओं के सहयोग, ईमानदारी और देशभक्ति को स्थापित करने के लिए प्रेरित करती हैं। हमें इस तरह का चरित्र विकसित करना

चाहिए। इन विशिष्ट गुणों के कारण जहाँ एक तरफ स्थानीय पूर्वग्रह और मोह नहीं होगा, अलग-अलग विचार नहीं होंगे, पार्टियों के बीच शत्रुता नहीं होगी, वहीं दूसरी तरफ हमारी राष्ट्रीय नीति की नींव निजी नैतिकता के विशुद्ध और अपरिवर्तनीय सिद्धांतों पर डाली जाएगी। और सद्‌गुणों के जरिए स्वतंत्र सरकार के उत्कर्ष की मिसाल पेश की जाएगी। तभी सरकार अपने नागरिकों का दिल जीत सकती है और दुनिया का सम्मान हासिल कर सकती है। मैं अपने देश के प्रति प्रेम के कारण इसी परिदृश्य की कामना करता हूँ' क्योंकि किसी भी सच्चाई को इतने ठोस तरीके से स्थापित नहीं किया गया है, जितना कि अर्थव्यवस्था और प्रकृति की धारा में सद्‌गुणों एवं सुख के बीच, कर्तव्य एवं लाभ के बीच, ईमानदार एवं उदार नीति, वास्तविक सूक्तियों और सार्वजनिक समृद्धि एवं सुख-शांति के ठोस पुरस्कारों के बीच की सच्चाई को स्थापित किया गया है। हमें यह स्वीकार करना होगा। जो राष्ट्र व्यवस्था और अधिकार के शाश्वत नियमों, जिन्हें ईश्वर ने खुद बनाया है, की अनदेखी करता है, वह परमपिता की कृपा की उम्मीद कभी नहीं कर सकता। और चूँकि आजादी की पवित्र मशाल और सरकार की गणतांत्रिक प्रणाली की हर हाल में रक्षा की जानी चाहिए, इसलिए अमेरिकी जनता के ऊपर यह एक बहुत बड़ी जिम्मेदारी है।

आपको जहाँ सामान्य लक्ष्यों को पूरा करना है, वहीं यह फैसला भी करना है कि प्रतिकूल परिस्थितियों या अशांति में संविधान की पाँचवीं धारा द्वारा प्रदत्त शक्ति का किस हद तक प्रयोग करना है। इस विषय पर, जिसमें मैं संभवत: सरकारी कर्तव्यों द्वारा मार्ग-निर्देशित नहीं हो सकूँगा, विशेष कदम उठाने की बजाय मैं एक बार फिर आपके विवेक पर निर्भर करूँगा और जन-कल्याण के लिए काम करूँगा। मुझे पूरा भरोसा है कि जहाँ आप ऐसे हर विकल्प से बचेंगे, जिससे संयुक्त एवं प्रभावी सरकार के लाभ खतरे में पड़ सकते हैं, या अनुभव के भावी सबक के लिए जिसका आप इंतजार कर सकते हैं, वहीं स्वतंत्र जनता के विशिष्ट अधिकारों के प्रति आदर और सार्वजनिक सौहार्द के लिए सम्मान इस सवाल पर आपके विचारों को प्रभावित कर सकते हैं कि अधिकारों को किस हद तक वापस लिया जा सकता है या सौहार्द को किस हद तक प्रोत्साहित किया जा सकता है।

मुझे प्रतिनिधि सदन से एक बात और कहनी है। चूँकि यह मुझसे संबंधित है, इसलिए मैं हर बात संक्षेप में कहूँगा। जब मुझे देश-सेवा में पहली बार बुलाया गया, तब उसके मुक्ति-संघर्ष से पहले मैंने जिस आलोक में अपने कर्तव्य पर विचार किया, उसमें मुझे लगा कि अपने दायित्व के बदले में मुझे अर्थ संबंधी कोई

लाभ नहीं लेना चाहिए। अपने इस प्रण पर मैं कायम हूँ और आगे भी रहूँगा। कार्यपालिका विभाग में भले ही व्यक्तिगत पारिश्रमिक का स्थायी प्रावधान हो, लेकिन मैं उसे लेने से इनकार करता हूँ। और मैं प्रार्थना करता हूँ कि मुझे जो पद सौंपा गया है, उस पर रहते हुए मेरा आर्थिक लाभ वहीं तक सीमित रहना चाहिए जितना कि जनहित में हो।

इस अवसर पर अपनी भावनाओं से आप लोगों को अवगत कराते हुए अब मैं विदा लेता हूँ। लेकिन विदा लेने से पहले मैं एक बार फिर परमपिता को प्रणाम करता हूँ क्योंकि उसने अमेरिकियों को शांति से विचार-विमर्श करने और अपने संघ की सुरक्षा तथा अपनी सुख-शांति के लिए आम राय से सरकार की प्रणाली चुनने का अवसर दिया। हमारे परिवर्द्धित विचारों, संतुलित सुझावों और सरकार की सफलता के लिए जरूरी विवेकपूर्ण उपायों में उसकी कृपा हमेशा बनी रहे।

□

जे.आर.डी. टाटा

कुशल पायलट, नवप्रवर्तक उद्यमी, संस्थान निर्माता, परमार्थी व महान् जन-प्रबंधक जे.आर.डी. टाटा उन राष्ट्र-निर्माताओं में थे, जो आबाल-वृद्ध सभी के प्रेरणा-स्रोत रहे हैं। एक उद्योगपति के रूप में उन्हें टाटा उद्योग समूह को अंतरराष्ट्रीय पटल पर लाने का श्रेय प्राप्त है। श्री टाटा विज्ञान व कलाओं के संरक्षक रहे। साहित्य, ललित-कलाओं, तेज रफ्तार कारों, स्कीइंग एवं उड़ान में उनकी गहरी रुचि थी। उन्होंने टाटा इंस्टीट्यूट ऑफ फंडामेंटल रिसर्च, नेशनल सेंटर फॉर द परफॉरमिंग आर्ट्स एवं अन्य अनेक संस्थानों के निर्माण में महत्त्वपूर्ण भूमिका निभाई।

जे.आर.डी. टाटा में सही व्यक्ति को सही काम के लिए चुनने की विलक्षण क्षमता थी। किसी टीम को सुगठित करने, विभिन्न कर्मियों से सबसे अच्छे परिणाम हासिल करना उनकी सबसे बड़ी उपलब्धि थी। वह जिजीविषा से परिपूर्ण थे और नवाचार व उद्यम की प्रेरणा देने में अत्यंत मुखर।

अपने सभी कर्मियों को अगाध स्नेह करनेवाले, दूरदर्शी, युग-निर्माता जे.आर.डी. टाटा का जीवन प्रेरणादायी है।

एक मिथक

✍ **जे.आर.डी. टाटा**

'आर्थिक शक्ति के केंद्रीयकरण का खतरा', यह वह मुहावरा है, जो (चौथी पंचवर्षीय योजना के) दृष्टिकोण पत्र में या किसी भी वाममार्गी योजनाकार या सरकारी अधिकारी के साथ आर्थिक विषयों पर चर्चा करते समय खतरनाक बारंबारता के साथ सामने आता है। हम भारतीय—जो लोकप्रिय लुभावने मुहावरों व नारों को दिल से लगाने और उनके अर्थ को समझे या विश्लेषित किए बिना उन्हें दोहराने में हमेशा कुशल रहे हैं—ने इस अस्तित्वहीन हौआ, जिसे हमारे वामपंथी प्रचारकों ने जान-बूझकर भोले-भाले लोगों के दिलों में बिठा दिया है, को सहर्ष स्वीकार कर लिया है।

ऐसा मालूम होता है, मानो आज देश को खतरा हमारी बढ़ती हुई आबादी, सीमा पार के खतरों, सांप्रदायिक कट्टरता और दंगों, हमारे देशवासियों की अंतहीन गरीबी से ज्यादा आप मानें या न मानें, उन कुछ व्यक्तियों और कंपनियों से है, जो बड़े पैमाने पर कार्य कर रहे हैं—जो भारतीय मानदंडों से बड़े, लेकिन विश्व के मानदंडों से बहुत छोटे आकार के हैं।

निजी क्षेत्र में सबसे बड़े औद्योगिक समूह का प्रमुख होने के कारण मेरे पास आर्थिक शक्ति का असीम केंद्रीयकरण होना चाहिए। हर रोज जब मैं सुबह सोकर उठता हूँ तो बड़े ध्यान से इसपर विचार करता हूँ कि इस अपार शक्ति का मैं उस दिन कैसे इस्तेमाल करूँगा। क्या मैं अपने प्रतिद्वंद्वियों को कुचल दूँगा, उपभोक्ताओं का शोषण करूँगा, उद्‌दंड श्रमिकों को नौकरी से निकाल दूँगा, एक या दो सरकारों को उखाड़ फेंकूँगा। मेरी कितनी आकांक्षा है कि डॉ. गाडगिल या इस सिद्धांत को

माननेवाले कोई अन्य महानुभाव मेरे हाथों में इस अपार शक्ति की प्रकृति पर प्रकाश डालते। मैं स्वयं उसे इस्तेमाल करना तो दूर, उसकी पहचान करने में भी पूरी तरह असफल रहा हूँ।

निश्चित रूप से, निजी हाथों में आर्थिक शक्ति—यदि उसका कोई अर्थ है तो वह—जहाँ और जब कोई नया उद्योग शुरू करने, पूँजी जुटाने, ऋण लेने, श्रमिकों को काम पर रखने, मैनेजरों की नियुक्ति करने, उनके वेतन तय करने, उनके द्वारा बेची जानेवाली वस्तुओं और सेवाओं के दाम तय करने, व्यवसाय या मनोरंजन के लिए विदेश यात्रा करने, प्रबंधकीय या अन्य सेवाओं के लिए करार करने जैसे आर्थिक निर्णय लेने की शक्ति ही है। क्या यह अजीब नहीं है कि ये ही वे आर्थिक शक्तियाँ हैं, जिनका इस्तेमाल कर हमारे देश में व्यवसायियों को लगभग पूरी तरह नकार दिया गया है?

सज्जनो, सच्चाई कुछ और है। निजी हाथों में आर्थिक शक्ति के केंद्रीयकरण का हौआ एक मिथक है, जो बड़े पैमाने पर कार्य करनेवाले किसी भी निजी उद्यम के घोर विरोधी लोगों द्वारा जान-बूझकर प्रचारित किया गया है।

असल में, आर्थिक शक्ति का एकमात्र डरावना केंद्रीयकरण, जो आज दिखाई देता है वह हमारे मंत्रियों, आयोजकों और सरकारी अधिकारियों के हाथों में है। आर्थिक शक्ति का यही वह केंद्रीयकरण है, जिससे हमारे प्रजातंत्र को असली खतरा है। इन महानुभावों, न कि उद्योगपतियों, के हाथों में जो आर्थिक शक्ति है वही कष्टदायक विलंबों, भ्रांतिपूर्ण नीतियों और कुप्रबंधन का कारण है, जिसने इतने लंबे समय से हमारी अर्थव्यवस्था को हानि पहुँचाई है।

यह आश्चर्य की बात है कि टाटा जैसा कोई बड़ा औद्योगिक घराना यदि कुछ समय तक कोई बड़ी औद्योगिक इकाई स्थापित नहीं कर पाता तो उसपर निष्क्रिय और कम ऊर्जावान् होने का आरोप लगा दिया जाता है। यदि वह अपने व्यवसाय को बहुमुखी बनाने के लिए मध्यम आकार का कोई आशाजनक उद्यम खोलना चाहता है तो उसपर आरोप लगाया जाता है कि वह छोटे उद्यमियों को कुचलना या उनके विकास में बाधक बनना चाहता है। यदि वह कोई भारी पूँजीगत लागतवाली परियोजना शुरू करना चाहता है तो उसपर पूँजीगत संसाधनों पर एकाधिकार स्थापित करने और आर्थिक शक्ति के अपने केंद्रीयकरण में वृद्धि करने का आरोप लगाया जाता है।

दृष्टिकोण पत्र आर्थिक शक्ति के केंद्रीयकरण को रोकने के उद्देश्य से, इस तथ्य की अनदेखी करते हुए कि अपने विशाल मानव और भौतिक संसाधनों के

कारण बड़ी कंपनियाँ विशाल परियोजनाओं को संचालित करने में सबसे अधिक सक्षम हैं, उन्हें संस्थागत वित्तीय साधनों से वंचित करना चाहता है। 'बड़ी' (कंपनियाँ) क्या हैं ? आर्थिक शक्ति के केंद्रीयकरण को लेकर यह पाखंडी या अन्यथा, सनकी और लगभग पागल, रवैया सरकार की आर्थिक नीतियों का एक मुख्य आधार बन गया है। इसी दुराग्रह के चलते इस बात की परवाह किए बिना कि इससे प्रबंधकीय क्षेत्र में अव्यवस्था फैल जाएगी, मैनेजिंग एजेंसी पद्धति को पूरी तरह समाप्त किया जा रहा है।

मेरा निवेदन है कि अब समय आ गया है कि इस प्रश्न और इससे जुड़े एकाधिकार के प्रश्न को राजनीतिक क्षेत्राधिकार से निकालकर किसी आयोग या किसी स्थायी अर्ध-न्यायिक संस्था को सौंप दिए जाने चाहिए, जो व्यावहारिकता के आधार पर प्रत्येक मामले की जाँच करके उसपर अपना निर्णय दे। प्रस्तावित एकाधिकार एवं प्रतिबंधक व्यापारिक गतिविधियाँ आयोग को, अन्य कार्यों के अतिरिक्त, आर्थिक शक्ति के केंद्रीयकरण या दुरुपयोग संबंधी आरोपों से निपटने का काम भी सौंप दिया जाना चाहिए। अन्यथा यह अस्पष्ट आरोप निजी क्षेत्र को प्रभावित करनेवाले प्रत्येक मुद्दे को, जो सरकार के समक्ष विचारार्थ आता है, विषाक्त और पंगु बनाता रहेगा।

□

जोसेफ स्तालिन

स्तालिन का जन्म जॉर्जिया मे गोरी नाम स्थान पर हुआ था। उनके माता-पिता निर्धन थे। जोसेफ को संगीत और साहित्य में अभिरुचि हो गई। इस समय तिफ्लिस में बहुत सा क्रांतिकारी साहित्य चोरी-छिपे बाँटा जाता था। जोसेफ इन पुस्तकों को बड़े चाव से पढ़ने लगे। 19 वर्ष की अवस्था में वह मार्क्स के सिद्धांतों पर आधारित एक गुप्त संस्था के सदस्य बने। 1899 में इसके दल से प्रेरणा प्राप्त कर काकेशिया के मजदूरों ने हड़ताल की।

सन् 1922 में सोवियत समाजवादी गणराज्यों का संघ बनाया गया और स्तालिन को उसकी केंद्रीय उपसमिति में सम्मिलित किया गया। 1924 में लेनिन की मृत्यु के पश्चात् स्तालिन ने अपने को उनका शिष्य बतलाया। चार वर्ष के संघर्ष के पश्चात् ट्रॉटस्की को पराजित करके वह रूस के शीर्ष नेता बने।

स्तालिन साम्यवादी नेता ही नहीं, तानाशाह भी थे। सन् 1936 में 13 रूसी नेताओं पर स्तालिन को मारने का षड्यंत्र रचने का आरोप लगाया गया और उन्हें प्राणदंड दिया गया। इस प्रकार स्तालिन ने अपना मार्ग निष्कंटक कर लिया।

1934 में रूस संयुक्त राष्ट्र संघ का सदस्य बना। जब जर्मनी ने अपनी सैनिक शक्ति बढ़ा ली तो स्तालिन ने ब्रिटेन और फ्रांस से संधि करके रूस की सुरक्षा का प्रबंध किया। 1942 में रूस ने जर्मनी को आगे बढ़ने से रोक दिया और 1943-44 में उसने जर्मनी की सेनाओं को पराजित किया। 1945 में स्तालिन ने अपने आपको जेनरलिसिमो घोषित कर किया।

खून के आखिरी कतरे तक लड़ो

✍ **जोसेफ स्तालिन**

सोवियत संघ के क्रांतिकारी नेता जोसेफ स्तालिन ने दूसरे विश्वयुद्ध के दौरान फासिस्ट जर्मनी के भयंकर आक्रमण का सामना करने के लिए स्वदेशवासियों का मनोबल बढ़ानेवाला यह ओजस्वी भाषण 3 जुलाई, 1941 को दिया था।

साथियो, नागरिको, भाइयो और बहनो! हमारी सेना और नौसेना के सेनानियो! मेरे मित्रो! मैं आपको संबोधित कर रहा हूँ। हिटलर के जर्मनी ने 22 जून को हमारी पितृभूमि पर जो विश्वासघाती आक्रमण किया था, वह अब भी जारी है।

लाल सेना के वीरतापूर्ण प्रतिरोध के बावजूद और जबकि शत्रु के सर्वोत्तम डिवीजनों व वायुसेना के यूनिटों को ध्वस्त कर दिया गया है और युद्धभूमि में उसकी दुर्दशा हो रही है, फिर भी शत्रु अपने आक्रमणों में नई कुमुक झोंककर आगे बढ़ रहा है।

हिटलर की सेनाएँ लिथुआनिया, लातीविया के एक बड़े भूभाग, बाइलो रूस के पश्चिमी भाग, पश्चिमी यूक्रेन के भूभाग पर अधिकार करने में सफल रही हैं। वे मुरयानस्क, ओर्शा, मोगिलेव, स्मोलेनस्क, कीव और सेबस्टोपोल पर बम-वर्षा कर रही हैं।

हमारे देश पर गंभीर खतरा मँडरा रहा है।

ऐसा कैसे संभव हुआ कि हमारी गौरवशाली लाल सेना ने हमारे कई नगर और जिले फासिस्ट सेना को समर्पित कर दिए? जैसा कि फासिस्ट प्रचारक डींगें हाँक रहे हैं, क्या सचमुच जर्मन फासिस्ट सेनाएँ अजेय हैं? नहीं, बिलकुल नहीं।

इतिहास गवाह है कि कोई अजेय सेना नहीं होती और न कभी थी। नेपोलियन की सेना को अजेय माना जाता था, पर उसे रूसी, ब्रिटिश और जर्मन सेनाओं ने परास्त किया। यही बात हिटलर की वर्तमान सेना के बारे में भी कही जानी चाहिए। इस सेना को अभी तक यूरोप महाद्वीप में कड़े प्रतिरोध का सामना नहीं करना पड़ा। और अगर इस कड़े प्रतिरोध के कारण हिटलर की जर्मन फासिस्ट सेना के सर्वोत्तम डिवीजनों को हमारी लाल सेना ने पराजित कर दिया है तो इसका अर्थ है कि इस सेना को भी ध्वस्त किया जा सकता है और यह ध्वस्त होगी।

जहाँ जक जर्मन फासिस्ट सेना द्वारा हमारे भूभाग पर अधिकार करने का सवाल है, उसका मुख्य कारण यह है कि सोवियत संघ के विरुद्ध फासिस्ट जर्मनी का युद्ध जर्मन सेनाओं के लिए अनुकूल और सोवियत सेनाओं के लिए प्रतिकूल स्थितियों में आरंभ हुआ। उसे थोड़े समय के लिए कुछ लाभ हुआ है। लेकिन सारे संसार के सामने एक रक्त-पिपासु आक्रमण के रूप में उसकी राजनीतिक पराजय हुई है।

हमारी समस्त साहसी लाल सेना, हमारी समस्त नौसेना, हमारी समस्त वायुसेना के बाज, यूरोप, अमेरिका व एशिया के सभी सर्वोत्तम नर-नारी और अंततः जर्मनी के समस्त नर-नारी भी जर्मन फासिस्टों की विश्वासघाती कारवाइयों की भर्त्सना करते हैं। उनकी सहानुभूति सोवियत सरकार के साथ है। वे सोवियत सरकार के व्यवहार को उचित मानते हैं। उनका मानना है कि हमारा निमित्त न्यायपूर्ण है, शत्रु की पराजय होगी और हम अवश्य विजयी होंगे।

टैंकों व विमानों से पूर्णतः लैस शत्रु के विरुद्ध हमारे सैनिक वीरतापूर्वक लड़ रहे हैं। असंख्य कठिनाइयों को लाँघते हुए लाल सेना व लाल नौसेना सोवियत भूमि की एक-एक इंच के लिए आत्मोत्सर्ग करते हुए लड़ रही है। लाल सेना की मुख्य टुकड़ियाँ हजारों टैंकों और विमानों के साथ युद्धभूमि में उतर आई हैं। लाल सेना के जवानों ने अद्वितीय शौर्य का परिचय दिया है। शत्रु के विरुद्ध हमारा प्रतिरोध शक्ति और संख्या में बढ़ रहा है। लाल सेना के साथ ही समस्त सोवियत जनता स्वदेश की रक्षा के लिए उठ खड़ी हुई है।

शत्रु क्रूर और कठोर है। वह हमारे पसीने से सींची हुई भूमि, हमारे अन्न व तेल को हड़पना चाहता है। वह जमींदारी के नियमों को दोबारा स्थापित करना चाहता है। वह सोवियत नागरिकों की राष्ट्रीय संस्कृति और राष्ट्रीय अस्तित्व को नष्ट करना चाहता है। वह उन्हें जर्मन शासकों व सामंतों का दास बनाना चाहता है। सोवियत जनता को हर तरह की असावधानी को त्यागना होगा। उन्हें अपने प्रत्येक कार्य को युद्ध-स्तर पर पुनर्गठित करना होगा, जिसमें शत्रु के लिए दया का कोई स्थान नहीं होना चाहिए।

इसके अतिरिक्त हमारे यहाँ कायरों या भगोड़ों के लिए कोई स्थान नहीं होना चाहिए। हमारे लोगों को युद्ध में निर्भय रहना चाहिए। उन्हें हमारे देशभक्ति-पूर्ण स्वतंत्रता संग्राम में फासिस्ट दास बनानेवालों के प्रतिरोध में निस्स्वार्थ भाव से सम्मिलित होना चाहिए। हमें अपने सभी कामों को तुरंत युद्ध-स्तर पर पुनर्गठित करना चाहिए। सभी कुछ युद्ध के मोरचे तथा शत्रु को ध्वस्त करने के कार्य के सामने गौण मानना चाहिए।

सोवियत जनता को शत्रु के विरुद्ध खड़े होकर अपने अधिकारों व अपनी भूमि की रक्षा करनी होगी। लाल सेना, नौसेना व सोवियत संघ के प्रत्येक नागरिक का कर्तव्य है कि वह एक-एक इंच सोवियत भूमि के लिए लड़े, हमारे गाँवों व शहरों की रक्षा के लिए अपने रक्त की आखिरी बूँद तक लड़े और हमारी जनता में अंतर्निष्ठ बुद्धिमत्ता व साहस का परिचय दे। हमें लाल सेना की सहायता के लिए संपूर्ण व्यवस्था करनी चाहिए। उसकी टुकड़ियों के सबलीकरण और उसकी हर आवश्यकता की आपूर्ति सुनिश्चित करनी चाहिए। हमें सैनिकों व सैन्य सामग्री के तीव्र परिवहन और घायलों की भरपूर सहायता की व्यवस्था करनी चाहिए। हमारे सभी कारखानों को और अधिक राइफलें, मशीनगनें, तोपें, गोलियाँ, गोले, विमान बनाने के लिए और भी तेजी से काम करना चाहिए। हमें सभी कारखानों, विद्युत् स्टेशनों, टेलीफोन व टेलीग्राम संचार केंद्रों की सुरक्षा तथा सभी इलाकों में वायु सैनिक आक्रमण से प्रभावी सुरक्षा के उपाय करने चाहिए।

हमें इस बात का पूरा ध्यान रखना चाहिए कि शत्रु धूर्त, धोखेबाजी में अनुभवी तथा झूठी अफवाहें फैलाने में कुशल है। सामूहिक खेतिहरों को चाहिए कि वे अपने सारे पशु धन तथा अन्न को सरकारी सुरक्षा में दे दें, ताकि उसे पीछे सुरक्षित स्थलों पर पहुँचाया जा सके। सभी महत्त्वपूर्ण परिसंपत्तियों, जैसे लौह धातुएँ, अन्न व ईंधन को, जिन्हें पीछे नहीं भेजा जा सकता, अवश्य नष्ट कर दें।

साथियो, हमारे सैनिक असंख्य हैं, अभिमानी शत्रु को शीघ्र ही बड़ी कीमत चुकाकर यह बात समझ में आ जाएगी। लाल सेना के साथ-साथ हजारों श्रमिक, सहकारी किसान, बुद्धिजीवी आक्रामक शत्रु का सामना करने के लिए उठ खड़े हुए हैं। हमारी जनता लाखों की संख्या में उनके विरुद्ध उठेगी।

हमारी समस्त शक्तियाँ हमारी साहसी लाल सेना व गौरवशाली नौसेना के साथ हैं। हमारी जनता की समस्त शक्तियाँ शत्रु के विनाश के लिए सन्नद्ध हैं।

हमारी जीत के लिए आगे बढ़ो!

□

थियोडोर रूजवेल्ट

थियोडोर रूजवेल्ट का जन्म 27 अक्तूबर, 1858 को न्यूयॉर्क के एक संपन्न परिवार में हुआ। अपनी मजबूत कद-काठी और शारीरिक ऊर्जा के लिए प्रसिद्ध रूजवेल्ट बचपन में इतने बीमार और कमजोर रहते थे कि उनके पिता ने उन्हें स्कूल न भेजकर घर पर ही पढ़ाने की व्यवस्था की। आरंभिक शिक्षा के बाद रूजवेल्ट उच्च शिक्षा के लिए हार्वर्ड पढ़ने गए और वहाँ से लौटने के एक साल बाद ही सन् 1881 में न्यूयॉर्क स्टेट असेंबली के सबसे कम उम्र के सदस्य चुने गए। 1882 में प्रकाशित उनकी पहली पुस्तक 'द नेवल वार ऑफ 1812' ने ही उन्हें एक उच्च कोटि के इतिहासकार की ख्याति दिला दी। इसके बाद स्पेन व अमेरिका के बीच युद्ध छिड़ने पर रूजवेल्ट ने अपने काम से त्यागपत्र दे दिया और युद्ध में कूद पड़े। उन्होंने क्यूबा में एक छोटी रेजिमेंट का नेतृत्व करते हुए ऐसी वीरता का प्रदर्शन किया कि उन्हें मेडल ऑफ ऑनर से सम्मानित किया गया। युद्ध के बाद वह न्यूयॉर्क लौटे और वहाँ के गवर्नर चुने गए। इसके दो साल बाद ही वह अमेरिका के उपराष्ट्रपति चुने गए। वर्ष 1901 में राष्ट्रपति विलियम मैकन्ले की हत्या के बाद 42 साल की उम्र में ही वह अमेरिका के इतिहास में सबसे कम उम्र के राष्ट्रपति बने।

बहुमुखी प्रतिभा के धनी रूजवेल्ट को शांति के लिए नोबेल पुरस्कार से सम्मानित किया गया। वह किसी भी क्षेत्र में यह सम्मान पानेवाले पहले अमेरिकी थे। रूजवेल्ट का निधन 6 जनवरी, 1919 को न्यूयॉर्क में हुआ।

असफलता और सफलता

✍ **थियोडोर रूजवेल्ट**

अमेरिका के 26वें राष्ट्रपति थियोडोर रूजवेल्ट ने यह प्रेरणादायक भाषण 10 अप्रैल, 1899 को शिकागो के हेमिल्टन क्लब में दिया था।

पश्चिम के महानतम नगर के निवासियो, हमारे देश को लिंकन और ग्रांट जैसी हस्तियाँ देनेवाले राज्य के निवासियो, जिनमें स्पष्ट व उत्कृष्ट रूप से अमेरिकी चरित्र की सर्वाधिक विशेषताएँ हैं, आपको संबोधित करते हुए मैं आपको अधम आलस्य का उपदेश नहीं दूँगा। मैं तो आपको परिश्रम का जीवन जीने, कड़ी मेहनत और प्रयास का जीवन जीने, संघर्ष व श्रम का जीवन जीने का उपदेश देना चाहूँगा। सफलता अपने सर्वश्रेष्ठ रूप में उसे नहीं मिलती, जो केवल सुखद शांति की अभिलाषा रखता है। वह उस व्यक्ति को मिलती है जो संकट, कष्ट या कठोर परिश्रम से हिचकिचाता नहीं और जो इनके कारण शानदार विजय पाता है।

सुस्ती व आलस्यपूर्ण जीवन, आकांक्षा या महान् उपलब्धियों के लिए प्रयत्न करने की क्षमता के अभावजनित शांति किसी राष्ट्र के लिए उतनी ही व्यर्थ है जितनी किसी व्यक्ति के लिए। मैं आपसे वही चाहता हूँ, जो कोई भी स्वाभिमानी अमेरिकन खुद से या अपने पुत्रों से अथवा सारे अमेरिकी राष्ट्र से चाहता है। आप में से कौन अपने बेटों के लिए चाहेगा कि इस प्रकार की शांति उनकी आँखों के आगे अंतिम लक्ष्य बनकर रहे? आप शिकागोवासियों ने इस नगर को महान् बनाया है। आप इलिनॉइस वालों ने अमेरिका को महान् बनाने में अपने हिस्से से भी अधिक

योगदान दिया है; क्योंकि आप न तो उपर्युक्त जीवन-दर्शन का उपदेश देते हैं, न ही उस पर अमल करते हैं। आप स्वयं काम करते हैं और अपनी संतानों का लालन-पालन करके उन्हें काम करने के योग्य बनाते हैं। यदि आप धनी हैं और योग्य हैं तो आप अपने पुत्रों को सिखाएँगे कि उनके पास अवकाश है तो वे उसे आलस्य में न बिताएँ। क्योंकि समझदारी से अतिरिक्त समय बिताने का अर्थ है, जिनके पास ऐसा अवकाश है वे जीविका के लिए समय लगाने की आवश्यकता से मुक्त होने के बाद अन्य कर्तव्यों के लिए बाध्य हैं। उन्हें विज्ञान, साहित्य, कला, अन्वेषण, ऐतिहासिक अनुसंधान जैसे आमदनी न देनेवाले कामों में समय व्यतीत करना चाहिए, जिसकी कि इस देश को बहुत आवश्यकता है। इस तरह के कार्यों को सफलतापूर्वक संपन्न करने से देश का गौरव बढ़ता है। हम कायरतापूर्ण शांति चाहनेवालों की प्रशंसा नहीं करते। हम उस व्यक्ति के प्रशंसक हैं, जो विभिन्न प्रकार के प्रयास करता है। जो कभी भी अपने पड़ोसियों से दुर्व्यवहार नहीं करता, जो किसी मित्र की सहायता के लिए सदा तत्पर रहता है, जिसमें वे पुरुषोचित गुण हैं जो जीवन के कठिन संघर्ष में विजयी बनाते हैं। असफल होना दुःखद है, किंतु सफलता के लिए कभी प्रयास न करना, उससे भी बुरा है। इस जीवन में हम प्रयत्न के सिवा और क्या पाते हैं ? प्रयत्न से मुक्ति का केवल एक ही अर्थ है कि अतीत में किया गया प्रयत्न सँजोकर रखा हुआ है। किसी व्यक्ति को कार्य करने की अनिवार्यता से तभी मुक्ति मिल सकती है जब उसने या उसके पूर्वजों ने अच्छे उद्देश्य के लिए जमकर कार्य किया हो।

यदि इस प्रकार उपलब्ध मुक्ति का सदुपयोग किया जाए और वह व्यक्ति अभी भी यथार्थ कार्य करता है, भले ही वह कार्य भिन्न प्रकार का हो, किसी लेखक के रूप में या सेनापति के रूप में, भले ही राजनीति के क्षेत्र में या अन्वेषण के क्षेत्र में, वह सिद्ध करता है कि वह उस ऐश्वर्य के योग्य है। यदि वह अपने कार्य से मुक्ति के इस अवकाश को तैयारी का समय न मानकर केवल आमोद-प्रमोद का समय मानता है, भले ही उस आमोद-प्रमोद में दुर्व्यसन न हों, वह इस धरती पर बोझ ही है। वह निश्चय ही आवश्यकता पड़ने पर अपने संगी-साथियों के किसी काम नहीं आ सकता। केवल आराम का जीवन अंततः बहुत संतोषजनक नहीं होता। ऐसा जीवन उन लोगों के लिए अनुपयुक्त ही है, जो संसार में कोई महत्त्व का काम करना चाहते हैं।

स्वस्थ स्थितियाँ तभी बनी रह सकती हैं, जब उनका निर्माण करनेवाले नर-नारी स्वच्छ, ओजस्वी, स्वस्थ जीवन जीते हों। जब बच्चों को ऐसा प्रशिक्षण दिया जाए कि वे कठिनाइयों से कतराएँ नहीं, उन पर विजय पाएँ। आलस्य की

कामना न करें बल्कि जोखिम और कठिन परिश्रम के बल पर विजय प्राप्त करें। किसी पुरुष को पुरुषोचित काम करके संतुष्ट होना चाहिए—साहस, सहनशीलता व परिश्रम के साथ अपना व अपने आश्रितों का भरण-पोषण करके। जब पुरुष कार्य से या न्यायपूर्ण युद्ध से भयभीत रहते हैं, जब महिलाएँ मातृत्व से भयभीत रहती हैं तो वे दोनों ही विनाश के कगार पर होते हैं। और ऐसों को तो धरती से विलुप्त ही हो जाना चाहिए।

जो कुछ व्यक्ति के लिए सच है, वही राष्ट्र के लिए भी सच है। यह कहना अधम कोटि का असत्य है कि जिस राष्ट्र का कोई इतिहास न हो, वह सुखी राष्ट्र होता है। जिस राष्ट्र का गौरवशाली इतिहास हो, वह उसकी अपेक्षा तिगुना सुखी होता है।

गौरवशाली विजय पाने या बड़ी चीजें पाने के लिए प्रयास करना बेहतर है, भले ही असफलता का मुँह देखना पड़े। यह उन हीन आत्माओं की तरह जीवन-यापन से कहीं अच्छा है, जो न तो अधिक आनंद पाते हैं, न अधिक कष्ट पाते हैं। वे उस धुँधलकेवाली गोधूलि में रहते हैं, जहाँ न विजय होती है, न पराजय।

ईश्वर को धन्यवाद कि हमारे पूर्वजों के रक्त में इस्पात था। जो लिंकन के विवेक के समर्थक थे, जिन्होंने ग्रांट की सेना में तलवारें या बंदूकें उठाई थीं। जिन्होंने स्वयं को उन महान् दिनों के अनुकूल सिद्ध किया, उन्हीं पूर्वजों की हम संतानें हैं। जिन पूर्वजों ने महान् गृह-युद्ध में भाग लिया और विजयी हुए, उनकी संतान होने के नाते हमें ईश्वर का धन्यवाद करना चाहिए कि हमारे पुरखों ने शांति के हेय परामर्श को ठुकराया; दुःख, हानि, हताशा के अंधकार का अडिग होकर सामना किया और वर्षों का संघर्ष झेला।

□

दलाई लामा

परम पावन तेंजिन ग्यात्सो तिब्बत के चौदहवें दलाई लामा हैं। इनका जन्म 6 जुलाई, 1935 को तिब्बत के पूर्वोत्तर क्षेत्र में 'तसकर' नामक छोटे से गाँव में हुआ था। दो वर्ष की आयु में इन्हें तेरहवें दलाई लामा के अवतार के रूप में स्वीकार किया गया था। 1940 में इन्हें विधिवत् पिछले दलाई लामा का उत्तराधिकारी माना गया। पंद्रह वर्ष की आयु में इन्हें तिब्बत सरकार का प्रमुख बना दिया गया। इन्होंने चीन-तिब्बत समस्या को सुलझाने के भरसक प्रयास किए, परंतु इनके प्रयास निष्फल रहे। 10 मार्च, 1959 को तिब्बत में विद्रोह के कुचल दिए जाने पर परम पावन को तिब्बत छोड़ भारत में शरण लेनी पड़ी। इन्होंने अनेक पुस्तकें लिखी हैं। इन्हें कई अंतरराष्ट्रीय पुरस्कार मिल चुके हैं। 1989 में इन्हें शांति का 'नोबेल पुरस्कार' भी दिया गया।

विश्व शांति के प्रति एक मानवीय नजरिया

✍ **दलाई लामा**

जब हम सुबह उठते हैं और रेडियो सुनते हैं या अखबार पढ़ते हैं तो हमारा सामना हिंसा, अपराध, युद्ध और आपदा की खबरों से होता है। मुझे ऐसा एक भी दिन याद नहीं आता, जब संसार में कहीं-न-कहीं कोई भयानक घटना न घटी हो। आधुनिक युग में एक बात तो स्पष्ट है कि हमारा बहुमूल्य जीवन सुरक्षित नहीं है। आज जिस तरह से हम बुरी खबरों से रू-बरू होते हैं, पहले की पीढ़ी को नहीं होना पड़ता था। अनवरत भय और तनाव के माहौल के कारण कोई भी संवेदनशील और सहृदय व्यक्ति इस आधुनिक दुनिया की प्रगति के बारे में गंभीर सवाल उठा सकता है।

यह विडंबना ही है कि उन्नत औद्योगिक समाज से ही गंभीर समस्याएँ पैदा होती हैं। विज्ञान और प्रौद्योगिकी ने कई क्षेत्रों में चमत्कार कर दिखाया है, लेकिन बुनियादी मानव समस्याएँ जस-की-तस हैं। साक्षरता दर अभूतपूर्व तरीके से बढ़ी है, इसके बावजूद सार्वभौमिक शिक्षा से अच्छाई आने की बजाय मानसिक अशांति और असंतोष बढ़ा है। इसमें कोई संदेह नहीं कि दिन-प्रतिदिन हमारी भौतिक प्रगति बढ़ती जा रही है और प्रौद्योगिकी उन्नत हो रही है। लेकिन यह पर्याप्त नहीं है क्योंकि हम सुख-शांति लाने या दुःखों से छुटकारा पाने में सफल नहीं हुए हैं।

हम केवल यही निष्कर्ष निकाल सकते हैं कि हमारी प्रगति और विकास

में कोई-न-कोई गंभीर खामी है। और अगर हम समय रहते इस खामी को दूर नहीं करेंगे तो मानवता के भविष्य के लिए इसके घातक परिणाम निकल सकते हैं। मैं विज्ञान और प्रौद्योगिकी के खिलाफ बिलकुल नहीं हूँ, क्योंकि इन्होंने मानव जाति के विकास, भौतिक सुख और कल्याण में अमूल्य योगदान किया है। इनसे हमें अपनी दुनिया को बेहतर तरीके से समझने में मदद मिली है। लेकिन अगर हम विज्ञान और प्रौद्योगिकी पर जरूरत से ज्यादा जोर देंगे तो मानव ज्ञान और समझ के उन पहलुओं को खो सकते हैं, जो हमें ईमानदारी और परोपकार की तरफ ले जाते हैं।

हालाँकि विज्ञान और प्रौद्योगिकी में असीमित भौतिक सुख के सृजन की क्षमता है, लेकिन वे विश्व सभ्यता को आकार देनेवाले सदियों पुराने आध्यात्मिक और लोकोपकारी मूल्यों की जगह नहीं ले सकते। विज्ञान और प्रौद्योगिकी के अभूतपूर्व लाभ से कोई भी व्यक्ति इनकार नहीं कर सकता। लेकिन बुनियादी मानव समस्याएँ जस-की-तस बनी हुई हैं। हम अब भी कष्ट, भय और तनाव झेल रहे हैं। इसलिए भौतिक विकास और आध्यात्मिक, मानव-मूल्यों के विकास के बीच तर्कसंगत संतुलन जरूरी है। इस महान् तालमेल को संभव बनाने के लिए हमें अपने मानवीय मूल्यों को पुनरुज्जीवित करने की जरूरत है।

कई लोग वर्तमान विश्वव्यापी नैतिक संकट के बारे में मेरी चिंता से सहमत होंगे। इसलिए मैं अपनी इस चिंता से इत्तेफाक रखनेवाले सभी लोकोपकारियों और धार्मिक व्यक्तियों से अपील करता हूँ कि वे हमारे समाज को और अधिक करुणामय, न्यायसंगत एवं समतामूलक बनाने में मदद करें। मैं किसी बौद्ध या तिब्बती की तरह नहीं बोल रहा हूँ और न ही मैं अंतरराष्ट्रीय मामलों के विशेषज्ञ के रूप में बोल रहा हूँ (हालाँकि मैं इन मामलों पर टिप्पणी जरूर करता हूँ)। इसके विपरीत, मैं मनुष्य के रूप में, मानवीय मूल्यों के पैरोकार के रूप में बोल रहा हूँ। ये मूल्य न केवल महायान बौद्ध धर्म, बल्कि दुनिया के सभी महान् धर्मों के मूलाधार हैं। इस परिप्रेक्ष्य में मैं आपके सामने अपना व्यक्तिगत दृष्टिकोण प्रस्तुत कर रहा हूँ—

1. वैश्विक समस्याओं को हल करने के लिए सार्वभौमिक मानवतावाद जरूरी है।
2. करुणा विश्व-शांति का स्तंभ है।
3. सभी धर्मों में विश्व-शांति और मानवता की बात कही गई है।

4. मानव जरूरतों को पूरा करनेवाले संस्थानों को सदृढ़ बनाने के लिए प्रत्येक व्यक्ति की सार्वभौमिक जिम्मेदारी है।

मानव मनोवृत्ति में परिवर्तन के जरिए मानव-समस्याओं को हल करना।

आज हम जिन समस्याओं का सामना कर रहे हैं, उनमें से कुछ प्राकृतिक आपदाएँ हैं। उन्हें स्वीकार करते हुए उनका सामना धीरज से किया जाना चाहिए। दूसरी समस्याएँ हमारी खुद की देन हैं, जो नासमझी से पैदा हुई हैं। इन्हें ठीक किया जा सकता है। इस तरह की एक समस्या राजनीतिक या धार्मिक विचारधाराओं के टकराव से पैदा होती है। लोग एकल मानव परिवार से जोड़नेवाली बुनियादी मानवता को भूलकर छोटे-छोटे स्वार्थों के लिए एक-दूसरे से लड़ते हैं। लेकिन हमें याद रखना चाहिए कि दुनिया के विभिन्न धर्म, विचारधाराएँ और राजनीतिक व्यवस्थाएँ मानव जाति के लिए हैं तथा उनका उद्देश्य सुख-शांति लाना है। हमें इस बुनियादी लक्ष्य को नहीं भूलना चाहिए। साथ ही, हमें लक्ष्य के ऊपर साधन को कभी नहीं रखना चाहिए। भौतिक पदार्थ और विचारधारा पर मानवता की सर्वोच्चता हमेशा बनी रहनी चाहिए।

आज धरती पर मनुष्य सहित सभी प्राणियों को परमाणु हथियारों से सबसे अधिक खतरा है। मैं इस खतरे के विस्तार में नहीं जाऊँगा। लेकिन परमाणु शक्ति-संपन्न देशों के सभी नेताओं, जिनके हाथ में वस्तुत: दुनिया का भविष्य है विज्ञानियों एवं तकनीशियनों जो विस्मयकारी विध्वंसक हथियारों का निर्माण जारी रखे हुए हैं और सामान्य रूप से सभी लोगों, जो अपने नेताओं पर दबाव डालने की स्थिति में हैं, से अपील करता हूँ कि वे समझदारी से काम लें और सभी परमाणु हथियारों को नष्ट कर दें। हम जानते हैं कि परमाणु युद्ध की स्थिति में कोई भी विजेता नहीं होगा, क्योंकि इस धरती पर कोई भी जिंदा नहीं बचेगा। इस तरह के अमानवीय और क्रूर विध्वंस के बारे में सोचते हुए क्या दिल नहीं दहलता? क्या यह तर्कसंगत नहीं है कि समय रहते हुए हम अपने विनाश के कारणों को दूर कर दें? हम प्राय: अपनी समस्याओं से छुटकारा नहीं पाते, क्योंकि हमें या तो उसका कारण मालूम नहीं होता या कारण मालूम होता भी है तो उसे खत्म करने का हमारे पास साधन नहीं होता। लेकिन परमाणु खतरे के बारे में ऐसा नहीं है।

चाहे मनुष्य हों या अन्य प्राणी, सभी सुख-शांति और सुरक्षा चाहते हैं। जीवन जितना प्यारा मनुष्य को है उतना ही पशु-पक्षियों को भी है। यहाँ तक कि कीड़े-मकोड़े भी अपनी जान को जोखिम में पाकर बचने की कोशिश करते

हैं। जिस तरह हम जिंदा रहना चाहते हैं और मरना नहीं चाहते, उसी तरह ब्रह्मांड के अन्य जीव भी जिंदा रहना चाहते हैं, हालाँकि उनके पास अपनी रक्षा का तरीका भिन्न होता है।

सुख और कष्ट दो तरह के होते हैं—मानसिक और शारीरिक। मेरे विचार से इन दोनों में मानसिक कष्ट और सुख बहुत अहम होता है। इसलिए, मैं धीरज से मानसिक कष्ट सहने और शाश्वत सुख हासिल करने पर जोर देता हूँ। मेरे पास सुख के बारे में एक सामान्य और ठोस विचार भी है—आंतरिक शांति और आर्थिक विकास के साथ विश्व—शांति। इन लक्ष्यों को हासिल करने के लिए सार्वभौमिक जिम्मेदारी की भावना का विकास होना जरूरी है। इसके अतिरिक्त हर व्यक्ति—चाहे वह किसी भी नस्ल, रंग, लिंग या राष्ट्रीयता का हो—के प्रति गहरा सरोकार होना चाहिए।

सार्वभौमिक जिम्मेदारी के पीछे मूल विचार यह है कि मेरी इच्छाओं की तरह ही सबकी इच्छाएँ हैं। हर प्राणी सुख चाहता है, कष्ट नहीं। अगर हम समझदार व्यक्ति के रूप में इस तथ्य को स्वीकार नहीं करेंगे तो हमें इस धरती पर और अधिक कष्ट भोगना पड़ेगा। अगर हम जीवन के प्रति आत्म-केंद्रित रवैया अपनाते हैं और अपने स्वार्थ के लिए दूसरों का अनवरत इस्तेमाल करते हैं तो हमें भले ही अस्थायी लाभ हो, लेकिन अंततोगत्वा हम व्यक्तिगत सुख हासिल नहीं कर पाएँगे और विश्व-शांति का सपना अधूरा ही रह जाएगा।

अनेक सुख के लिए मनुष्य ने विभिन्न तरीके आजमाए हैं। ये सभी तरीके प्राय: क्रूर और घिनौने रहे हैं। मानवता को भूलकर वह अपने लाभ के लिए अन्य मनुष्यों और प्राणियों को कष्ट देता है। इस तरह के अदूरदर्शितापूर्ण कार्यों से अंतत: दूसरों के साथ-साथ खुद को भी कष्ट भोगना पड़ता है। मनुष्य का जन्म बड़े भाग्य से मिलता है। इसलिए जहाँ तक संभव हो सके, मनुष्य-जन्म का सदुपयोग करना चाहिए। सार्वभौमिक जीवन-प्रक्रिया के बारे में हमारा एक समुचित परिप्रेक्ष्य होना चाहिए, ताकि कोई व्यक्ति या समूह दूसरों की कीमत पर सुख और समृद्धि हासिल न करे।

लेकिन यह तभी संभव है, जब हम दुनिया की समस्याओं के बारे में एक नया दृष्टिकोण अपनाएँ। त्वरित प्रौद्योगिकीय प्रगति, अंतरराष्ट्रीय विकास और बढ़ते राष्ट्रपारीय संबंधों के कारण दिन-प्रतिदिन सिकुड़ती और अन्योन्याश्रित होती जा रही है। आज हम पूर्णत: एक-दूसरे पर बहुत निर्भर हैं। प्राचीन काल में ज्यादातर समस्याएँ परिवार के आकार से संबंधित होती थीं और उन्हें पारिवारिक

स्तर पर ही हल कर लिया जाता था। लेकिन आज स्थिति बदल गई है। आज हम इतने अन्योन्याश्रित हैं, एक-दूसरे से इतने जुड़े हुए हैं कि सार्वभौमिक दायित्व, वसुधैव कुटुंबकम् की भावना के बिना अपने अस्तित्व के खतरे से निपटने की उम्मीद नहीं कर सकते, सुख-शांति की बात तो छोड़ ही दीजिए।

कोई राष्ट्र अब अपनी समस्याओं को संतोषजनक ढंग से खुद नहीं सुलझा सकता। दूसरे राष्ट्रों के हित, रवैए और सहयोग पर बहुत कुछ निर्भर करता है। विश्व-शांति के लिए दुनिया की समस्याओं के प्रति मानवीय नजरिया अपनाया जाना चाहिए। इसका अर्थ क्या है? हम पहले ही कह चुके हैं कि सभी प्राणी सुख की कामना करते हैं, न कि कष्ट की। दूसरे लोगों की आकांक्षाओं और भावनाओं को भूलकर केवल अपने सुख के लिए प्रयास करना नैतिक दृष्टि से गलत और व्यावहारिक रूप से मूर्खता है। बुद्धिमानी की बात तो यह है कि अपने सुख के साथ-साथ हमें दूसरों के बारे में भी सोचना चाहिए। इस तरह की सोच हमें 'विवेकपूर्ण स्वार्थ' की ओर ले जाएगी और फिर खुद को 'परस्पर हित' में परिवर्तित कर लेगी।

हालाँकि राष्ट्रों के बीच बढ़ती परस्पर निर्भरता से और अधिक सहानुभूतिपूर्ण सहयोग की उम्मीद की जा सकती है; लेकिन जब तक लोग दूसरों की भावनाओं और खुशी के प्रति उदासीन बने रहेंगे, उनमें वास्तविक सहयोग की भावना पैदा नहीं होगी। जब लोग लालच और ईर्ष्या से प्रेरित होते हैं तो वे सौहार्दपूर्ण जीवन नहीं जी सकते। स्वार्थ के कारण पैदा हुई राजनीतिक समस्याओं को आध्यात्मिक उपायों से हल नहीं किया जा सकता। लेकिन आज हम जिन समस्याओं का सामना कर रहे हैं, आध्यात्मिक तरीके से धीरे-धीरे उनकी जड़ों को खत्म किया जा सकता है।

दूसरी तरफ, अगर मनुष्य जाति अपनी समस्याओं को अस्थायी तरीके से सुलझाती रहेगी तो भावी पीढ़ियों को गंभीर मुश्किलों का सामना करना पड़ेगा। दुनिया की आबादी बढ़ रही है और हमारे संसाधन तेजी से कम होते जा रहे हैं। उदाहरण के लिए, वृक्षों को देखिए, कोई नहीं जानता कि जंगलों की बड़े पैमाने पर कटाई से जलवायु, मिट्टी और वैश्विक पारिस्थितिकी पर क्या प्रतिकूल प्रभाव पड़ेगा। आज हमारे सामने समस्याएँ इसलिए मुँह बाए खड़ी हैं, क्योंकि लोग समस्त मानव परिवार की बजाय केवल अपने अल्पकालिक स्वार्थों पर ध्यान दे रहे हैं। लोग पृथ्वी और सार्वभौमिक जीवन पर पड़नेवाले दीर्घकालिक प्रभावों के बारे में नहीं सोच रहे हैं। यदि वर्तमान पीढ़ी के लोग

आज इन प्रभावों के बारे में नहीं सोचेंगे तो भावी पीढ़ी संभवत: इनसे छुटकारा नहीं पा सकेगी।

मैंने अभी तक जिन सिद्धांतों की चर्चा की है, वे दुनिया के सभी धर्मों की नैतिक शिक्षाओं के अनुरूप हैं। मेरा मानना है कि दुनिया के सभी प्रमुख धर्म—बौद्ध, ईसाई, कन्फ्यूशिन, हिंदू, इसलाम, जैन, यहूदी, सिख, ताओ, जरथ्रुस्त—प्रेम का पाठ पढ़ाते हैं। उनका लक्ष्य आध्यात्मिकता के जरिए मानव—कल्याण है और वे अपने अनुयायियों को बेहतर मनुष्य बनने के लिए प्रेरित करते हैं। सभी धर्म दिमाग, शरीर और वाणी के कार्यों को संपूर्ण बनाने के लिए नैतिकता का उपदेश देते हैं। वे हमें झूठ न बोलने, चोरी न करने, दूसरों के प्राण न लेने आदि की शिक्षा देते हैं। मानवता के महान् पैरोकारों ने नैतिकता के जो उपदेश दिए हैं, वे सभी स्वार्थरहित हैं। महान् व्यक्ति चाहते थे कि उनके अनुयायी गलत रास्ते से दूर रहें और अच्छाई के रास्ते पर चलें।

सभी धर्मों का कहना है कि स्वार्थ और संकट के कारकों को जन्म देनेवाले अनुशासनहीन दिमाग पर नियंत्रण जरूरी है। हर धर्म हमें आध्यात्मिक अवस्था में, जो कि शांतिपूर्ण, अनुशासित, नैतिक और विवेकपूर्ण है, जाने का रास्ता दिखाता है। इस मायने में, मेरा मानना है कि सभी धर्मों का संदेश समान है। समय और परिस्थितियों के बदलने तथा संस्कृति के प्रभावों के कारण ही संभवत: धर्मों के सिद्धांतों में अंतर आया। इस बात में कोई संदेह नहीं कि जब हम विशुद्ध रूप से धर्म के तात्त्विक पक्ष पर विचार करते हैं तो ऐसी बहस का कोई अंत नजर नहीं आता। बहरहाल, सभी धर्मों के नजरिए में छोटे-मोटे मतभेदों पर बहस करने की बजाय हमें अपने रोजमर्रा के जीवन में उनके बताए अच्छाई के रास्ते पर चलने की कोशिश करनी चाहिए।

जिस तरह विभिन्न बीमारियों के लिए विभिन्न तरह के इलाज हैं, उसी तरह मानवता के कल्याण के लिए विभिन्न धर्मों में विभिन्न रास्ते बताए गए हैं। सभी धर्म प्राणियों को कष्ट से बचाने और उन्हें सुख-शांति के रास्ते पर लाने के लिए अपनी तरह से मदद करते हैं। हो सकता है, किन्हीं कारणों से हमें कुछ धार्मिक सच्चाइयों की व्याख्याएँ बहुत पसंद हों, लेकिन मानव हृदय से निकली एकता की भावना महान् होती है। हर धर्म अपने तरीके से मनुष्य की पीड़ा को कम और विश्व सभ्यता में योगदान करता है। यहाँ धर्मांतरण मुद्दा नहीं है। मसलन, मैं दूसरों को बौद्ध धर्म में शामिल होने के लिए प्रेरित नहीं करता, या मैं केवल बौद्ध धर्म की वकालत नहीं करता। इसके विपरीत, मैं यह सोचता हूँ

कि बौद्ध लोकोपकारी होने के नाते मैं मानव-कल्याण में किस तरह योगदान कर सकता हूँ।

विश्व धर्मों के बीच बुनियादी समानताओं के बारे में बताते हुए मैं अन्य धर्मों की कीमत पर किसी विशेष धर्म की वकालत नहीं करता और न ही किसी नए 'विश्व धर्म' की तलाश करता हूँ। आज जरूरत इस बात की है कि दुनिया के विभिन्न धर्म मानव-अनुभव और विश्व सभ्यता को समृद्ध बनाएँ। विभिन्न क्षमता और प्रवृत्तिवाले मानव मस्तिष्क को सुख-शांति के विभिन्न दर्शन की जरूरत है। यह भोजन की तरह है। कुछ लोग ईसाई धर्म को अधिक प्रभावशाली मानते हैं तो दूसरे लोग बौद्ध धर्म को, क्योंकि इसमें कोई सृजनकर्ता नहीं है और हर चीज आपके कर्मों पर निर्भर करती है। हम दूसरे धर्मों के बारे में भी इसी तरह का तर्क दे सकते हैं। इससे स्पष्ट है कि मनुष्य को अपनी जीवन-शैली, विविध आध्यात्मिक जरूरतों और उत्तराधिकार के रूप में प्राप्त राष्ट्रीय परंपराओं के अनुकूल सभी विश्व धर्मों की जरूरत है।

इस परिप्रेक्ष्य में मैं सभी धर्मों के बीच बेहतर समझ के लिए दुनिया के विभिन्न हिस्सों में किए जा रहे प्रयासों का स्वागत करता हूँ। आज इसकी महती जरूरत भी है। अगर सभी धर्म मानव-कल्याण को अपनी चिंता का मुख्य विषय बना लेंगे तो वे विश्व-शांति के लिए सौहार्दपूर्वक एक साथ काम कर सकेंगे। परस्पर आस्था से एकता आएगी, जो एक साथ काम करने के लिए जरूरी है। हालाँकि यह एक महत्त्वपूर्ण कदम है, लेकिन हमें याद रखना चाहिए कि समस्याओं का कोई भी त्वरित या आसान समाधान नहीं है। हम विभिन्न आस्थाओं के बीच सैद्धांतिक मतभेदों को छिपा नहीं सकते और न ही किसी नए विश्व-धर्म से मौजूदा धर्मों को हटाने की उम्मीद कर सकते हैं। हर धर्म का अपना विशिष्ट योगदान रहा है। हर धर्म के अपने विशिष्ट अनुयायी हैं। इसलिए दुनिया को सभी धर्मों की जरूरत है।

विश्व-शांति के बारे में चिंतित धार्मिक व्यक्तियों के सामने दो बुनियादी काम हैं—पहला, हमें सभी धर्मों के बीच एकता लाने के लिए एक-दूसरे की आस्था को अच्छी तरह समझना चाहिए। एक-दूसरे की आस्था का सम्मान करते हुए और मानव-कल्याण के अपने साझा लक्ष्य पर जोर देते हुए इसे कदम-दर-कदम हासिल किया जा सकता है। दूसरा, हमें हर मानव हृदय के स्पर्श करने और मानव सुख-शांति को बढ़ानेवाले बुनियादी आध्यात्मिक मूल्यों के बारे में सहमति बनानी चाहिए। इसका अर्थ यह है कि हमें सभी धर्मों के साझा मानवीय

आदर्शों पर जोर देना चाहिए। इन दो कदमों से हमें विश्व-शांति के लिए आवश्यक आध्यात्मिक स्थितियों के निर्माण में मदद मिलेगी। इन स्थितियों का निर्माण हम व्यक्तिगत रूप से और एकजुट होकर भी कर सकते हैं।

जब हम विभिन्न धर्मों को दूसरों के प्यार एवं सम्मान, सामुदायिक भावना के विकास के आवश्यक साधन के रूप में देखेंगे तो हम एक साथ विश्व-शांति के लिए काम कर सकते हैं। सबसे महत्त्वपूर्ण चीज धर्म के उद्देश्य को देखना है, न कि धर्मशास्त्र और तत्त्व विज्ञान की तह में जाना है, अगर इनके ब्योरे में जाना महज बुद्धिवाद होगा। मेरा मानना है कि अगर हम सूक्ष्म तत्त्व-मीमांसक मतभेदों को अलग कर दें तो दुनिया के सभी प्रमुख धर्म विश्व-शांति में योगदान करते हैं और मानवता के हित में एक साथ काम करते हैं। तत्त्व-मीमांसा हर धर्म का अपना अंदरूनी मामला है।

हालाँकि विश्वव्यापी आधुनिकीकरण से पंथनिरपेक्षता का विस्तार हो रहा है और दुनिया के कुछ हिस्सों में योजनाबद्ध तरीके से आध्यात्मिक मूल्यों को नष्ट किया जा रहा है, इसके बावजूद बड़ी संख्या में लोग किसी-न-किसी धर्म में विश्वास करते हैं। यहाँ तक कि गैर-धार्मिक राज्यों में भी लोगों की धार्मिक आस्था मरी नहीं है। इससे धर्म की शक्ति प्रमाणित होती है। इस धार्मिक ऊर्जा और शक्ति का इस्तेमाल विश्व-शांति के लिए आवश्यक आध्यात्मिक स्थितियों के निर्माण में किया जा सकता है। इस संदर्भ में दुनिया के सभी धार्मिक नेताओं और मानवतावादियों को एक विशिष्ट भूमिका निभानी है।

विश्व-शांति हासिल हो या न हो, हमें इस लक्ष्य की प्राप्ति के लिए काम करते रहना चाहिए। अगर हमारे दिमाग में गुस्सा भरा है तो हम मानव मेधा के बेहतरीन हिस्से—बुद्धिमत्ता यानी सही और गलत के बीच फैसला करने की क्षमता-को खो देंगे। दुनिया आज जिन गंभीर समस्याओं का सामना कर रही है, क्रोध भी उनमें से एक है।

वर्तमान उपस्थित टकरावों के लिए क्रोध ही जिम्मेदार है। मध्य-पूर्व, दक्षिण-पूर्व एशिया, उत्तर-दक्षिण समस्या आदि इसके उदाहरण हैं। ये टकराव एक-दूसरे की मानवता को न समझने के कारण पैदा होते हैं। इनका जवाब न तो विकास और सैन्य बल का इस्तेमाल है और न ही हथियारों की होड़। इनका जवाब विशुद्ध रूप से राजनीतिक या प्रौद्योगिकीय भी नहीं है। इन टकरावों को आध्यात्मिकता से ही दूर किया जा सकता है। हमें आम आदमी की स्थिति पर संवेदनशीलता के साथ विचार करने की जरूरत है। घृणा और युद्ध से किसी को

सुख-शांति नहीं मिल सकती, युद्ध के विजेताओं को भी नहीं। हिंसा से घोर दु:ख-तकलीफ ही पैदा होती हैं। इसलिए विश्व-नेताओं को नस्ल, संस्कृति और विचारधारा से ऊपर उठकर आम आदमी की स्थिति को ध्यान में रखना चाहिए और एक-दूसरे का सम्मान करना चाहिए। इससे व्यक्तियों, समुदायों, राष्ट्रों को ही नहीं बल्कि पूरी दुनिया को लाभ होगा।

मेरा सुझाव है कि विश्व नेताओं को किसी सुंदर जगह पर बिना किसी एजेंडे के मिलना चाहिए मनुष्य के रूप में केवल एक-दूसरे को समझने के लिए। इसके बाद उन्हें आपसी और वैश्विक समस्याओं पर चर्चा के लिए बैठक करनी चाहिए। कई अन्य लोग मेरे इस विचार से सहमत होंगे कि विश्व नेताओं को परस्पर सम्मान और एक-दूसरे की मानवता की समझ के माहौल में कॉन्फ्रेंस टेबल पर मिलना चाहिए।

दुनिया में मानव जाति के बीच संबंधों को सुधारने के लिए अंतरराष्ट्रीय पर्यटन को बढ़ावा दिया जाना चाहिए। जनसंचार माध्यम भी, खासकर लोकतांत्रितक देशों में, मानव-हित की खबरों को अधिक स्थान देकर विश्व-शांति में योगदान कर सकते हैं। इस तरह की खबरों से मानवता को प्रोत्साहन मिलता है। अंतरराष्ट्रीय जगत् में कुछ बड़ी शक्तियों के उभार से अंतरराष्ट्रीय संगठनों की मानवीय भूमिका को नजरअंदाज किया जा रहा है। मैं उम्मीद करता हूँ कि इस स्थिति में सुधार आएगा और सभी अंतरराष्ट्रीय संगठन, खासकर संयुक्त राष्ट्र संघ, मानव-कल्याण और अंतरराष्ट्रीय समझ को बढ़ावा देने के लिए सक्रिय व कारगर भूमिका निभाएँगे। अगर मुट्ठी भर ताकवर देश अपने स्वार्थ के लिए संयुक्त राष्ट्र सरीखे विश्व संगठनों का दुरुपयोग करते रहेंगे तो यह दु:खद ही होगा। संयुक्त राष्ट्र को विश्व-शांति का माध्यम बनना चाहिए। सभी लोगों को संयुक्त राष्ट्र का सम्मान करना चाहिए, क्योंकि यह विश्व संस्था छोटे उत्पीड़ित राष्ट्रों और इस धरती के लिए एकमात्र आशा की किरण है।

चूँकि सभी राष्ट्र पहले की तुलना में अब एक-दूसरे पर आर्थिक रूप से अधिक निर्भर हैं, इसलिए मानव सोच राष्ट्रीय सीमाओं से परे जानी चाहिए और अंतरराष्ट्रीय समुदाय को गले लगाया जाना चाहिए। इस बात में कोई संदेह नहीं कि जब तक हम वास्तविक सहयोग का माहौल नहीं बनाएँगे, धमकी देने या सेना के इस्तेमाल की बजाय दिलों को नहीं जीतेंगे, दुनिया की समस्याएँ बढ़ती ही जाएँगी। यदि गरीब देशों में लोगों को सुख-शांति से वंचित रखा जाएगा तो उनमें निश्चित रूप से असंतोष पैदा होगा और वे समृद्ध देशों के लिए समस्याएँ

खड़ी करेंगे। यदि अनिच्छुक लोगों पर अवांछित सामाजिक, राजनीतिक और सांस्कृतिक ढाँचों को थोपा जाएगा तो विश्व-शांति संभव नहीं होगी। लेकिन अगर हम दिल से दिल के स्तर पर लोगों को संतुष्ट करेंगे तो शांति निश्चित रूप से आएगी।

हर राष्ट्र में हर व्यक्ति को सुख-शांति का अधिकार दिया जाना चाहिए' और राष्ट्रों के बीच छोटे-से-छोटे राष्ट्रों के कल्याण के लिए भी समान रूप से चिंता होनी चाहिए। मेरे कहने का अर्थ यह नहीं है कि कोई प्रणाली दूसरी प्रणाली से बेहतर है और सभी को उसे अपनाना चाहिए। इसके विपरीत, विभिन्न तरह की राजनीतिक प्रणाली और विचारधाराएँ वांछनीय हैं, जो मानव समुदाय के भीतर व्यवस्थाओं से मेल खाती हों। इस विविधता से सुख-शांति के लिए मानव-प्रयास में तेजी आएगी। इसलिए हर समुदाय आत्मनिर्णय पर आधारित अपनी राजनीतिक और सामाजिक-आर्थिक प्रणाली के विकास के लिए स्वतंत्र होना चाहिए।

न्याय, समरसता और शांति कई कारकों पर निर्भर करती है। हमें मानव-कल्याण को ध्यान में रखते हुए इनके दीर्घकालिक लाभों के बारे में सोचना चाहिए। मुझे मालूम है कि हमारे सामने बहुत मुश्किल काम है। लेकिन इसका अन्य कोई विकल्प भी नहीं है। मेरा प्रस्ताव सामान्य मानवता पर आधारित है। दूसरों के कल्याण से सरोकार रखने के अलावा राष्ट्रों के सामने और कोई विकल्प नहीं है। इसी में सबकी भलाई है। यूरोपीय आर्थिक समुदाय और दक्षिण-पूर्व एशियाई राष्ट्र संघ सरीखे क्षेत्रीय या अंतरराष्ट्रीय संगठनों के गठन से इस नई सच्चाई की पुष्टि होती है। मुझे उम्मीद है कि इस तरह के और अधिक राष्ट्रपारीय संगठनों का गठन होगा, खासतौर पर उन क्षेत्रों में, जहाँ आर्थिक विकास और क्षेत्रीय स्थिरता का अभाव है।

मौजूदा स्थितियों में, मानवीय संबंध और सार्वभौमिक दायित्व की जरूरत बढ़ती जा रही है। इस तरह के विचारों को मूर्त रूप देने के लिए हमें नेक और रहमदिल बनना होगा, अन्यथा न तो सार्वभौमिक सुख हासिल हो सकता है और न ही स्थायी विश्व-शांति मिल सकती है। हम कागज पर शांति की स्थापना नहीं कर सकते। सार्वभौमिक दायित्व और वसुधैव कुटुंबकम् की वकालत करते हुए मैं कहना चाहूँगा कि हर राष्ट्रीय समाज को विश्व-शांति की दिशा में काम करना चाहिए। समाज को अधिक न्यायसंगत और समतामूलक बनाने के लिए अतीत में प्रयास किए गए हैं। समाज-विरोधी ताकतों से लड़ने के लिए महान् चार्टरोंवाले

संस्थान स्थापित किए गए हैं। लेकिन बदकिस्मती से स्वार्थ के चलते इन विचारों के उद्‌देश्य पूरे नहीं हुए। आज हम देख रहे हैं कि स्वार्थ की काली छाया ने नैतिक और आदर्श सिद्धांतों को किस तरह धुँधला बना दिया है, खासकर राजनीति के क्षेत्र में। एक विचारधारा हमें राजनीति से दूर रहने की चेतावनी देती है, क्योंकि राजनीति अनैतिकता का पर्याय बन गई है। नैतिकता विहीन राजनीति मानव-कल्याण की तरफ से आँखें मूँद लेती है और नैतिकता-विहीन जीवन मनुष्य को पशु के स्तर पर ला खड़ा कर देता है। बहरहाल, राजनीति अपने आप में 'गंदी चीज' नहीं है, बल्कि हमारी राजनीतिक संस्कृति के संस्थानों ने मानव-कल्याण को आगे बढ़ानेवाले उच्च आदर्शों और नेक विचारों को विकृत बना दिया है। आध्यात्मिक लोग धार्मिक नेताओं पर राजनीति में 'गंदगी' फैलाने का आरोप लगाते हैं, क्योंकि उन्हें भय है कि गंदी राजनीति से धर्म में जहर घुल जाएगा।

मैं इस लोकप्रिय अवधारणा पर सवाल उठाता रहा हूँ कि राजनीति में धर्म और नैतिकता की कोई जगह नहीं है, और कि धार्मिक व्यक्तियों व संन्यासियों को एकांतवासी होना चाहिए। धर्म के बारे में यह विचार पूरी तरह से एकतरफा है। इसमें समाज के साथ व्यक्ति के रिश्ते और हमारे जीवन में धर्म की भूमिका की अनदेखी की गई है। किसी राजनेता के लिए नैतिकता उतनी ही जरूरी है जितनी कि किसी धार्मिक व्यक्ति के लिए। जब राजनेता और शासक नैतिक सिद्धांतों को भूल जाते हैं तो इसके खतरनाक परिणाम निकलते हैं। हम चाहे ईश्वर में विश्वास करें या कर्म में, नैतिकता हर धर्म की बुनियाद है।

नैतिकता, करुणा, शालीनता, विवेक आदि मानव गुण सभी सभ्यताओं की बुनियाद रहे हैं। इन गुणों की रक्षा की जानी चाहिए और अनुकूल सामाजिक माहौल में योजनाबद्ध नैतिक शिक्षा के जरिए इन्हें बनाए रखा जाना चाहिए। इससे दुनिया में मानवता फैलेगी। मानवीय दुनिया के निर्माण के लिए इन गुणों को बचपन से आत्मसात् किया जाना चाहिए। इस परिवर्तन के लिए हम अगली पीढ़ी का इंतजार नहीं कर सकते। बुनियादी मानवमूल्यों को पुनरुज्जीवित करने का बीड़ा वर्तमान पीढ़ी को उठाना चाहिए। अगर कोई उम्मीद है तो वह वर्तमान पीढ़ी से है, लेकिन इसके लिए हमें अपनी शिक्षा-प्रणाली में विश्व स्तर पर परिवर्तन लाना होगा। हमें सार्वभौमिक मानवीय मूल्यों के प्रति अपनी वचनबद्धता को क्रांतिकारी बनाने की जरूरत है।

नैतिक पतन को रोकने के लिए केवल शोर मचाना पर्याप्त नहीं है। हमें

इसके लिए कुछ-न-कुछ करना चाहिए। चूँकि आज की सरकारें इस तरह की 'धार्मिक' जिम्मेदारी अपने ऊपर नहीं लेतीं, इसलिए मानवीय और आध्यात्मिक मूल्यों को पुनरुज्जीवित करने के लिए मौजूदा नागरिक, सामाजिक, सांस्कृतिक, शैक्षिक और धार्मिक संगठनों को मजबूत बनाने की जिम्मेदारी लोकोपकारी और धार्मिक नेताओं पर है। इन लक्ष्यों को हासिल करने के लिए जहाँ आवश्यक हो, हमें नए संगठन बनाने चाहिए। ऐसा करके ही हम विश्व-शांति के लिए एक स्थायी बुनियाद के निर्माण की उम्मीद कर सकते हैं।

समाज में रहते हुए हमें अपने साथी नागरिकों के दु:ख-दर्द को बाँटना चाहिए, करुणा और धैर्य का भाव न केवल अपनों के प्रति बल्कि दुश्मन के प्रति रखना चाहिए। यह हमारी नैतिक शक्ति की कसौटी है। हमें अपनी करनी से मिसाल पेश करनी चाहिए, क्योंकि हम महज शब्दों से धर्म के मूल्य के बारे में दूसरों को कायल करने की उम्मीद नहीं कर सकते। हमें ईमानदारी और बलिदान के उन उच्च मानकों का खुद पालन करना चाहिए, जिनकी उम्मीद हम दूसरों से करते हैं। सभी धर्मों का परम लक्ष्य मानवता की सेवा और कल्याण है। इसीलिए धर्म का इस्तेमाल लोगों की सुख-शांति के लिए करना चाहिए, न कि दूसरों के धर्मांतरण के लिए।

धर्म में राष्ट्रीय सीमाएँ नहीं होतीं। जो कोई भी धर्म को कल्याणकारी पाता है, वह इसका अनुसरण कर सकता है। महत्त्वपूर्ण बात है अपने लिए सबसे उपयुक्त धर्म चुनना। लेकिन किसी विशेष धर्म को अपनाने का अर्थ दूसरे धर्म या अपने समुदाय को खारिज करना नहीं है। किसी धर्म को अपनाने के बावजूद व्यक्ति को अपने समाज से कटना नहीं चाहिए। उसे अपने समाज में अन्य लोगों के साथ सौहार्द से रहना चाहिए। अपने समुदाय से भागकर आप दूसरों का भला नहीं कर सकते। दूसरों का भला करना ही धर्म का मूल लक्ष्य है।

इस संबंध में दो बातों को ध्यान में रखना चाहिए—आत्म-परीक्षण और आत्म-सुधार। हमें दूसरों के प्रति अपने रवैए पर बराबर नजर रखनी चाहिए, सावधानी से आत्म-निरीक्षण करना चाहिए और अपनी गलती को तुरंत सुधारना चाहिए।

अंत में, मैं कुछ शब्द भौतिक प्रगति के बारे में कहना चाहूँगा। मैंने पश्चिम के लोगों से भौतिक प्रगति के बारे में बहुत सारी शिकायतें सुनी हैं। लेकिन विरोधाभास यह है कि पश्चिमी जगत् को भौतिक प्रगति पर ही गर्व रहा है। मैं भौतिक प्रगति में कोई बुराई नहीं देखता, बशर्ते जन-कल्याण को सर्वोपरि

रखा जाए। मेरा मानना है कि मानवीय समस्याओं को हल करने के लिए आर्थिक विकास और आध्यात्मिक विकास के बीच समुचित संतुलन होना चाहिए।

लेकिन हमें इसकी सीमाओं का भी ज्ञान होना चाहिए। हालाँकि विज्ञान और प्रौद्योगिकी के रूप में भौतिकवादी ज्ञान ने मानव-कल्याण के बहुत कुछ किया है, लेकिन इससे स्थायी सुख-शांति नहीं आ सकती। मसलन, अमेरिका में प्रौद्योगिकीय विकास अन्य देशों की तुलना में संभवत: अधिक उन्नत है। इसके बावजूद वहाँ मानसिक अशांति बहुत है। इसका कारण यह है कि भौतिकवादी ज्ञान केवल शारीरिक सुख ही मुहैया करा सकता है, आंतरिक विकास से उत्पन्न मानसिक सुख नहीं। आंतरिक विकास बाह्य कारकों से स्वतंत्र होता है।

मानवीय मूल्यों को पुनरुज्जीवित और स्थायी सुख-शांति हासिल करने के लिए हमें दुनिया में साझा मानवीय विरासत को देखने की जरूरत है। हमें इस धरती पर एक एकल परिवार के रूप में जोड़नेवाले मानव-मूल्यों को भूलना नहीं चाहिए।

□

नेपोलियन बोनापार्ट

नेपोलियन बोनापार्ट (15 अगस्त, 1769–5 मई, 1821) फ्रांस की क्रांति में सेनापति, 11 नवंबर, 1799 से 18 मई, 1804 तक प्रथम कांसल के रूप में शासक और 18 मई, 1804 से 6 अप्रैल, 1814 तक नेपोलियन के नाम से सम्राट् रहे। वह पुनः 20 मार्च से 22 जून, 1815 तक सम्राट् बने। वह यूरोप के अन्य कई क्षेत्रों के भी शासक थे।

इतिहास में नेपोलियन को विश्व के सबसे महान् सेनापतियों में गिना जाता है। वह विश्व के सबसे महान् विजेताओं में थे। उनके सामने कोई रुक नहीं पा रहा था। उन्होंने 1812 में रूस पर आक्रमण किया, जहाँ सर्दी और खराब वातावरण से उनकी सेना को बहुत क्षति पहुँची। सन् 1815 की पराजय के पश्चात् अंग्रेजों ने उन्हें सेंट हेलेना, अंध महासागर के सुदूर द्वीप में बंदी बना लिया। छह वर्षों के उपरांत वहाँ उनकी मृत्यु हो गई। इतिहासकारों के अनुसार, अंग्रेजों ने उन्हें संखिया देकर मार डाला।

समस्त देशों की जनता आशंका-मुक्त हो

✍ **नेपोलियन बोनापार्ट**

मिलान में प्रविष्ट होते अपने सैनिकों को संबोधित करते हुए फ्रांस के सम्राट् और महान् जनरल नेपोलियन बोनापार्ट ने यह भाषण दिया था।

मेरे वीर सैनिको ! आप एक प्रचंड प्रपात की तरह एथेनीज की ऊँचाइयों से उतरे और जो कुछ भी आपके रास्ते में आया, उसे तितर-बितर व ध्वस्त कर दिया। आस्ट्रेलिया के उत्पीड़न से मुक्त कराया गया पीउमोंट फ्रांस के प्रति अपनी स्वाभाविक शांति व मित्रता की भावना रखता है। मिलान आपका है और गणतंत्र का झंडा समस्त लंबार्डी पर फहरा रहा है। पार्मा और मोडेना के ड्यूक अपने राजनीतिक अस्तित्व के लिए आपकी सदाशयता के कृतज्ञ हैं।

जिस सेना ने इतने अभिमान के साथ आपको धमकाने की चेष्टा की थी, उसे अब आपके साहस से अपनी रक्षा करने के लिए कोई अवरोध नहीं मिल रहा है। कोई पो, रिसीनो या अद्दा आपको एक दिन के लिए भी रोक नहीं पाया। इटली की ये मोरचाबंदियाँ आपको रोकने में असफल रहीं। आप उनको रौंदकर उतनी ही तेजी से आगे बढ़े, जितनी तेजी से एपेनीज में बढ़े थे।

इन महान् सफलताओं ने आपके देश के हृदय को हर्षोल्लास से भर दिया है। आपके प्रतिनिधियों ने आपकी जीत का जश्न मनाने का आदेश जारी किया है।

यह देश के हर जिले में मनाया जा रहा है। वहाँ आपके पिता, आपकी पत्नियाँ, बहनें और प्रेमिकाएँ आपके सौभाग्य की खुशी में सम्मिलित हो रही हैं। उन्हें आपका संबंधी होने पर गर्व है।

हाँ, सैनिको! आपने बहुत कुछ किया है। पर क्या अब और कुछ करने को बाकी नहीं है? क्या हमें यह सुनना पड़ेगा कि हम विजयी तो हुए, पर विजय का उपयोग कैसे किया जाए, यह नहीं जानते! आप शस्त्र उठाने को व्यग्र हैं। कोई भी दुर्बल प्रतिक्रिया आपके लिए कठिन है। जो दिन गौरवहीन हों, वे आपके लिए आनंददायक नहीं। तो फिर आइए, हम आगे बढ़ते हैं। हमने अब तक अपने शत्रुओं को परास्त करने, प्रतिष्ठा पाने तथा हम पर किए प्रहार के प्रतिकार के लिए प्रयाण किए हैं। अब जिन्होंने फ्रांस में गृह-युद्ध के छुरे तेज किए, जिन्होंने हमारे मंत्रियों की हत्या करने और टोलोन में हमारे जलपोत डुबोने का दु:साहस किया, उनके काँपने की बारी है।

प्रतिकार की घड़ी आ गई है। लेकिन इसके साथ ही सभी देशों की जनता आशंका-मुक्त हो, यह भी आवश्यक है। हम समस्त जनसाधारण के मित्र हैं, वे चाहे जहाँ हों। जिन महापुरुषों को हमने अपना आदर्श माना, उनके प्रति भी हम प्रेम प्रदर्शित करते हैं। राजधानी के पुराने गौरव की पुन:स्थापना, जिन महान् वीरों ने इसका गौरव बढ़ाया, उनकी मूर्तियों की पुन:स्थापना, युगों की दासता से निश्चेतन कर दिए गए रोमवासियों को जाग्रत करना—ये सब हमारी विजय के सुफल होंगे। ये एक समृद्धि का युग लाएँगे। आप यूरोप के सर्वश्रेष्ठ भाग का रूपांतरण करने की अमर कीर्ति पाएँगे। स्वाधीन व समस्त विश्व द्वारा सम्मानित फ्रांस की जनता यूरोप को एक शानदार शांति प्रदान करेगी। पिछले 6 वर्षों में उन्होंने जो अनेक प्रकार के बलिदान दिए हैं, इससे उनकी भरपाई होगी। फिर आप अपने देश और अपने घरों को लौटेंगे। लोग आपकी तरफ इशारा करके कहेंगे, 'देखो, वह इटली के युद्ध का सैनिक जा रहा है।'

□

अलविदा पुराने रक्षको!

✍ **नेपोलियन बोनापार्ट**

फ्रांस के राजा नेपोलियन बोनापार्ट 20 वर्ष तक राजसिंहासन पर बैठने के बाद अंततः अप्रैल 1914 में परास्त हो गए और उनको सिंहासन त्यागने तथा निर्वासन का आदेश दिया गया। जाने से पहले उन्होंने अपने पुराने रक्षकों को संबोधित किया—

''मेरे पुराने रक्षा दस्ते के सैनिको! मैं आपसे विदा लेता हूँ। मैं आपके साथ निरंतर महिमा एवं सम्मान के पथ पर चलता रहा हूँ। समृद्धि के उन दिनों के समान ही बाद के दिनों में भी आप सदा साहस व स्वामीभक्ति के प्रतीक रहे। आप जैसों के रहते हम इस युद्ध में पराजित नहीं हो सकते थे। लेकिन तब युद्ध बहुत लंबा चलता। यह गृह-युद्ध बन जाता तो फ्रांस के लिए और भी घातक दुर्भाग्य लाता।

''मैंने अपने सभी हितों को देश-हित पर बलिदान कर दिया है। मैं जा रहा हूँ; लेकिन मेरे मित्रो, आप फ्रांस की सेवा करते रहोगे। मेरा एकमात्र उद्देश्य फ्रांस की प्रसन्नता रहा है। मैं अब भी सदा यही कामना करूँगा। मेरे भाग्य पर खेद मत करना। यदि मैंने जीवित रहना स्वीकार किया है तो वह आपके यश के लिए । हमने मिलकर जो महान् उपलब्धियाँ पाई हैं, मेरा विचार उनका इतिहास लिखने का है। अलविदा, मेरे मित्रो! काश, मैं आप सबको अपनी छाती से लगा सकता।''

□

नेल्सन मंडेला

नेल्सन रोलीह्लला मंडेला (जन्म 18 जुलाई, 1918) दक्षिण अफ्रीका के पूर्व राष्ट्रपति हैं। वे यहाँ के प्रथम अश्वेत राष्ट्रपति बने थे। राष्ट्रपति बनने से पूर्व दक्षिण अफ्रीका में सदियों से चल रहे रंगभेद के प्रमुख विरोधी अफ्रीकी नेशनल कांग्रेस एवं इसके सशस्त्र गुट उमखोंतो वे सिजवे के अध्यक्ष रहे। उन्होंने अपने जीवन के 27 वर्ष रॉबेन द्वीप के कारागार में बिताए। दक्षिण अफ्रीका एवं समूचे विश्व में रंगभेद की नीति का विरोध करते हुए जहाँ श्री मंडेला पूरी दुनिया में स्वतंत्रता एवं समानता के प्रतीक बन गए थे, वहीं रंगभेद की नीति पर चलनेवाली सरकारें श्री मंडेला को साम्यवादी एवं आतंकवादी बताती थीं और अफ्रीकन नेशनल कांग्रेस को ऐसे लोगों की पनाहगाह।

वर्ष 1961 में मंडेला को अफ्रीकन नेशनल कांग्रेस की सशस्त्र शाखा का नेता बनाया गया। उन्होंने सेना और सरकार के लक्ष्यों के लिए योजनाएँ बनाने के खिलाफ तोड़-फोड़ अभियान चलाया। मंडेला ने अपने संघर्ष के लिए विदेशों से भी धन एकत्र किया और समूह के प्रशिक्षण के लिए अर्द्धसैनिक बलों की व्यवस्था की।

मेरा आदर्श

✍ **नेल्सन मंडेला**

20 अप्रैल, 1964 को नेल्सन मंडेला ने दक्षिण अफ्रीका की रंगभेदी सरकार द्वारा विभिन्न आरोपों में गिरफ्तार किए जाने पर जो बयान दिया, यह भाषण उसी में से लिया गया है—

सन् 1960 में शार्पविले में गोलीकांड हुआ, जिसके फलस्वरूप आपातकालीन स्थिति की घोषणा की गई और अफ्रीकन नेशनल कांग्रेस को गैर-कानूनी संगठन घोषित किया गया। गहन विचार-विमर्श के बाद मैंने और मेरे साथियों ने निर्णय किया कि हम इस आदेश का पालन नहीं करेंगे। अफ्रीकी लोग इस सरकार में हिस्सेदार नहीं और वे कानून नहीं बनाते, जो उन पर लागू किए जाते हैं। हम मानव अधिकार की इस सार्वभौम घोषणा में विश्वास रखते हैं, 'जन-आकांक्षा को सरकार की सत्ता का आधार होना चाहिए।' अतः हमारे लिए इस प्रतिबंध को स्वीकार करना, अफ्रीकियों को सदा के लिए चुप कराने को स्वीकार करने के समान होता। अफ्रीकन नेशनल कांग्रेस ने विघटित होने से इनकार कर दिया। उसके सदस्य भूमिगत हो गए। हमारा मानना था कि इस संगठन को सुरक्षित रखना हमारा कर्तव्य है, जो 50 वर्षों के अथक परिश्रम से बना है। मुझे तनिक भी संदेह नहीं कि कोई भी आत्माभिमानी श्वेत संगठन किसी ऐसी सरकार द्वारा अवैध घोषित किए जाने पर स्वयं को विघटित करेगा, जिसमें उसका कोई अधिकार नहीं।

सन् 1960 में सरकार ने एक जनमत-संग्रह करवाया था, जिसके फलस्वरूप गणतंत्र की स्थापना की गई। दक्षिण अफ्रीका की जनसंख्या में 75 प्रतिशत अफ्रीकी

हैं। इनको वोट देने का अधिकार नहीं दिया गया। संविधान में किए जानेवाले प्रस्तावित परिवर्तनों के लिए उनसे परामर्श तक नहीं किया गया। प्रस्तावित श्वेत गणतंत्र में अपने भविष्य को लेकर हम सब आशंकित थे। इस अवांछित गणतंत्र की पूर्व संध्या पर प्रदर्शन करने और सर्व-अफ्रीकी सम्मेलन बुलाने के लिए एक प्रस्ताव पारित किया गया। सम्मेलन का सचिव होने के नाते मुझ पर गणतंत्र की घोषणा वाले दिन 'घर पर बैठे रहो' को संगठित करने का उत्तरदायित्व सौंपा गया। क्योंकि अफ्रीकियों की हर हड़ताल अवैध है, इसलिए उसे संगठित करनेवाले के लिए गिरफ्तारी से बचने का प्रयास करना आवश्यक हो जाता है। इसलिए मुझे अपना परिवार और अपनी वकालत छोड़कर गिरफ्तारी से बचने के लिए छिपना पड़ा।

जून 1961 के आरंभ में दक्षिण अफ्रीकी परिस्थितियों के सुदीर्घ आकलन के बाद मैं और मेरे कुछ साथी इस निष्कर्ष पर पहुँचे कि इस देश में हिंसा अवश्यंभावी है। अफ्रीकी नेताओं के लिए शांति और अहिंसा के उपदेश देते रहना गलत व अवास्तविक होगा, क्योंकि सरकार हमारी शांतिपूर्ण माँगों का जवाब बल-प्रयोग से देती है।

दक्षिण अफ्रीका अफ्रीका महाद्वीप का सबसे समृद्ध देश है। यह संभवत: संसार के सर्वाधिक धनी देशों में गिना जा सकता है। लेकिन यह अतिशयता और विषमता का देश भी है। यहाँ श्वेतों की जीवन-शैली संसार में सर्वोच्च जीवन-स्तर के समतुल्य है, जबकि अफ्रीकी निर्धनता व कष्टों से भरपूर जीवन बिता रहे हैं। 40 प्रतिशत अफ्रीकी अत्यंत घनी बस्तियों में रहते हैं। कई मामलों में तो वे सूखाग्रस्त क्षेत्रों में रहते हैं, जहाँ भू-क्षरण के कारण उनके लिए धरती के आधार पर सामान्य जीवन बिताना असंभव हो जाता है। 30 प्रतिशत श्रमिक या श्रमिक काश्तकार हैं। वे श्वेतों के फार्मों पर रहते हैं और मध्यकालीन कृषि दासों के समान जीवन बिताते हैं। अन्य 30 प्रतिशत शहरों में रहते हैं। उनकी सामाजिक व आर्थिक आदतें श्वेतों के समतुल्य ही बन गई हैं। लेकिन इनमें से भी अनेक कम आमदनी व महँगाई के कारण निर्धनता का जीवन जीते हैं।

फिर भी, अफ्रीकियों की शिकायत केवल यही नहीं कि वे निर्धन हैं और श्वेत धनी हैं, बल्कि यह है कि इस स्थिति को बहाल रखनेवाले कानून बनाए जा रहे हैं। निर्धनता से मुक्ति पाने के दो उपाय हैं—पहला औपचारिक शिक्षा है, दूसरा काम में अधिक कुशलता हासिल करना है, ताकि अधिक पारिश्रमिक मिल सके। जहाँ तक अफ्रीकियों का सवाल है, प्रगति के ये दोनों ही मार्ग जान-बूझकर कानून से अवरुद्ध कर दिए गए हैं।

मैंने अपना जीवन अफ्रीकियों के संघर्ष को समर्पित कर दिया है। मैंने श्वेत आधिपत्य के विरुद्ध संघर्ष किया है तो अश्वेत आधिपत्य के विरुद्ध भी संघर्ष किया है। मैंने एक लोकतांत्रिक व स्वतंत्र समाज के आदर्श को अपने हृदय में सँजोए रखा है, जिसमें सभी लोग समान अवसरों के साथ मिल-जुलकर रहें। मैं इस आदर्श के लिए और इसे पाने के लिए जीवित हूँ। लेकिन अगर आवश्यकता पड़े तो मैं इस आदर्श के लिए अपने प्राण भी न्योछावर कर सकता हूँ।

□

निर्धनता उन्मूलन सबसे पहली वरीयता हो

✍ **परेज द क्वेलर जेवियर**

पेरू के राजनयिक क्वेलर जेवियर सन् 1982–91 में संयुक्त राष्ट्र के महासचिव थे। उन्होंने यह भाषण सन् 1991 में संयुक्त राष्ट्र महासभा के समक्ष दिया था।

पिछले तीन दशकों के दौरान विकासशील विश्व ने बहुत आर्थिक प्रगति की है। आय और उपभोग के बढ़ते अभाव से यह नितांत स्पष्ट है। सन् 1965 से सन् 1985 के बीच विकासशील विश्व में प्रति व्यक्ति उपभोग में लगभग 70 प्रतिशत की वृद्धि हुई। कल्याण के व्यापक कदम इस चित्र को और स्पष्ट करते हैं। जीवन की प्रत्याशा, बाल मृत्यु-दर तथा शिक्षा, इन सबकी स्थितियों में पर्याप्त सुधार हुआ है। इन दोनों परिप्रेक्ष्य से देखने पर पता चलता है कि विकसित देशों ने उस स्थिति में जिस रफ्तार से उन्नति की थी, उसकी अपेक्षा आज विकासशील देश कहीं अधिक तेजी से उन्नति कर रहे हैं।

इस उपलब्धि की पृष्ठभूमि में यह बहुत अधिक लज्जाजनक है कि विकासशील विश्व में अब भी 1 अरब से अधिक लोग निर्धनता में जीवन-यापन कर रहे हैं। सन् 1990 की विश्व विकास रिपोर्ट के अनुमान के अनुसार, 1 अरब लोग 370 डॉलर प्रतिवर्ष से भी कम आय के साथ जीने के लिए संघर्ष कर रहे हैं।

कल्याण कार्यों के व्यापक पैमाने पर भी यही सच है। उप-सहारा अफ्रीका

में जीवनकाल की प्रत्याशा केवल 50 वर्ष है, जापान में 80 वर्ष। दक्षिण अफ्रीका में 5 वर्ष से कम आयु के बच्चों में बाल मृत्यु-दर 170 प्रति हजार से अधिक है, स्वीडन में यह 10 से कम है। विकासशील विश्व में 11 करोड़ से अधिक बच्चे प्राथमिक शिक्षा तक ग्रहण नहीं कर पाते, जबकि औद्योगिक देशों में संपूर्ण भरती से कम कुछ भी स्वीकार्य नहीं। ऐसी नितांत विषमता से इस बात की पुष्टि होती है कि मानव की अभावग्रस्तता निरंतर जारी है।

यह रिपोर्ट विकासशील विश्व में व्याप्त निर्धनता के बारे में है। दूसरे शब्दों में कहें तो यह विश्व के निर्धनों में जो निर्धनतम हैं, उनके बारे में है। पहले तो इसमें निर्धनता का गुणवत्ता व मात्रा के लिहाज से आकलन करने का प्रयास किया गया है, उसके बाद जो देश निर्धनता कम करने में सफल हुए हैं, उनके अनुभवों के आधार पर नीति-निर्धारण की चेष्टा की गई है। इसका समापन एक प्रश्न के साथ किया गया है, जो एक चुनौती भी है—यदि धनी व निर्धन दोनों देशों की सरकारें निर्धनता-उन्मूलन का प्रयास करें तो 20वीं शताब्दी के अंतिम दशक में क्या उपलब्धि होगी ?

सन् 1960 के दशक में जो देश समग्र आर्थिक प्रगति में सहभागी रहे हैं, वहाँ निर्धनता में कमी आई है और जो निर्धनता में हैं, उनकी भी आप में बढ़ोतरी हुई है। कुछ मामलों में तो विस्मयकारी परिवर्तन दिखाई दिए हैं। उदाहरण के लिए, इंडोनेशिया ने सन् 1970 से 1980 के बीच यानी एक पीढ़ी से भी कम समय में अपनी जनसंख्या में निर्धनता के 60 प्रतिशत को 20 प्रतिशत में घटाने की सफलता पाई है। कई सामाजिक मापदंडों की दृष्टि से कुछ विकासशील देश अब विकसित देशों के स्तर पर पहुँच रहे हैं। चीन में, जहाँ सारे विश्व के एक-चौथाई लोग रहते हैं, सन् 1985 में आयु प्रत्याशा 69 पर पहुँच गई। लेकिन कई देशों में आर्थिक उपलब्धि कम थी और निर्धनों की संख्या सुस्त रफ्तार से घटी। इसमें जनसंख्या वृद्धि एक अतिरिक्त कारण था। उप-सहारा अफ्रीका में प्रति व्यक्ति उपभोग अवरुद्ध हुआ और निर्धनों की संख्या बढ़ी।

हालाँकि सन् 1980 के दशक को अकसर निर्धनों के लिए 'व्यर्थ गया' दशक कहा जाता है। लेकिन इस दौरान विश्व के अधिकांश निर्धनों की आय में वृद्धि हुई। पाँच वर्ष से कम आयु के बच्चों में बाल मृत्यु दर कम हुई, प्राथमिक स्कूलों में भरती का अनुपात सुधरा तथा अन्य सामाजिक मानकों में भी सुधार दृष्टिगत हुआ। लेकिन सन् 1980 के दशक के गतिरोध का सर्वाधिक दुष्प्रभाव कुछ विशेष क्षेत्रों में देखा गया। उप-सहारा व लैटिन अमेरिका में बहुतों की आय में इस

दशक के दौरान कमी आई, निर्धनता बढ़ी; जबकि विशेष रूप से लैटिन अमेरिका में सामाजिक सूचक कुछ उन्नतिशील लगे।

निर्धनता का भार विकासशील विश्व में असमान रूप से फैला हुआ है। यह उन देशों के विभिन्न क्षेत्रों में भी असमान है। विश्व के लगभग आधे निर्धन दक्षिण एशिया में रहते हैं। इस क्षेत्र में विश्व जनसंख्या का अनुमानत: 30 प्रतिशत निवास करता है। उप-सहारा अफ्रीका अपेक्षाकृत छोटा है, लेकिन विश्व निर्धनता में उसका हिस्सा अत्यंत असमानुपातिक है। देशों व क्षेत्रों में निर्धन कुछ विशेष प्रदेशों में सघन रूप से बसे हुए हैं। वे ग्रामीण क्षेत्रों के सघन जनसंख्या क्षेत्रों में निवास करते हैं, जैसे भारत के गंगा के मैदान में, जावा व इंडोनेशिया के द्वीप-समूह में या कम संसाधनोंवाले क्षेत्रों में—जैसे पर्वतीय प्रदेश। अकसर निर्धनता, जनसंख्या और पर्यावरण की समस्याएँ परस्पर संबद्ध होती हैं। विकास के प्रतिमान और तीव्रता से बढ़ती जनसंख्या का दबाव दोनों ही निर्धनों को बिगड़ते पर्यावरण में रहने को विवश करते हैं।

निर्धनता का भार कुछ वर्गों पर बहुत अधिक पड़ता है। महिलाएँ सामान्यत: अधिक अलाभ की स्थिति में रहती हैं। निर्धन घरों में वे पुरुषों से अधिक उत्तरदायित्व का भार उठाती हैं। कम शिक्षित होने के कारण उन्हें कमाईवाले काम कम मिलते हैं। बच्चे भी अपेक्षाकृत अधिक कष्ट भोगते हैं। अपर्याप्त शिक्षा, पौष्टिकता व स्वास्थ्य-रक्षा के अभाव के कारण उनके भावी जीवन की गुणवत्ता भी प्रभावित होती है। लड़कियों के मामले में विशेष रूप से ऐसा होता है। अनेक अफ्रीकी देशों में उनकी स्कूल में भरती लड़कों से आधी है। नृजातीय समूहों एवं अल्पसंख्यकों में निर्धनता प्राय: अधिक देखी गई है। जैसे बोलीविया, इक्वाडोर, ग्वाटेमाला, मेक्सिको, पेरू के देशज जनों और भारत की अनुसूचित जातियों में।

सब मामलों में तो नहीं, लेकिन अनेक मामलों में निर्धनता तथा अन्य प्रकार की वंचना साथ-साथ चलते हैं। उदाहरण के लिए, मेक्सिको में अत्यंत निर्धनों की जनसंख्या में आयु-प्रत्याशा 10 प्रतिशत सर्वाधिक धनियों की तुलना में 20 वर्ष कम है। कोट द इवायर में प्राथमिक शालाओं में सर्वाधिक धनियों की तुलना में अत्यंत निर्धनों के बच्चों की प्रवेश-दर आधी है। समाज के सर्वाधिक निर्धन वर्ग में आयु-प्रत्याशा व शिक्षा भयावह रूप से निम्न है।

सन् 1950 व 60 के दशकों में अनेक लोगों ने विकास को निर्धनता में कमी और जीवन की गुणवत्ता में सुधार का प्राथमिक साधन माना। उदाहरण के लिए, भारत के योजना आयोग ने इस उद्देश्य को पाने के लिए तीव्र विकास को (यद्यपि एकमात्र नहीं) मुख्य उपकरण माना। सन् 1970 में उनका ध्यान इसकी अपेक्षा

स्वास्थ्य, पौष्टिकता व शिक्षा सेवाओं की ओर अधिक गया। इसे सार्वजनिक नीति के रूप में देखा गया। सन् 1980 की विश्व विकास की रिपोर्ट में तत्कालीन उपलब्ध संकेतों के आधार पर तर्क दिया कि स्वास्थ्य, शिक्षा व पौष्टिकता निर्धनों के अधिकार-स्वरूप ही आवश्यक नहीं, बल्कि ये आय में वृद्धि के लिए—जिसमें निर्धनों की आय भी शामिल है—भी आवश्यक है।

सन् 1980 में महत्त्व में एक और स्थित्यांतरण देखा गया। विशेष रूप से लैटिन अमेरिका व उप-सहारा अफ्रीका के देशों में सार्वजनिक व्यय पर नियंत्रण बढ़ाया गया। इसके साथ ही उन्होंने सार्वजनिक नीति के प्रभावशाली होने पर भी सवालिया निशान बनाया। इसमें निर्धनों के बारे में बनाई नीति का प्रभाव विशेष रूप से शामिल था। इस पृष्ठभूमि में सन् 1990 की विश्व विकास रिपोर्ट में इस बात का पुनः विश्लेषण किया गया है कि यह नीति किस तरह 1990 के दशक के दौरान निर्धनता को कम करने और निर्धनों के लिए संभावनाओं का पता लगाने में सहायक हो सकती है।

इस रिपोर्ट से पता चलता है कि निर्धनता कम करने में तीव्र व प्रभावी प्रगति दो महत्त्वपूर्ण तत्त्वोंवाली रणनीति से संभव हैं। पहला तत्त्व है—निर्धन की सर्वाधिक प्रचुर परिसंपत्ति श्रम के उत्पादक उपयोग को प्रोत्साहन देना। इसके लिए ऐसे नीति-निर्धारण की आवश्यकता है, जो बाजार प्रोत्साहन, सामाजिक एवं संस्थाओं के प्रोत्साहन तथा इस उद्देश्य के लिए निर्मित आधारभूत ढाँचे एवं प्रौद्योगिकी का विकास करे। दूसरा तत्त्व है निर्धनों को आधारभूत सामाजिक सेवाएँ प्रदान करना। प्राथमिक स्वास्थ्य सेवा, परिवार नियोजन, पौष्टिकता व प्राथमिक शिक्षा इस दृष्टि से विशेष रूप से महत्त्वपूर्ण हैं।

ये दोनों तत्त्व परस्पर एक-दूसरे को सुदृढ़ करते हैं। एक के बिना दूसरा पर्याप्त नहीं। ब्राजील व पाकिस्तान जैसे कुछ देशों में प्रगति के साथ निर्धनों की आय में बढ़ोतरी हुई है, लेकिन वहाँ सामाजिक सेवाओं पर बहुत कम ध्यान दिया गया है। फलस्वरूप वहाँ बाल मृत्यु-दर बहुत अधिक है, प्राथमिक शालाओं में प्रवेश निम्न रहा है और निर्धन आर्थिक अवसरों का लाभ उठाने लायक नहीं बन सके, जैसा कि उनको बनना चाहिए था। इसके विपरीत, कुछ अन्य देशों ने सामाजिक सेवाओं पर विशेष ध्यान दिया। लेकिन वहाँ वृद्धि दर बहुत कम रही। उदाहरण के लिए, श्रीलंका में प्राथमिक शालाओं में प्रवेश की दर और बाल मृत्यु-दर की स्थितियाँ बहुत अच्छी रहीं। लेकिन आर्थिक अवसरों के अभाव के कारण निर्धनों की आय बढ़ाने के प्रयास व्यर्थ गए।

जिन देशों ने इस रणनीति के दोनों भागों को लागू किया, वहाँ प्रगति सर्वाधिक रही। श्रम के उत्पादक उपयोग को बढ़ावा देकर इन देशों ने निर्धनों को अवसर प्रदान किए और स्वास्थ्य सेवाओं व शिक्षा में निवेश करके उन्होंने निर्धनों को नई संभावनाओं का भरपूर लाभ उठाने का अवसर दिया। इंडोनेशिया और मलेशिया में इस पद्धति के कारण निर्धनता में पर्याप्त कमी आई है। पौष्टिकता में सुधार हुआ है, 5 वर्ष से कम उम्र के बच्चों में मृत्यु दर घटी है और प्राथमिक शालाओं में प्रवेश बढ़ा है।

इसे द्विविध पद्धति का अनुसरण करने पर भी विश्व के बहुत से निर्धन जो रोगी, वृद्ध, साधनहीन क्षेत्रों के निवासी और अन्य अत्यंत अभावग्रस्त बने रहेंगे। कई अन्य को आमदनी में मौसमी परिवर्तन, परिवार के लिए कमानेवाले की मृत्यु, अकाल या व्यष्टि-अर्थव्यवस्था के झटकों के कारण अस्थायी हानि उठानी पड़ती है। अत: निर्धनता में कमी लाने के लिए इस आधारभूत रणनीति के साथ-साथ सुरक्षित आश्रय में स्थानांतरण के कार्यक्रमों सहित एक संपूर्ण पद्धति विकसित करने की आवश्यकता है।

सन् 1980 के दशक में अनेक विकासशील देशों को व्यष्टि-अर्थव्यवस्था के संकट का सामना करना पड़ा। उनके अनुभव ने एक नई समस्या की ओर ध्यान आकर्षित किया। यह थी निर्धनों की आवश्यकताओं के अनुरूप समायोजन नीतियाँ बनाना। कई विकासशील देशों में व्यष्टि-अर्थव्यवस्था के समायोजन की कष्टकारी अवधि अपरिहार्य थी। समायोजन से संबद्ध आर्थिक पुनर्गठन दी़र्घ अवधि में इस द्विविध रणनीति के पूर्णत: अनुरूप सिद्ध होता है; लेकिन अल्पावधि के लिए यह बहुत से निर्धनों के लिए संकट बन जाता है। संक्रांति की इस अवधि में व्यष्टि-अर्थव्यवस्था के विवेकपूर्ण मिश्रण से, उदाहरण के लिए, मूल्य-निर्धारण नीतियों में संशोधन करके, जिससे निर्धन किसान लाभान्वित हों तथा निजी उपभोग में सामान्य कमी लाने के कदम उठाकर निर्धनों की रक्षा की जा सकती है। अनुभवों से यह भी पता चला है कि सार्वजनिक व्यय में निर्धनों के लाभ के लिए परिवर्तन किया जा सकता है। यह वित्तीय अनुशासन के समग्र ढाँचे के अंतर्गत भी किया जा सकता है और परिवर्तनों को अधिक सटीक ढंग से लक्षित करके भी किया जा सकता है। इसके अतिरिक्त परिवर्तन के प्रभाव से निर्धनों की रक्षा के लिए अतिरिक्त पूँजी निवेश का प्रावधान किया जाना चाहिए।

इसके लिए राजनीतिक व आर्थिक संस्थानों का ढाँचा खड़ा करना भी आवश्यक है, क्योंकि निर्धनता कम करने की नीतियाँ व्यापारेत्तर होती हैं। विकास

के श्रम-प्रधान प्रभावी प्रारूप को कार्यान्वित करके तथा मानव-संसाधन में निवेश को बढ़ाकर न केवल दीर्घकालीन विकास की गति को बढ़ाया जा सकता है बल्कि यह उसमें सहयोग भी देता है; क्योंकि इस कार्यान्वयन का अर्थ यह होता है कि आपका एक अधिक बड़ा भाग और सार्वजनिक व्यय निर्धनों को प्राप्त होगा। इस द्विविध रणनीति की उन देशों में लागू होने की संभावना अधिक है, जहाँ निर्धनों को आर्थिक व राजनीतिक नीति-निर्धारण में भाग लेने का अवसर प्राप्त है।

हालाँकि यह द्विविध रणनीति निर्धनों व धनिकों के बीच संवेदनशील विनिमय की स्थिति बनाती है, लेकिन यह अन्य रणनीतियों की अपेक्षा अधिक शक्य प्रतीत होती है। कई बार भूमि का बड़े पैमाने पर पुनर्वितरण बहुत सफल सिद्ध हुआ है। जापान और कोरिया गणतंत्र में भूमि पुनर्वितरण ग्रामीण निर्धनता कम करने के मुख्य उद्देश्य को ध्यान में देखते हुए किया गया था। इसने रिपोर्ट में प्रस्तावित अन्य नीतियों की पृष्ठभूमि भी बनाई। जहाँ कहीं संभव हो, भूमि का पुनर्वितरण किया जाना चाहिए। लेकिन इस तरह के सुधार के रास्ते में बड़ी राजनीतिक बाधाएँ हैं। यहाँ जिस द्विविध रणनीति की चर्चा की गई है, अधिकांश देशों में उसमें यह पाया गया है कि निर्धनों की परिसंपत्ति में वृद्धि करने के लिए शिक्षा में निवेश सर्वाधिक सफल होता है।

यदि व्यष्टि-अर्थव्यवस्था कोई प्राथमिक मुद्दा न हो तो भी यह रणनीति सार्वजनिक व्यय की कई मदों में बढ़ोतरी माँगती है, ताकि निर्धनों को उसका लाभ पहुँच सके। यदि इन्हें खर्च वहन करने योग्य बनाना है तो फिर लागत-प्रभावी रखना होगा। सन् 1970 के दशक के अनुभवों से पता चलता है कि निर्धनों को लक्ष्य करके बनाए गए कार्यक्रमों के साथ उन तक पहुँचना कठिन हो सकता है। सरकारी संगठनों ने इसमें महत्त्वपूर्ण योगदान नहीं दिया। लेकिन गैर-सरकारी संगठनों ने इसमें महत्त्वपूर्ण योगदान दिया है। जो निर्धन नहीं, उन्हें छोड़कर स्वयं चुनने योग्य कार्यक्रम बनाना, जो केवल निर्धनों को आकर्षक हो सकते हैं, एक और पद्धति है। उदाहरण के लिए, दक्षिण एशिया में कम वेतनवाले ऐसे सार्वजनिक नियुक्ति के कार्यक्रम निर्धनों के लिए सुरक्षा प्रदान करनेवाले साबित हुए हैं। ये दुर्भिक्ष से बचाने में विशेष रूप से उपादेय रहे हैं। चिली के अनुभव से पता चलता है कि मंदी के दौरान भी ऐसे कार्यक्रम राहत पहुँचाते हैं।

सही मायनों में लागत-प्रभावी होने के निमित्त हस्तक्षेप न केवल लक्ष्य को ध्यान में रखकर होना चाहिए, बल्कि उसका स्वरूप भी निर्धनों की विशिष्ट आवश्यकताओं को ध्यान में रखकर निर्धारित किया जाना चाहिए। इसका अर्थ है

ऐसी प्रौद्योगिकी का विकास करना, जो किसानों के लिए जोखिमवाले पर्यावरण के अनुकूल हो। छोटा ऋण लेनेवालों के अनुकूल ऋण-योजनाएँ बनाई जाएँ। इसके साथ ही विशेष रूप से असहाय समूहों के लिए आहार कार्यक्रम बनाना और उन्हें स्वास्थ्य व पौष्टिकता संबंधी जानकारी देना भी इसमें शामिल किया जाना चाहिए। जिन कार्यक्रमों के निर्माण व कार्यान्वयन के समय निर्धनों को उनमें शामिल किया गया, वे विशेष रूप से सफल रहे हैं।

भलीभाँति प्रारूपित और लक्ष्य के अनुरूप सार्वजनिक व्यय निर्धनता के विरुद्ध संघर्ष में महत्त्वपूर्ण भूमिका अदा कर सकता है। लेकिन ऐसे कार्यक्रम, चाहे वे कितने ही लागत-प्रभावी क्यों न हों, निर्धनों के लिए बनाई गई किसी व्यापक नीति का विकल्प नहीं हो सकते। संकीर्ण लक्ष्य के साथ निर्धनता का सामना करने के कार्यक्रम चाहे कितने ही महत्त्वपूर्ण हों, लेकिन अंततोगत्वा यह काम सुचारु आर्थिक नीतियों का ही है।

प्राय: सहायता निर्धनता दूर करने का प्रभावी साधन रही है। फिर भी, सदा ऐसा नहीं होता। कई बार दान-दाता का कुछ और उद्देश्य होता है। सन् 1988 में विदेशी सहायता का 41 प्रतिशत मध्य एवं उच्च आयवाले देशों को दिया गया। इसके मुख्यत: राजनीतिक कारण थे। यदि सहायता निर्धनों को लक्ष्य करके दी जाती है, तब भी कई बार निराशाजनक परिणाम ही देखे गए हैं। विशेष रूप से तब, जब उन देशों में समग्र नीतिगत ढाँचा निर्धारता को कम करने के अनुरूप नहीं होता।

विश्व अब परिवर्तन के मोड़ पर है। द्वितीय विश्वयुद्ध के समय जो भौगोलिक तनाव थे, वे अब तेजी से कम हो रहे हैं। यह स्थिति सैनिक व्यय में कटौती करने का अवसर प्रदान करती है। उत्तर अटलांटिक संधि संगठन के देशों द्वारा सैनिक व्यय में मात्र 10 प्रतिशत की कटौती करके भी सहायता राशि को द्विगुणित किया जा सकता है। इस तरह संसाधन उपलब्ध कराए जा सकते हैं, हालाँकि उनका प्रभावी उपयोग न होने पर बहुत कम परिणाम मिलेंगे।

इस रिपोर्ट का विश्लेषण सहायता के निमित्त एक बेहतर रणनीति का आधार प्रस्तुत करता है। विदेशी सहायता को सहायता प्राप्त करनेवाले देश के निर्धनता कम करने के प्रयत्नों के आकलन के साथ जोड़ा जाना चाहिए। अंतरराष्ट्रीय विकास संस्था की संसाधन आवंटन प्रक्रिया में यह सिद्धांत सन्निहित है। इस सिद्धांत पर अमल करने का अर्थ होगा कि द्विविध रणनीति पर चलनेवाले देशों को ही मुख्यत: ऐसी सहायता मिलेगी। यह इस धारणा को प्रतिपादित करता है कि सहायता किसी ठोस विकास कार्यनीति की पूरक होने पर ही प्रभावी होती है।

जिन देशों में नीतियाँ निर्धनता दूर करने के प्रयत्नों के अनुरूप नहीं हैं, विदेशी संसाधनों के बहुत कम परिणाम होंगे। परंतु इन्हीं देशों में निर्धनों की संख्या बहुत अधिक है तथा वहाँ स्थिति और भी खराब होने जा रही है। ऐसे मामलों में निर्णय लेना बहुत कठिन होगा। अत्यंत असहाय समूहों के लिए सीधी संतुलित सहायता देना उचित प्रतीत होता है। इन परिस्थितियों में निर्धनों की सेवा करनेवाले, बच्चों का प्रतिरक्षण करनेवाले और पौष्टिकता कार्यक्रम चलानेवाले चिकित्सा संस्थानों को सीधे सहायता देने के वांछित परिणाम होंगे।

कई देश इन दो चरम स्थितियों के बीच होंगे। ऐसे मामलों में मध्यवर्ती मात्रा में सहायता प्रदान करना ही उचित होगा। नीति को निर्धनों के लिए अधिक प्रभावी बनाने के उद्देश्य से इस बात का निर्णय बड़ी सावधानी से लिया जाना चाहिए कि सहायता का सर्वोत्तम उपयोग कैसे किया जा सकता है। यदि ये सहायताएँ सरकारी संगठनों और बहुराष्ट्रीय संगठनों के माध्यम से न आकर दान-दाताओं से सीधे आएँ और उपर्युक्त सहायता रणनीति का सतत पालन किया जाए तो कार्यक्रम का प्रभाव काफी बढ़ सकता है।

रिपोर्ट के अनुसार, यदि आगामी दस वर्षों में औद्योगिक देशों में वृद्धि दर 3 प्रतिशत रहे और सहायता की दर में वृद्धि भी वही रहे तो विकासशील देशों में प्रति व्यक्ति आय पूर्वी एशिया में 5.1 प्रतिशत और उप-सहारा अफ्रीका में 0.5 प्रतिशत प्रतिवर्ष बढ़ सकती है। रिपोर्ट में जिस रणनीति की अनुशंसा की गई है, उसे कार्यान्वित करने पर शताब्दी के अंत तक निर्धनों की संख्या 30 करोड़ तक हो जाएगी। निर्धनता कम करने के अधिक संकल्पित प्रयास करने पर इसमें और भी प्रगति हो सकती है।

इस अपेक्षाकृत अनुकूल परिणाम में क्षेत्रीय विषमताएँ छिपी हुई हैं। पूर्वी एशिया में निर्धनों की संख्या में बहुत कमी होगी। दक्षिण एशिया में भी अच्छी प्रगति होगी। लैटिन अमेरिका व कैरेबियाई देशों में यह सामान्य रहेगी, जबकि विकासशील यूरोप, मध्य-पूर्व व दक्षिण अफ्रीका में यह नगण्य होगी। विकासशील विश्व में अन्यत्र निर्धनों की संख्या में 40 करोड़ की कमी आने की तुलना में उप-सहारा अफ्रीका में आर्थिक विकास की मंदगति व तीव्र जनसंख्या विस्फोट के कारण निर्धनों की संख्या में लगभग 10 करोड़ की वृद्धि होगी। शताब्दी के अंत तक उप-सहारा अफ्रीका में विकासशील विश्व के निर्धनों के 30 प्रतिशत होंगे, जबकि सन् 1985 में वे 16 प्रतिशत थे।

जीवन स्तर के अन्य पक्षों में भी प्रगति की आशा है। सन् 2000 तक 5 वर्ष

से कम आयु के बच्चों में बाल मृत्यु-दर पूर्वी एशिया में 30 प्रति हजार हो जाएगी, जबकि उप-सहारा अफ्रीका में 135 प्रति हजार रहेगी। अधिकांश क्षेत्रों में सकल राष्ट्रीय उत्पाद में इसके भाग में साधारण वृद्धि के साथ प्राथमिक शालाओं में शत-प्रतिशत प्रवेश की स्थिति आ जाएगी। लेकिन उप-सहारा क्षेत्र इसका अपवाद रहेगा। वहाँ सन् 2000 तक प्राथमिक शालाओं में संपूर्ण प्रवेश का लक्ष्य तो प्राप्त किया जा सकेगा, परंतु सकल राष्ट्रीय उत्पाद में से इस मद में आज के 15 प्रतिशत व्यय की अपेक्षा 2.5 प्रतिशत व्यय होगा।

एशिया में प्रगति मुख्यतः चीन व भारत में प्रगति पर निर्णय रहेगी। यदि चीन में आर्थिक सुधारों में सफलता नहीं मिलती या भारत अपनी प्रगति की वर्तमान गति को बनाए रखने में विफल होता है तो निर्धनता में कमी लाने की संभावनाएँ मंद हो जाएँगी। धीमी प्रगति व निर्धनों के लिए कम लाभकारी नीतियों को ध्यान में रखकर किए गए वैकल्पिक आकलन के अनुसार, अकेले भारत में ही 15 करोड़ अतिरिक्त निर्धन होंगे।

दुर्भाग्यवश, सब-सहारा अफ्रीका की दुर्दशा नितांत सुस्पष्ट है। निर्धनों की संख्या को सन् 1985 के स्तर पर बनाए रखने के लिए भी भगीरथ प्रयास करने होंगे। इसके लिए प्रतिवर्ष 5.5 प्रतिशत की वृद्धि दर, उद्योगों की आमूलचूल पुनर्संरचना, कृषि के लिए बेहतर प्रोत्साहन एवं प्रौद्योगिकी तथा प्राथमिक शिक्षा, स्वास्थ्य सेवा, पौष्टिकता व परिवार नियोजन के लिए अतिरिक्त राशि का प्रावधान करना होगा। जब तक सरकार अपने सुधार के प्रयास और दृढ़ नहीं करती और अनुदान देनेवाले अपनी राशि में वृद्धि नहीं करते, यह संभव नहीं होगा।

औद्योगिक देशों में प्रगति की धीमी गति, ऋण दरों में वृद्धि व व्यापार में आशा से कम वृद्धि—इस सबके सम्मिलित परिणामस्वरूप सन् 1980 के दशक की तरह ही निर्धनता कम करने के मार्ग में और बाधाएँ आएँगी। तब क्षेत्रीय विकास के रुझानों का अंतर और भी स्पष्ट होकर उभरेगा। हालाँकि पूर्वी व दक्षिण एशिया, जहाँ निर्धनों की संख्या सर्वाधिक है, अपेक्षाकृत कम प्रभावित होगा। पर लैटिन अमेरिका को गंभीर गतिरोध का सामना करना पड़ेगा। उप-सहारा अफ्रीका में पहले से ही असहनीय स्थिति और भी बदतर हो जाएगी।

विश्व के नीति-निर्माताओं के लिए सार्वभौम निर्धनता को कम करने से बढ़कर और कोई वरीयता नहीं होनी चाहिए। 20वीं शताब्दी के अंतिम दशक में भी यह एक वृहद् आयामी समस्या बनी रही है। विशेष रूप से उप-सहारा अफ्रीका में भी भयावह स्थिति के बावजूद निर्धनता कम करने के साधन उपलब्ध हैं। रिपोर्ट में

तर्क दिया गया है कि एक प्रभावी रणनीति के मुख्य तत्त्वों को समझ लिया गया है और उसमें सहायक बननेवाले विदेशी संसाधनों को उपलब्ध कराने के लिए औद्योगिक देशों को बहुत कम कीमत अदा करनी पड़ेगी। जब विकासशील देश निर्धनता कम करने के लिए प्रतिबद्ध हैं तो औद्योगिक देशों को सहायता बढ़ाकर प्रत्युत्तर देना चाहिए।

अफ्रीका में निर्धनों की संख्या को सीमित रखने तथा अन्यत्र उनकी संख्या में सन् 1985 की तुलना में लगभग 40 करोड़ की कमी करना एक बड़ी उपलब्धि होगी। यह एक महत्त्वाकांक्षी लक्ष्य है, लेकिन शताब्दी के अंत तक इसे प्राप्त किया जा सकता है।

□

पैट्रिक हेनरी

पैट्रिक हेनरी का जन्म 29 मई, 1736 को हैनोवर काउंटी, वर्जीनिया (अमेरिका) में हुआ था। उनके पिता जॉन हेनरी स्कॉटलैंड से आकर वर्जीनिया में बसे थे। पैट्रिक ने अपना कॅरियर एक बागान मालिक के रूप में शुरू किया, लेकिन दुर्भाग्यवश 1757 में उनका घरबार आग में जलकर भस्म हो गया। इसके बाद उन्होंने व्यापार में भाग्य आजमाने की कोशिश की, लेकिन निराशा ही हाथ लगी। अंततः 1760 में उन्होंने वकालत शुरू की, जिसमें सफल रहे। इसके साथ-साथ हेनरी राजनीति में भी बहुत सक्रिय रहे। 1770 के दशक में वह वर्जीनिया के स्वाधीनता आंदोलन के अगुआ थे। उपनिवेश काल के पश्चात् पैट्रिक हेनरी सन् 1776 से 1779 तक और उसके बाद 1784 से 1786 तक वर्जीनिया के गवर्नर रहे। अमेरिकी क्रांति और स्वाधीनता संघर्ष के अग्रणी नेता होने के साथ-साथ हेनरी को सरकार में व्याप्त भ्रष्टाचार का प्रबल विरोधी होने के लिए भी याद किया जाता है।

एक ओजस्वी वक्ता के रूप में विख्यात हेनरी के 'मुझे स्वतंत्रता दो या फिर मृत्यु दो' वाले भाषण की गणना इतिहास के सर्वाधिक प्रेरणाप्रद भाषणों में की जाती है। पैट्रिक हेनरी का निधन 63 वर्ष की आयु में सन् 1799 में वर्जीनिया में हुआ।

मुझे स्वतंत्रता दो या फिर मृत्यु दो

✍ **पैट्रिक हेनरी**

अमेरिका के क्रांतिकारी नेता पेट्रिक हेनरी को उनके अभिव्यक्ति-कौशल और वक्तृत्व शैली के लिए सदा याद किया जाएगा। उनके दिए ओजस्वी भाषणों को, जिनमें उनके हृदय के उद्गार उतनी ही प्रबलता के साथ व्यक्त होते थे, आज भी बार-बार पढ़ा जाता है।

अपना यह प्रेरक व्याख्यान हेनरी ने सन् 1775 में वर्जीनिया के एक सम्मेलन में दिया था।

जिन महानुभावों ने इस सदन को अभी-अभी संबोधित किया है, उनकी देशभक्ति और क्षमता के बारे में मुझसे अधिक ऊँची राय कोई नहीं रखता। लेकिन विभिन्न लोग अकसर एक ही विषय को विभिन्न दृष्टिकोणों से देखते हैं। इसलिए मुझे आशा है कि उन महानुभावों से अत्यंत भिन्न चरित्र का होने के कारण यदि मैं अलग राय रखूँ तो इसे उनकी अवमानना नहीं समझा जाएगा। मैं अपने मनोभावों को निस्संकोच व्यक्त करूँगा। यहाँ औपचारिकता के लिए कोई गुंजाइश नहीं है। इस सदन के समक्ष जो प्रश्न है, वह देश की अत्यंत भयावह स्थिति से संबंधित है। अपनी तरफ से मैं इसे स्वतंत्रता या दासता से भय का प्रश्न नहीं मानता। इस विषय की गुरुता के अनुरूप ही चर्चा की स्वतंत्रता भी होनी चाहिए। केवल तभी हम सत्य तक पहुँच पाएँगे। तभी हम ईश्वर और अपने देश के प्रति महान् उत्तरदायित्व का निर्वाह कर सकेंगे। क्या मुझे ऐसी घड़ी में अपनी राय को व्यक्त

नहीं करना चाहिए—वह भी कुछ लोगों के बुरा मानने के डर से, तब तो मैं स्वयं को अपने देश के प्रति द्रोह और उस ईश्वरीय सत्ता के प्रति विश्वासघात का अपराधी समझूँगा, जिसे मैं धरती के सभी सम्राटों से अधिक आदर देता हूँ।

अध्यक्ष महोदय, आशा के भ्रम में रहना मानव स्वभाव है। हम किसी दुःखद सत्य से अपनी आँखें मूँद लेते हैं और उस मोहिनी जलपरी का संगीत सुनते रहते हैं, जब तक कि वह हमें वन्य-पशु नहीं बना लेती। क्या स्वाधीनता के महान् और दुष्कर संघर्ष में संलग्न विवेकशील लोगों की यही भूमिका है ? क्या हम उन लोगों में गिने जाने लायक हैं, जो आँखें होते हुए देखते नहीं, कान होते कुछ सुनते नहीं, वे सब बातें जो उनकी भौतिक मुक्ति से इतना अधिक संबंध रखती हैं। जहाँ तक मेरा सवाल है, चाहे कितना आत्मिक कष्ट क्यों न हो, मैं सारा सत्य जानना चाहता हूँ। चाहे बुरे-से-बुरा भी क्यों न हो, मैं उसे जानना चाहता हूँ और उससे विस्तार के लिए तैयार होना चाहता हूँ।

मेरे पास अपने पथ-प्रदर्शन के लिए एक ही दीप है, वह है मेरे अनुभव का दीप। मैं अतीत के आधार के अतिरिक्त भविष्य को जानने का दूसरा कोई तरीका नहीं जानता। मैं जानना चाहता हूँ कि पिछले दस वर्षों में ब्रिटिश मंत्रालय के व्यवहार में ऐसा क्या था, जो उन आशाओं को उचित ठहराए जिसके आधार पर ये महानुभाव स्वयं को और इस सदन को दिलासा दे रहे हैं। क्या यह वह छलिया मुसकान थी, जिसके साथ हमारी हाल की याचिका को ग्रहण किया गया ? मान्यवर, उस पर विश्वास न करें। वह आपके पैरों के लिए फंदा साबित होगी। किसी चुंबन के धोखे में आकर दुःख न भोगना। स्वयं से पूछिए कि किस तरह इस सदाशयता से ग्रहण की गई हमारी याचिकाओं के साथ-साथ ही युद्ध करने जैसी तैयारियाँ भी की जाती हैं, जो हमारी नदियों पर कब्जा करती हैं और हमारी भूमि का उजाला छीन लेती हैं। क्या प्रेम और समाधान के कार्यों के लिए जंगी बेड़े और सेनाओं की आवश्यकता होती है ? क्या हमने समझौते के प्रति इतनी अनिच्छा व्यक्त की है कि हमारा प्रेम पुनः प्राप्त करने के लिए बल-प्रयोग करना पड़े ? महानुभावो, हमें स्वयं को धोखा नहीं देना चाहिए। ये युद्ध और पराधीन बनाने के उपकरण हैं, वे अंतिम तर्क, जिनका सम्राट् सहारा लिया करते हैं।

मान्यवरो, मैं पूछता हूँ कि यदि हमें पराधीन बनाने का इरादा नहीं है तो फिर इस सैनिक तैयारी का अर्थ क्या है ? क्या आप इसका कोई अन्य उद्‌देश्य बता सकते हैं ? क्या ब्रिटेन का संसार के इस कोने में कोई शत्रु है, जिसके लिए इतनी नौसेना व थल सेना एकत्र करने की आवश्यकता पड़ी ? जी नहीं, ऐसा कोई नहीं है। ये हमारे

लिए हैं। ये किसी और के लिए हो ही नहीं सकतीं। ये हम पर उन शृंखलाओं को बाँधने और सुदृढ़ करने के लिए भेजी गई हैं, जो ब्रिटिश मंत्रालय दीर्घकाल से गढ़ रहा था। और इसका विरोध करने के लिए हमारे पास क्या है? क्या हम तर्क आजमाएँ? मान्यवरो, वह तो हम पिछले एक दशक से आजमा रहे हैं, क्या इस विषय में और कुछ कहने को हमारे पास कुछ बचा है? कुछ भी तो नहीं। हमने इस विषय को हरसंभव आलोक में प्रस्तुत किया। लेकिन वह सब व्यर्थ गया। क्या हम फिर से अनुनय-विनय करने का प्रयास करें? इसके लिए हम कौन सी शर्तें प्रस्तुत करें, जो हम पहले प्रस्तुत नहीं कर चुके? मान्यवरो, मैं आपसे विनती करता हूँ कि हम स्वयं को धोखा न दें। हमने उस तूफान को रोकने का हरसंभव प्रयास किया, जो अब आने वाला है। हमने याचिकाएँ दीं, हमने विरोध प्रकट किया, हमने मिन्नतें कीं। हमने सिंहासन के समक्ष दंडवत् किया और मंत्रिमंडल व संसद् के अत्याचारी हाथों को नियंत्रित करने के लिए उसके हस्तक्षेप की संभावना जानने का प्रयास किया। हमारी याचिकाओं को तुच्छ माना गया। हमारे विरोध का उत्तर और अधिक हिंसा व अपमान से दिया गया। हमारी अनुनय-विनय की उपेक्षा की गई। सिंहासन के चरणों से हमें घृणा के साथ ठोकरें मारी गईं। इन सबके बाद क्या हम शांति व समझौते की झूठी आशा रख सकते हैं? अब आशा के लिए कोई स्थान नहीं है। यदि हम स्वतंत्र होने की इच्छा रखते हैं, जिन विशेषाधिकारों के लिए हम दीर्घकाल से संघर्षरत हैं, यदि हम उन्हें सुरक्षित व अक्षत रखना चाहते हैं, जिस पवित्र संघर्ष में हम दीर्घकाल से लगे रहे हैं, यदि हम नीचतापूर्वक उसे त्यागना नहीं चाहते और जिसके लिए हम प्रतिज्ञाबद्ध हैं कि जब तक अपने स्वर्णिम लक्ष्य को प्राप्त नहीं कर लेंगे, इसे कभी छोड़ेंगे नहीं—तो हमें युद्ध करना होगा। श्रीमान, मैं दोहराता हूँ, हमें युद्ध करना होगा! अब हमारे पास शस्त्रास्त्रों की कामना और सैन्य-देवता से प्रार्थना का मार्ग ही बचा है।

श्रीमान, वे हमें बताते हैं कि हम निर्बल हैं, किसी शक्तिशाली शत्रु का सामना करने का सामर्थ्य हममें नहीं है। तो हम बलशाली कब बनेंगे? अगले सप्ताह या अगले साल? क्या तब जब हम पूरी तरह शस्त्रहीन कर दिए जाएँगे और हर घर में एक ब्रिटिश रक्षक तैनात कर दिया जाएगा? क्या प्रस्तावहीन और निष्क्रिय रहकर हम शक्ति अर्जित करेंगे? क्या हम पीठ के बल लेटकर आशा के प्रेत को गले लगाते हुए प्रभावी प्रतिरोध के साधन जुटा सकेंगे? तब तक तो हमारे शत्रु हमारे हाथ-पैर बाँध देंगे। श्रीमान, हम शक्तिहीन नहीं रह सकते, यदि हम प्रकृति-प्रदत्त साधनों का समुचित उपयोग करें। स्वतंत्रता के पवित्र उद्देश्य के लिए हथियारबंद

लाखों लोग, वह भी हमारे जैसे देश में हों, तो वे शत्रु कैसी भी सेना हमारे विरुद्ध भेजे, उससे अविजित ही रहेंगे। इसके अतिरिक्त श्रीमान, हम यह युद्ध अकेले नहीं लड़ेंगे। वह न्यायकारी ईश्वर सब राष्ट्रों का भाग्य-विधाता है। वह हमें अपने युद्ध में साथ देनेवाले मित्र भी देगा। इसके अतिरिक्त श्रीमान, युद्ध सदा शक्तिशाली के अनुकूल ही नहीं होता। वह सावधान, सक्रिय और शूरवीर के अनुकूल होता है। फिर, हमारे पास कोई विकल्प भी तो नहीं। यदि हम इसे त्यागने की ओछी बात सोचें तो भी अब हमारे पास इस संघर्ष से पीछे हटने का समय नहीं रहा। उसमें तो बहुत देर हो चुकी है। अब पश्चगमन नहीं हो सकता, सिवाय इसके कि हम स्वयं को दासता को समर्पित कर दें। हमारे लिए शृंखलाएँ ढाली जा चुकी हैं। बोस्टन के मैदानों में उनकी झनकार सुनी जा सकती है। युद्ध अवश्यंभावी है, उसे आने दीजिए। श्रीमान, मैं फिर कहता हूँ, उसे आने दीजिए।

श्रीमान, विषय की गुरुता को कम करके आँकना व्यर्थ होगा। भद्रजन 'शांति-शांति' की पुकार मचा सकते हैं। लेकिन शांति कहीं भी है नहीं। युद्ध तो वास्तव में आरंभ हो चुका है। उत्तर से आनेवाली अगली आँधी हथियारों के टकराने की आवाज हमारे कानों तक लाएगी। हमारे भाई पहले से ही युद्धभूमि में हैं। तो फिर हम यहाँ निष्क्रिय क्यों खड़े हैं? ये सभी भद्रजन ऐसा क्या चाहते हैं? इन्हें क्या मिलेगा? क्या जीवन इतना ही प्रिय है या शांति इतनी अनमोल है कि उसे शृंखलाओं और दासता के मोल खरीदा जाए? हे सर्वशक्तिमान परमात्मा! मैं नहीं जानता कि दूसरे कौन सा रास्ता अपनाएँगे; पर मुझे स्वतंत्रता दो या मृत्यु दो!

□

पोप जॉन पॉल द्वितीय

पोप जॉन पॉल द्वितीय का जन्म 18 मई, 1920 को वडोविस (पोलैंड) में हुआ। उनका जन्म का नाम कारोल जोजेफ वोजतिला था। 16 अक्तूबर, 1978 से 2 अप्रैल, 2005 को अपने निधन तक वह रोमन कैथोलिक चर्च के पोप रहे। उनकी गणना बीसवीं शताब्दी के अत्यंत प्रभावशाली नेताओं में होती है। माना जाता है कि अपने देश पोलैंड और अंततः समस्त यूरोप से साम्यवाद का खात्मा करने में उनकी प्रमुख भूमिका रही। लेकिन इसके साथ ही वह पूँजीवाद की ज्यादतियों के भी आलोचक थे। अपने कार्यकाल में पोप जॉन पॉल ने कैथोलिक चर्च के यहूदी धर्म, इसलाम, ईस्टर्न आर्थोडाक्स चर्च और एग्लिकन कम्यूनियन के साथ संबंधों में सुधार किया।

पोप जॉन पॉल की एक और विशेषता रही उनकी विश्व के 129 देशों की यात्राएँ, जिनके कारण उन्हें इतिहास का सर्वाधिक भ्रमणशील नेता माना जाता है। उन्होंने अपनी मातृभाषा के अतिरिक्त 12 विदेशी भाषाएँ सीखीं, जिनमें से 9 का प्रयोग वह पोप के तौर पर धारा-प्रवाह करते थे।

नस्लभेद अस्वीकार है

✍ पोप जॉन पाल द्वितीय

पोप जॉन पाल द्वितीय 16 अक्तूबर, 1978 से 2 अप्रैल, 2005 को अपनी मृत्यु तक कैथोलिक गिरजाघर के पोप रहे। वह कैथोलिक और गैर-कैथोलिक ईसाइयों में समान रूप से लोकप्रिय थे। अपने साम्यवाद, नस्लवाद, युद्ध, तानाशाही, भौतिकवाद विरोधी विचारों के लिए वह प्रसिद्ध थे।

यह भाषण उन्होंने 23 मार्च, 2000 को इजराइल के हत्याकांड स्मारक पर दिया था।

हमारे हृदयों में प्राचीन भजन के ये शब्द गूँज उठते हैं, 'मैं एक टूटे हुए पात्र जैसा हो गया हूँ। मुझे अपने आसपास अनेक प्रकार के आतंक की फुसफुसाहट सुनाई देती है। वे मिलकर मेरे विरुद्ध षड्यंत्र रच रहे हैं। वे मुझे जान से मारने की साजिश रच रहे हैं। पर प्रभु, मुझे आप पर विश्वास है। आप ही मेरे ईश हो।'

स्मृतियों की इस स्थली पर मन, हृदय और आत्मा नितांत शांति की इच्छुक हो जाती है। वह शांति, जिसमें याद करना है। जो स्मृतियाँ सहसा जाग उठती हैं, उनका अर्थ समझने का अवकाश पाने के लिए शांति। शांति इसलिए क्योंकि इस भयंकर त्रासदी पर दु:ख व्यक्त करने का सामर्थ्य भाषा में नहीं है।

युद्ध के दौरान नाजियों ने पोलैंड पर अधिकार कर लिया था। उस समय की निजी समृतियाँ मेरे पास हैं। मुझे याद है मेरे यहूदी मित्रों और पड़ोसियों की, जिनमें से कुछ नष्ट हो गए, कुछ बचे। यहाँ वाशेम में मैं उन लाखों यहूदियों को श्रद्धांजलि

देने आया हूँ, जिनसे सबकुछ छीन लिया गया था, विशेष रूप से मानव गरिमा और फिर इस हत्याकांड में उन्हें मार डाला गया था। आधी शताब्दी बीत चुकी है, पर यादें अभी भी ताजा हैं।

आश्वित्स व यूरोप में अन्य स्थानों के समान ही यहाँ भी हम अनेक लोगों की हृदय-विदारक चीत्कार से द्रवित हो जाते हैं। स्त्री, पुरुष, बच्चे उस आतंक की गहराइयों से चीत्कार कर उठते हैं, जिनका उन्हें सामना करना पड़ा था। हम उनकी इस चीत्कार व रुदन को कैसे न सुनें? जो कुछ हुआ, कोई भी न तो उसे भुला सकता है और न ही उसकी उपेक्षा कर सकता है। कोई भी उसके पैमाने को कम करके नहीं आँक सकता।

हम याद करना चाहते हैं। इस याद करने के पीछे एक उद्देश्य है, यह सुनिश्चित करना कि जैसा कि नाजीवाद के शिकार लाखों लोगों के साथ हुआ, वैसा पाप और दुष्टता कभी हावी न हो सके।

मानव में मानव के प्रति ऐसी घोर घृणा कैसे हो सकती है? क्योंकि यह तो ईश्वर के प्रति घृणा की सीमा तक जाना है। कोई अनीश्वरवादी विचारधारा ही एक संपूर्ण जाति के सर्वनाश की योजना बनाकर उसे कार्यान्वित कर सकती है।

जिन लोगों ने अपनी जानें देकर भी यहूदियों की रक्षा की, इजराइल सरकार द्वारा उन्हें 'जस्ट जेंटिल्स' की उपाधि देकर सम्मानित करना इस बात का प्रमाण है कि घोर अंधकार की घड़ी में भी हरेक दीप नहीं बुझता। तभी तो हमारे भक्तिमय भजनों व सारे बाइबिल में मानव दुष्टता के सामर्थ्य की पूरी जानकारी के बावजूद कहा गया है कि अंतत: बुराई की कभी जीत नहीं होती।

दु:ख और पीड़ा की गहराइयों से आस्तिक का हृदय पुकार उठता है, 'हे प्रभु, मैं आप पर पूर्ण विश्वास रखता हूँ। आप ही मेरे ईश्वर हो।'

ईसाई और यहूदी दोनों की साझी आध्यात्मिक विरासत है, जो ईश्वर की आत्माभिव्यक्ति से नि:सृत हुई। हमारे धार्मिक उपदेश और हमारे आध्यात्मिक अनुभव हमसे अपेक्षा रखते हैं कि हम बुराई को अच्छाई से जीतें। हम याद करते हैं, लेकिन किसी बदले की भावना से या घृणा करने के लिए नहीं। हमारे लिए याद करना शांति व न्याय के लिए प्रार्थना करना और स्वयं को उसके लिए प्रतिबद्ध करना है। केवल शांतिपूर्ण विश्व में, जहाँ सबके साथ न्याय होता हो, अतीत के भयंकर अपराधों व भूलों को दोहराए जाने से रोका जा सकता है।

धर्मदूत पीटर के उत्तराधिकारी व रोम के बिशप की हैसियत से मैं यहूदियों

को आश्वासन देता हूँ कि सत्य व प्रेम के ईसाई धर्म-सिद्धांत से अनुप्राणित कैथोलिक गिरजाघर, जो किसी राजनीति से प्रभावित नहीं, किसी भी देश-काल में यहूदियों के विरुद्ध ईसाइयों द्वारा किसी भी प्रकार की घृणा या उत्पीड़न से अत्यंत व्यथित होता है।

हमारा गिरजाघर किसी भी तरह के नस्लभेद को अस्वीकार करता है, क्योंकि यह मानवमात्र में ईश्वर के प्रतिबिंब को नकारता है।

पुण्य स्मृति की इस स्थली पर मैं संपूर्ण भक्तिभाव से प्रार्थना करता हूँ कि 20वीं शताब्दी में यहूदियों ने जिस त्रासदी का कष्ट झेला, उसके प्रति हमारा दुःख ईसाइयों व यहूदियों के बीच नए संबंधों का मार्ग प्रशस्त करेगा। आइए, हम एक नए भविष्य का निर्माण करें। ऐसा भविष्य जिसमें ईसाइयों में यहूदियों के विरुद्ध कोई भावना न हो, न ही यहूदियों में ईसाइयों के विरुद्ध कोई भावना हो। एक-दूसरे के प्रति सम्मान हो, जैसा कि इस सृष्टि-निर्माता के उपासकों में होना चाहिए। हमें इब्राहिम को दोनों धर्मों का पितामह मानना चाहिए।

इस महाविनाशकारी हत्याकांड के शिकार लोगों और जो उससे बच निकले, उनके साक्ष्य से मिलनेवाली चेतावनी पर संसार को अवश्य ध्यान देना चाहिए। यहाँ याद वाशेम में वह याद सदा के लिए बसी हुई है। वह हमारी अंतरात्मा पर अमिट प्रभाव छोड़ रही है। इसके फलस्वरूप हम पुकार उठते हैं, 'मुझे अपने आसपास अनेक प्रकार के आतंक की फुसफुसाहट सुनाई देती है। पर प्रभु, मुझे आप पर विश्वास है। आप ही मेरे ईश हो।'

□

बराक ओबामा

बराक ओबामा का जन्म सन् 1961 में होनोलुलु में हुआ। बीस-बाईस वर्ष की आयु से ही उन्होंने स्वेच्छा से शिकागो के दक्षिणी भाग में गरीब और अभावग्रस्त समुदायों के बीच कार्य किया। बाद में उन्होंने हार्वर्ड यूनिवर्सिटी के लॉ स्कूल में प्रवेश लिया और 'हार्वर्ड लॉ रिव्यू' के प्रथम अश्वेत अध्यक्ष बने। सन् 1995 में उनकी संस्मरणात्मक पुस्तक 'ड्रीम्स फ्रॉम माई फादर' प्रकाशित हुई। सन् 1996 में शिकागो लौटने के बाद वह इलिनॉइस स्टेट की सीनेट हेतु चुने गए।

सन् 2004 में बराक ओबामा ने डेमोक्रेटिक नेशनल कन्वेंशन में अद्भुत व्याख्यान दिया और उस वर्षांत में वे अमेरिका की सीनेट के लिए चुन लिये गए। उनकी अन्य पुस्तक 'दि ऑडेसिटी ऑफ होप' (हिंदी में 'आशा का सवेरा') वर्ष 2006 में प्रकाशित होते ही अंतरराष्ट्रीय बेस्टसेलर बन गई। नवंबर 2008 में सीनेटर ओबामा अमेरिका के चौवालीसवें राष्ट्रपति चुने गए। वे अमेरिका के पहले अश्वेत राष्ट्रपति हैं। मिशेल उनकी पत्नी हैं और उनकी दो पुत्रियाँ—साशा एवं मालिया हैं।

हमारी यात्रा जारी है

✍ **बराक ओबामा**

मेरे साथी देशवासियो! आपने मुझ पर भरोसा करते हुए मुझे जो जिम्मेदारी सौंपी है, उसके लिए मैं आपका कृतज्ञ हूँ। मुझे अपने पूर्वजों का बलिदान याद है। अब तक 44 अमेरिकी नागरिक राष्ट्रपति पद की शपथ ले चुके हैं। समृद्धि और सुख-शांति के दौरान बहुत सी बातें कही गई हैं। इसके बावजूद प्राय: घिरते बादलों और उठते तूफानों के बीच अमेरिकी राष्ट्रपति शपथ लेते रहे हैं। अमेरिका संकट के क्षणों में भी आगे बढ़ता रहा है, उच्च पदों पर बैठे लोगों के महज कौशल और दूरदर्शिता के कारण नहीं, बल्कि इसलिए भी कि हम अमेरिकावासी अपने पुरखों के आदर्शों के प्रति एकनिष्ठ और अपने संस्थापक दस्तावेजों के प्रति ईमानदार रहे हैं। अमेरिकियों की यह पीढ़ी भी इसी नक्शे-कदम पर चल रही है।

यह सर्वविदित है कि हम संकट के दौर से गुजर रहे हैं। हमारा राष्ट्र हिंसा और घृणा के एक बड़े तंत्र के खिलाफ लड़ाई लड़ रहा है। कुछ लोगों के लालच और गैर-जिम्मेदाराना रवैए के कारण हमारी अर्थव्यवस्था कमजोर हो गई है। इसका एक और कारण यह है कि हम कठिन विकल्पों को चुनने और राष्ट्र को नए जमाने के लिए तैयार करने में सामूहिक रूप से विफल रहे हैं। लोग बेघर और बेरोजगार हो गए हैं। कारोबार ठप पड़ गए हैं। हमारी स्वास्थ्य-रक्षा बहुत महँगी हो गई है। हमारे तमाम विद्यालय अपने उद्देश्य में विफल हो रहे हैं। जिस तरह से हम अपनी ऊर्जा का इस्तेमाल कर रहे हैं, उससे हमारे दुश्मन ताकतवर हो रहे हैं और हमारी धरती के लिए खतरा बढ़ता जा रहा है।

आँकड़ों को देखते हुए ये संकट के संकेतक हैं। हमारे देश का विश्वास

कमजोर पड़ता जा रहा है। चारों तरफ यह आशंका व्यक्त की जा रही है कि अमेरिका का पतन अवश्यंभावी है, जिसके लिए अगली पीढ़ी को तैयार रहना चाहिए।

आज मैं आप लोगों से कह रहा हूँ कि हम जिन चुनौतियों का सामना कर रहे हैं, वे वास्तविक हैं। कई चुनौतियाँ और गंभीर हैं। उनका सामना आसानी से या कम समय में नहीं किया जा सकता। लेकिन यकीन रखिए, अमेरिका उनका मुकाबला सफलतापूर्वक करेगा।

आज के दि। हम यहाँ इसलिए इकट्ठा हुए हैं, क्योंकि हमने भय के खिलाफ आशा को चुना है, टकराव और कलह के खिलाफ उद्देश्यपूर्ण एकता को चुना है।

आज के दिन हम छोटी-मोटी शिकायतों और झूठे वादों, प्रत्यारोपों और पुराने मताग्रहों के खात्मे की घोषणा करते हैं। इन चीजों ने लंबे समय तक हमारी राजनीति का गला घोंटा है।

हम युवा राष्ट्र हैं। लेकिन 'बाइबिल' के शब्दों में—समय आ गया है कि हम बचकाना बातें छोड़ दें। समय आ गया है कि हम अपने शाश्वत साहस का फिर प्रदर्शन करें, अपना गौरवपूर्ण इतिहास चुनें, पीढ़ी-दर-पीढ़ी चले आ रहे इस अमूल्य उपहार, इस आदर्श विचार को आगे बढ़ाएँ—ईश्वर की नजर में सब समान हैं, सब स्वतंत्र हैं और सबको खुशी हासिल करने का अवसर मिलना चाहिए।

जब हम अपने राष्ट्र की महानता की बात करते हैं तो हम जानते हैं कि महानता उपहार में दी हुई चीज नहीं होती। महानता कमानी पड़ती है। हमारी यात्रा कभी आसान नहीं रही है और न ही हमने कभी अपनी प्रतिष्ठा से समझौता किया है। यह कमजोर दिल लोगों, कर्मठ की बजाय आरामतलब लोगों या समृद्धि एवं ख्याति में सुख ढूँढ़नेवाले लोगों का रास्ता कभी नहीं रहा है। इसके विपरीत, यह जोखिम उठानेवाले लोगों, कर्म में विश्वास करनेवाले लोगों, राष्ट्र का निर्माण करनेवाले लोगों का रास्ता रहा है। वही लोग हमें समृद्धि और आजादी के लंबे व मुश्किल भरे पथ पर ले आए हैं। उनमें कुछ प्रसिद्ध नाम हैं, लेकिन श्रम करनेवाले ज्यादातर पुरुष और महिलाएँ गुमनाम हैं।

हमारे लिए उन लोगों ने अपना कुछ सामान बाँधा और एक नए जीवन की खोज में महासागर के पार चले आए। हमारे लिए उन्होंने अपना खून-पसीना बहाया, पश्चिम को आबाद किया, कोड़े खाए और बंजर धरती को जोतकर उपजाऊ बनाया। हमारे लिए वे कॉन्कॉर्ड और गेट्टीसबर्ग, नरमांडी और खे सान जैसी जगहों पर लड़े और मरे।

उन पुरुषों और महिलाओं के बाजुओं में जब तक जोर रहा, उन्होंने संघर्ष किया, बलिदान किया, कठोर परिश्रम किया, ताकि हम बेहतर जीवन जी सकें। उन्होंने अमेरिका को हमारी व्यक्तिगत महत्त्वाकांक्षाओं के जोड़ से भी बड़ा देखा; उनके लिए जन्म या दौलत या गुट का अंतर कोई मायने नहीं रखता था।

हमारी यह यात्रा आज भी जारी है। हम दुनिया के समृद्ध व ताकतवर राष्ट्र बने हुए हैं। हमारे श्रमिक जैसे पहले उत्पादक थे वैसे मंदी के दिनों में भी बने हुए हैं। हमारे लोग कम आविष्कार-कुशल नहीं हैं। हमारे माल, हमारी सेवाओं की माँग पिछले हफ्ते या पिछले महीने या पिछले साल की तरह ही बनी हुई है। हमारी क्षमता में कमी नहीं आई है। लेकिन खयाली पुलाव पकाने, संकीर्ण हितों की रक्षा करने और अप्रिय फैसलों को ठंडे बस्ते में डाल देने का समय निश्चित रूप से गुजर चुका है। हमें धूल झाड़कर खड़े हो जाना चाहिए और अमेरिका के पुनर्निर्माण के लिए एक बार फिर काम करना चाहिए।

हम जिधर भी देखते हैं, काम करने की गुंजाइश नजर आती है। अर्थव्यवस्था की स्थिति साहसी और त्वरित कार्रवाई की माँग कर रही है। हम इस दिशा में काररवाई करेंगे—न केवल नए रोजगार के सृजन के लिए, बल्कि विकास की एक नई बुनियाद रखने के लिए भी। हम सड़कों, पुलों, इलेक्ट्रिक ग्रिडों और डिजिटल लाइनों का निर्माण करेंगे, क्योंकि ये चीजें हमारी अर्थव्यवस्था की पोषक हैं और हमें आपस में जोड़े रखती हैं। हम विज्ञान को उसका उचित स्थान देंगे, प्रौद्योगिकी के चमत्कारों का इस्तेमाल हेल्थ केयर की गुणवत्ता बढ़ाने में करेंगे और उसकी लागत घटाएँगे। हम अपनी कारों और फैक्टरियों को चलाने के लिए सूरज, हवा और मिट्टी का इस्तेमाल करेंगे। नए जमाने की माँग को पूरा करने के लिए हम अपने विद्यालयों, महाविद्यालयों और विश्वविद्यालयों में परिवर्तन लाएँगे। यह सब हम कर सकते हैं और यह सब हम करेंगे।

कुछ ऐसे लोग भी हैं, जो हमारी महत्त्वाकांक्षा की सीमा पूछते हैं, जो यह सुझाव देते हैं कि हमारी व्यवस्था जरूरत से अधिक बड़ी योजनाओं का बोझ नहीं उठा सकती। लेकिन ऐसे लोगों की याददाश्त कमजोर है। वे भूल गए हैं कि इस देश ने पहले क्या किया है। वे भूल गए हैं कि जब आम उद्देश्य से जुड़ा एक सपना और दिल में अदम्य साहस हो तो स्वतंत्र पुरुष और महिलाएँ क्या नहीं कर सकते।

खब्ती लोग यह नहीं समझ पाते कि उनके पैरों के नीचे की जमीन खिसक गई है, कि जमाना बदल गया है, कि बासी राजनीतिक तर्क अब लागू नहीं होते। आज हम यह सवाल नहीं पूछते कि हमारी सरकार बहुत बड़ी है या बहुत छोटी है,

बल्कि यह पूछते हैं कि क्या सरकार काम कर रही है, क्या ठीक-ठाक वेतन पर परिवारों को रोजगार दिलाने में मदद कर रही है, क्या उसकी नीतियों से लोग अपनी देखभाल करने में समर्थ हैं, क्या रिटायरमेंट के बाद लोग गरिमामय जीवन जी रहे हैं। यदि इन सवालों का उत्तर 'हाँ' है तो हम आगे बढ़ सकते हैं। अगर उनका उत्तर 'नहीं' है तो चलाए जा रहे कार्यक्रम अर्थहीन हैं। ऐसे कार्यक्रमों को खत्म कर दिया जाना चाहिए और जनता के पैसे की देखभाल करनेवाले लोगों को जवाबदेह ठहराया जाना चाहिए, ताकि वे बुद्धिमानी से खर्च करें, अपनी बुरी आदतों को सुधारें और ईमानदारी से काम करें। तभी हम जनता और सरकार के बीच भरोसा बहाल कर सकेंगे।

हमारे सामने यह सवाल भी नहीं है कि बाजार की ताकत अच्छाई के लिए है या बुराई के लिए। दौलत पैदा करने और आजादी को व्यापक बनाने में बाजार की ताकत का कोई जवाब नहीं है। लेकिन मौजूदा संकट ने हमें याद दिलाया है कि सतर्क न रहने पर बाजार नियंत्रण से बाहर हो सकता है और अगर कोई राष्ट्र केवल समृद्ध लोगों का पक्ष लेगा तो वह लंबे समय तक फूल-फल नहीं सकेगा। हमारी अर्थव्यवस्था की सफलता न केवल हमारे सकल घरेलू उत्पाद के आकार पर, बल्कि हमारी समृद्धि की पहुँच, हर इच्छुक व्यक्ति को अवसर मुहैया कराने की हमारी क्षमता पर भी निर्भर करती है। यह अवसर खैरात के कारण नहीं, बल्कि इसलिए मुहैया कराया जाना चाहिए कि आम लोगों की भलाई का रास्ता यही है।

जहाँ तक हमारी सामान्य सुरक्षा की बात है, तो हम अपनी रक्षा और अपने आदर्शों के बीच चुनाव को गलत मानते हैं। हमारे राष्ट्रपिताओं ने जिन संकटों का सामना किया, हम उनकी कल्पना तक नहीं कर सकते। इसीलिए उन्होंने कानून के शासन और व्यक्ति के अधिकारों को सुनिश्चित करने के लिए एक चार्टर तैयार किया, जो पीढ़ियों से चला आ रहा है। उन आदर्शों से दुनिया अब भी आलोकित हो रही है। हम अपने स्वार्थ के लिए उनकी बलि नहीं चढ़ा सकते। भव्य राजधानियों से लेकर मेरे पिता के गाँव तक से देख रही जनता और सरकारें जानती हैं कि अमेरिका उस हर राष्ट्र, हर पुरुष, हर महिला और हर बच्चे का दोस्त है, जो शांति और सम्मान के साथ जीवन बिताना चाहते हैं। लिहाजा, हम एक बार फिर नेतृत्व के लिए तैयार हैं।

उन शुरुआती पीढ़ियों के बारे में याद कीजिए, जो प्रक्षेपास्त्रों, टैंकों और सशक्त गठजोड़ों के खिलाफ खड़े होकर फासीवाद और साम्यवाद का सामना कर रही थीं। वे जानते थे कि अकेले हमारी शक्ति हमारी रक्षा नहीं कर सकती और न

ही यह हमें मनमाने ढंग से काम करने की इजाजत देती है। वे यह भी जानते थे कि अगर हम बुद्धिमानी से अपनी शक्ति का इस्तेमाल करें तो उसमें वृद्धि होगी। हमारी सुरक्षा हमारे उद्देश्य के औचित्य, हमारी मिसाल के प्रभाव और हमारी विनम्रत तथा संयत में निहित है।

हम इस विरासत के रखवाले हैं। इन सिद्धांतों से मार्ग-निर्देशित होकर हम एक बार फिर उन नए खतरों का मुकाबला कर सकते हैं, जिनके लिए और अधिक प्रयास, राष्ट्रों के बीच और अधिक सहयोग तथा सहमति की जरूरत है। हम जिम्मेदारीपूर्वक इराक को उसकी जनता के लिए छोड़ने की शुरुआत करेंगे और अफगानिस्तान में शांति स्थापित करेंगे। पुराने दोस्तों और पूर्व दुश्मनों के साथ हम परमाणु खतरे को कम करने के लिए अथक प्रयास करेंगे। हमारी कोशिश ग्लोबल वार्मिंग के खतरे को भी कम करने की रहेगी। न तो हम अपने जीने के तरीके के बारे में किसी से माफी माँगेंगे और न ही उसके बचाव में आगा-पीछा करेंगे। जो लोग आतंक फैलाकर और मासूमों की जान लेकर अपने लक्ष्य को हासिल करना चाहते हैं, उन्हें यह समझ लेना चाहिए कि हमारे इरादे अटल हैं, हमें डिगाया नहीं जा सकता। आतंकवादी हमें पस्त नहीं कर सकते, हम उन्हें पस्त कर देंगे।

हम जानते हैं कि समरसता वाली हमारी विरासत हमारी शक्ति है, कमजोरी नहीं। हम ईसाइयों और मुसलमानों, यहूदियों, हिंदुओं और नास्तिकों के राष्ट्र हैं। इस पृथ्वी के हर कोने से आई भाषा और संस्कृति से हमारा विकास हुआ है। चूँकि हम गृहयुद्ध एवं अलगाव को झेल चुके हैं तथा अँधेरे अध्याय से और अधिक मजबूत, और अधिक एकजुट होकर उभरे हैं, इसलिए हमारा पक्का विश्वास है कि एक दिन पुरानी घृणा खत्म हो जाएगी, कौमों के बीच की विभाजक रेखा मिट जाएगी और जैसे-जैसे दुनिया सिकुड़ती जाएगी, हमारी साझी मानवता व्यापक होती जाएगी। अमेरिका शांति का नया युग लाने में अपनी भूमिका निभाएगा।

जहाँ तक मुसलिम जगत् की बात है, हम परस्पर हित और परस्पर सम्मान पर आधारित सहयोग का हाथ बढ़ाना चाहते हैं। दुनिया में टकराव के बीज बोनेवाले या अपने समाज की बुराइयों के लिए पश्चिम को दोषी ठहरानेवाले नेताओं को समझ लेना चाहिए कि सबसे महत्त्वपूर्ण बात निर्माण है, न कि विनाश। उनकी जनता इसी के आधार पर उनके बारे में निर्णय करेगी। जो लोग भ्रष्टाचार, छल-कपट और असंतुष्टों के दमन के जरिए सत्ता से चिपके रहते हैं, वे इतिहास के गलत रास्ते पर चल रहे हैं। लेकिन अगर ऐसे लोग अपनी जनता के हित के लिए काम करना चाहते हैं तो हम सहयोग का हाथ बढ़ाने के लिए तैयार हैं।

गरीब राष्ट्रों की जनता से हमारा वादा है कि हम आपके साथ मिलकर काम करना चाहते हैं, ताकि आपके खेत सोना उगलें, नदियों-तालाबों में स्वच्छ पानी बहे, कुपोषित पोषित हों और भूखे दिमाग को खुराक मिले। अपने जैसे समृद्ध राष्ट्रों से मेरा यही कहना है कि हम अपनी सीमाओं से बाहर दुःख-तकलीफ के प्रति उदासीन नहीं रह सकते और न ही हम जन-कल्याण को ध्यान में रखे बिना दुनिया के संसाधनों को खर्च कर सकते हैं। दुनिया बदल गई है, हमें भी उसके साथ बदलना चाहिए।

आज हम अपने उन बहादुर अमेरिकियों को कृतज्ञता से याद करते हैं, जो दूर रेगिस्तानों और पहाड़ों में इस घड़ी चौकसी कर रहे हैं। हम उनका सम्मान करते हैं, केवल इसलिए नहीं कि वे हमारी आजादी के रक्षक हैं, बल्कि इसलिए भी कि उनमें सेवा की भावना है, किसी चीज में अपने से भी महान् अर्थ ढूँढ़ने की इच्छा है। हमारे भीतर भी इसी तरह की भावना होनी चाहिए।

सरकार क्या कर सकती है और उसे क्या करना चाहिए, यह अमेरिकी जनता की आस्था और संकल्प पर निर्भर करता है। लेवी टूटने पर किसी अनजान व्यक्ति के प्राणों को बचाना दया है, अपने काम के घंटों में कटौती कर किसी दोस्त को बेरोजगार होने से बचाना श्रमिकों की निस्स्वार्थता है। इन्हीं मूल्यों की बदौलत हम संकट की घड़ी से निकलने में सफल होते हैं। जिस तरह आग बुझाने के लिए दमकलकर्मी हर तरह का जोखिम उठाते हैं, उसी तरह माता-पिता अपने बच्चे की परवरिश के लिए सबकुछ करते हैं। वही बच्चा अंततः हमारी किस्मत तय करता है।

हमारी चुनौतियाँ भले ही नई हों, उनसे निपटने के हमारे तरीके भले ही नए हों, लेकिन हमारी सफलता पुराने मूल्यों—यानी ईमानदारी, कठोर परिश्रम, साहस, निष्पक्षता, धैर्य, जिज्ञासा, निष्ठा और देशभक्ति—पर ही निर्भर करती है। ये सही मूल्य हैं। हमारी तरक्की इन्हीं से हुई है। इसलिए इन मूल्यों पर फिर से चलना आज समय की माँग है। हमें जिम्मेदारी के एक नए युग का निर्माण करना चाहिए। हर अमेरिकी को यह महसूस करना चाहिए कि उसकी अपने प्रति, राष्ट्र के प्रति और दुनिया के प्रति कुछ जिम्मेदारियाँ हैं। हमें इन दायित्वों को अनिच्छापूर्वक नहीं, बल्कि खुशी-खुशी पूरा करना चाहिए। हमें मुश्किल-से-मुश्किल काम करने से पीछे नहीं हटना चाहिए। इसी से हमारा व्यक्तित्व, हमारा चरित्र परिभाषित होगा। यह नागरिकता की कीमत और तकाजा है। यह हमारे विश्वास का स्रोत है। ईश्वर ने अनिश्चित नियति को आकार देने की जिम्मेदारी हमारे ऊपर डाली हुई है।

हमारी स्वतंत्रता और हमारा पंथ बताता है कि हर नस्ल एवं हर आस्था के स्त्री-पुरुष तथा बच्चे क्यों नहीं इस शानदार समारोह में शामिल हो सकते हैं और क्यों एक व्यक्ति, जिसके पिता 60 साल पहले एक स्थानीय रेस्तराँ में काम तक नहीं कर सकते थे, आज सबसे पवित्र शपथ लेने के लिए आपके सामने खड़ा है।

सो, आज हमें यह याद करना चाहिए कि हम कौन हैं और अब तक हम कितनी दूरी तय कर चुके हैं। अमेरिका के जन्म के साल, भीषण सर्दीवाले महीनों में देशभक्तों का एक छोटा दल एक हिम नदी के किनारे कैंपफायर के चारों ओर बैठा था। वे राजधानी छोड़कर यहाँ आए थे। दुश्मन आगे बढ़ रहा था। बर्फ पर खून के धब्बे थे। जिस समय हमारी क्रांति का परिणाम संदिग्ध लग रहा था, हमारे राष्ट्रपिता ने आदेश दिया कि लोगों को ये शब्द पढ़कर सुनाए जाएँ—

"भावी दुनिया को बताया जाना चाहिए कि कड़ाके की सर्दी में, जब उम्मीद और सद्‌गुणों के अलावा किसी चीज के बचे रहने की उम्मीद नहीं की जा सकती थी, शहर और देश एक साझा खतरे का सामना करने के लिए सामने आए।"

अपने साझे खतरे को देखते हुए संकट के इस जाड़े में हमें उन कालातीत शब्दों को याद करना चाहिए। उम्मीद और सद्‌गुणों के साथ हमें एक बार फिर बर्फीली लहरों और तूफानों का सामना करना चाहिए, ताकि हमारे बच्चों के बच्चे कहें कि परीक्षा की घड़ी में भी हमारी यात्रा जारी रही, कि हम पीछे नहीं मुड़े और न ही लड़खड़ाए। क्षितिज पर स्थिर नजरों और ईश्वर की अनुकंपा के साथ हमने आजादी के महान् उपहार को सँजोकर रखा और भावी पीढ़ियों को सुरक्षित सौंपा। □

बाल गंगाधर तिलक

'स्वराज हमारा जन्मसिद्ध अधिकार है' का नारा देनेवाले लोकमान्य बाल गंगाधर तिलक का जन्म 23 जुलाई, 1856 को महाराष्ट्र के रत्नागिरि में हुआ था। उनके पिता गंगाधर राव संस्कृत और व्याकरण के विद्वान् थे। तिलक बचपन से ही निर्भीक और साहसी थे। तिलक के मन में बचपन से ही भारत की गुलामी की बात खटकती रहती थी। उन्होंने डेक्कन कॉलेज से स्नातक की परीक्षा पास की और फिर वहीं एल-एल.बी. में प्रवेश लिया। भारतवासियों में शिक्षा के प्रसार के लिए उन्होंने अपने साथियों के सहयोग से 'न्यू इंग्लिश स्कूल' की स्थापना की। उन्होंने किसानों की दशा सुधारने के अनेक उपाय किए। उन्होंने भारतीय जनता को संघर्ष के लिए तैयार किया। ब्रिटिश सरकार ने उन्हें मांडले जेल में बंद कर दिया। महान् देशभक्त होने के साथ-साथ उन्होंने 'गीता रहस्य', 'ओरायन', 'आर्यों का मूल स्थान' आदि महत्त्वपूर्ण ग्रंथ लिखे। जीवन की अंतिम साँस तक आजादी की लड़ाई लड़नेवाले इस बहादुर सिपाही का 1 अगस्त, 1920 को निधन हो गया।

स्वराज्य मेरा जन्मसिद्ध अधिकार है

✍ **बाल गंगाधर तिलक**

मैं यद्यपि शरीर से बूढ़ा, किंतु उत्साह में जवान हूँ। मैं युवावस्था के इस विशेषाधिकार को छोड़ना नहीं चाहता। अपनी विचार-शक्ति को सबल बनाने से इनकार करना यह स्वीकार करने के समान होगा कि मुझे इस प्रस्ताव पर बोलने का कोई अधिकार नहीं है। अब मैं जो कुछ बोलने जा रहा हूँ, वह चिर युवा है। शरीर बूढ़ा जर्जर हो सकता है और नष्ट भी हो सकता है, परंतु आत्मा अमर है। उसी प्रकार, हमारी होमरूल गतिविधियों में भले ही सुस्ती दिखाई दे, उसके पीछे छिपी भावना अमर एवं अविनाशी है और वही हमें स्वतंत्रता दिलाएगी। आत्मा ही परमात्मा है और मन को तब तक शांति नहीं मिलेगी, जब तक वह ईश्वर से एकाकार न हो जाए। यदि एक शरीर नष्ट हो जाता है तो आत्मा दूसरा शरीर धारण कर लेगी, 'गीता' विश्वास दिलाती है। यह दर्शन बहुत पुराना है। स्वराज्य मेरा जन्मसिद्ध अधिकार है। जब तक वह मेरे भीतर जाग्रत् है, मैं बूढ़ा नहीं हूँ। कोई हथियार इस भावना को काट नहीं सकता, कोई आग इसे जला नहीं सकती, कोई जल इसे भिगो नहीं सकता, कोई हवा इसे सुखा नहीं सकती। मैं उससे भी आगे बढ़कर कहूँगा कि कोई सी.आई.डी. इसे पकड़ नहीं सकती। मैं इसी सिद्धांत की घोषणा पुलिस अधीक्षक, जो मेरे सामने बैठे हैं, के सामने भी करता हूँ, कलक्टर के सामने भी, जिन्हें इस सभा में आमंत्रित किया गया था और आशुलिपि लेखक, जो हमारे भाषणों के नोट्स लेने में व्यस्त हैं, के सामने भी। मृत दिखाई देने पर भी यह

सिद्धांत अदृश्य नहीं होगा। हम स्व-शासन चाहते हैं और हमें पाना ही चाहिए। जिस विज्ञान की परिणति स्व-शासन में होती है, वही राजनीति-विज्ञान है, न कि वह, जिसकी परिणति दासता में हो। राजनीति का विज्ञान इस देश के 'वेद' हैं। आपके पास एक आत्मा है और मैं केवल उसे जगाना चाहता हूँ। मैं उस परदे को हटा देना चाहता हूँ, जिसे अज्ञानी, कुचक्री और स्वार्थी लोगों ने आपकी आँखों पर डाल दिया है। राजनीति के विज्ञान के दो भाग हैं—पहला दैवी और दूसरा राक्षसी। एक राष्ट्र की दासता दूसरे भाग में आती है। राजनीति-विज्ञान के राक्षसी भाग का कोई नैतिक औचित्य नहीं हो सकता। एक राष्ट्र जो उसे उचित ठहराता है, ईश्वर की दृष्टि में पाप का भागी है। कुछ लोगों में उस बात को बताने का साहस होता है, जो उनके लिए हानिकारक है और कुछ लोगों में यह साहस नहीं होता। लोगों को इस सिद्धांत के ज्ञान से अवगत कराना चाहता हूँ कि राजनीतिक और धार्मिक शिक्षा का एक अंग है। धार्मिक और राजनीतिक शिक्षाएँ भिन्न नहीं हैं, यद्यपि विदेशी शासन के कारण वे ऐसे प्रतीत होते हैं। राजनीति के विज्ञान में सभी दर्शन समाए हैं।

स्व-शासन का अर्थ कौन नहीं जानता? कौन उसे नहीं चाहता? क्या आप यह पसंद करेंगे कि मैं आपके घर में घुसकर आपकी रसोई अपने कब्जे में ले लूँ? अपने घर के मामले निपटाने का मुझे अधिकार होना चाहिए। केवल पागल व्यक्ति और बच्चे अपने मामले स्वयं नहीं निपटा सकते। सम्मेलनों का मुख्य सिद्धांत यह है कि एक सदस्य इक्कीस वर्ष की आयु से अधिक होना चाहिए; इसलिए क्या आप नहीं समझते कि आपको अपना अधिकार मिलना चाहिए? पागल या बच्चे न होकर आप अपने मामले, अपने अधिकार समझते हैं और इसीलिए आप जानते हैं कि स्व-शासन क्या है। हमें कहा गया है कि हम स्व-शासन के उपयुक्त नहीं हैं। एक शताब्दी गुजर गई है और ब्रिटिश शासन हमें स्व-शासन के लायक नहीं बना पाया। अब हम अपने प्रयास करेंगे और स्वयं को उस लायक बना लेंगे। असंगत बहाने बनाना, लालच देना और वैकल्पिक प्रस्ताव करना ब्रिटिश नीतियों पर एक दाग है। इंग्लैंड भारत की सहायता से बेल्जियम जैसे छोटे से देश को संरक्षण देने का प्रयास कर रहा है, फिर वह कैसे कह सकता है कि हमें स्व-शासन नहीं मिलना चाहिए। जो हममें दोष देखते हैं, वे लोभी प्रकृति के लोग हैं। परंतु ऐसे भी लोग हैं, जो परम कृपालु ईश्वर में भी दोष देखते हैं। हमें किसी बात की परवाह किए बिना अपने राष्ट्र के आत्मा की रक्षा करने के लिए कठोर प्रयास करने चाहिए। अपने उस जन्मसिद्ध अधिकार की रक्षा में ही हमारे देश का हित छिपा हुआ है। कांग्रेस ने स्व-शासन का यह प्रस्ताव पास कर दिया है। प्रांतीय सम्मेलन कांग्रेस की ही देन है, जो उसके

आदेशों का पालन करता है। हम अपने पिता, कांग्रेस के आदेशों का पालन श्रीरामचंद्र की तरह ही करेंगे। इस प्रस्ताव को लागू कराने हेतु कार्य करने के लिए हम कृतसंकल्प हैं, चाहे ऐसे प्रयास हमें मरुभूमि में ही ले जाएँ,चाहे हमें अज्ञातवास में रहना पड़े, चाहे हमें कितने ही कष्ट उठाने पड़ें या अंत में चाहे जान ही गँवानी पड़े। श्रीरामचंद्र ने ऐसा किया था। उस प्रस्ताव को केवल तालियाँ बजाकर पास न कराएँ, बल्कि इस प्रतिज्ञा के साथ कराएँ कि आप उसके लिए काम करेंगे। हम सभी संभव संवैधानिक और विधिसम्मत तरीकों से स्व-शासन की प्राप्ति के लिए कार्य करेंगे। ईश्वर की कृपा से इंग्लैंड ने हमारे बारे में अपना नजरिया बदल लिया है। हम महसूस करते हैं कि हमारे प्रयास असफल नहीं होंगे। इंग्लैंड ने अहंकारवश समझा था कि इतने बड़े साम्राज्य को वह छोटा सा राष्ट्र केवल अपने बल पर बनाए रख पाएगा। वह अहंकार अब कम हो गया है। इंग्लैंड को अब महसूस होने लगा है कि उसे साम्राज्य के संविधान में बदलाव लाने होंगे। लॉयड जॉर्ज ने खुलकर स्वीकार किया है कि भारत के सहयोग के बिना इंग्लैंड अब चल नहीं सकता है। एक हजार वर्ष पुराने एक राष्ट्र के बारे में सारी धारणाएँ बदलनी होंगी। इंग्लैंड के लोगों को पता चल गया है कि उनके सभी दलों की अक्लमंदी पर्याप्त नहीं है। फ्रांसीसी रणभूमि में भारतीय सैनिकों ने ब्रिटिश सैनिकों की जान बचाकर अपनी बहादुरी का परिचय दिया है। जो लोग कभी हमें गुलाम समझते थे, अब हमें भाई कहने लगे हैं। ये सब परिवर्तन ईश्वर की कृपा से हुए हैं। अभी, जब अंग्रेजों के मन में भाईचारे की भावना मौजूद है, हमें अपनी माँगों को लेकर दबाव बनाना चाहिए। हमें उन्हें बता देना चाहिए कि हम तीस करोड़ भारतीय साम्राज्य के लिए अपनी जान भी देने को तैयार हैं—और यह कि जब तक हम उनके साथ हैं, साम्राज्य की ओर कोई आँख उठाकर भी नहीं देख सकेगा।

□

मदर टेरेसा

मदर टेरेसा (23 अगस्त, 1910–5 सितंबर, 1997) का जन्म अग्नेसे गोंकशे बोजशियु के नाम से एक अल्वानिया परिवार में उस्कुब, ओटोमन साम्राज्य (आज का सोप्जे, मेमेडोनिया गणराज्य) में हुआ था। मदर टेरेसा रोमन कैथोलिक नन थीं, जिनके पास भारतीय नागरिकता थी। उन्होंने 1950 में कलकत्ता में मिशनरीज ऑफ चैरिटी की स्थापना की। 45 वर्षों गरीब, बीमार, अनाथ और मरते हुए लोगों की इन्होंने मदद की और साथ ही चैरिटी के मिशनरीज के प्रसार का भी मार्ग प्रशस्त किया।

सन् 1970 तक वह गरीबों और असहायों के लिए अपने मानवीय कार्यों के लिए प्रसिद्ध हो गईं। माल्कोम मुगेरिज के कई वृत्तचित्र और पुस्तक जैसे 'समथिंग ब्यूटीफुल फॉर गॉड' में इसका उल्लेख किया गया। उन्हें वर्ष 1979 में नोबेल शांति पुरस्कार और 1980 में भारत का सर्वोच्च नागरिक सम्मान 'भारत रत्न' प्रदान किया गया। मदर टेरेसा के जीवनकाल में मिशनरीज ऑफ चैरिटी का कार्य लगातार विस्तृत होता रहा और उनकी मृत्यु के समय तक यह 123 देशों में 610 मिशन नियंत्रित कर रही थीं। इसमें एच.आई.वी./एड्स, कुष्ठ और तपेदिक के रोगियों के लिए धर्मशालाएँ एवं घर शामिल हैं और साथ ही सूप रसोई, बच्चों और परिवार के लिए परामर्श कार्यक्रम, अनाथालय और विद्यालय भी थे। मदर टेरेसा की मृत्यु के बाद उन्हें पोप जॉन पॉल द्वितीय ने धन्य घोषित किया और उन्हें 'कोलकाता की धन्य' की उपाधि प्रदान की।

5 सितंबर, 1997 को 87 वर्ष की आयु में उनका निधन हो गया।

प्रेम की शक्ति

✍ **मदर टेरेसा**

मदर टेरेसा का जन्म 26 अगस्त, 1910 को ओटोमन साम्राज्य के कोसेऊ प्रांत में हुआ था। उनके अल्बानियन माता-पिता ने उनका नाम एग्नीस गोनक्शा बोजाकश्यू रखा था। 18 वर्ष की उम्र में वह सेवा-भावना से प्रेरित होकर ईसाई भिक्षुणी (नन) बन गईं। डब्लिन में कुछ महीने के प्रशिक्षण के बाद उन्हें भारत भेजा गया।

मदर टेरेसा को उनकी मानवता की सेवा के लिए सन् 1970 में 'नोबेल शांति पुरस्कार' से सम्मानित किया गया।

अपनी प्रार्थना सभा में गर्भपात के विरुद्ध मदर टेरेसा ने यह भाषण वाशिंगटन में 3 फरवरी, 1994 को दिया था।

अंतिम दिन ईसा मसीह अपने दक्षिण ओर के लोगों से कहेंगे, 'आओ, स्वर्ग के राज्य में प्रवेश करो। क्योंकि जब मैं भूखा था, तुमने मुझे भोजन दिया; जब मैं प्यासा था, तुमने मुझे पेय दिया; जब मैं रुग्ण था, तुम मेरे पास आए।'

फिर ईसा ने अपने बाईं ओरवालों से कहा, 'दूर चले जाओ, क्योंकि जब मैं भूखा था, तुमने मुझे खाने को नहीं दिया; जब मैं प्यासा था, तुमने मुझे पीने को नहीं दिया; जब मैं रुग्ण था, तुम मेरे पास नहीं आए।'

वे उनसे पूछेंगे, 'हमने आपको कब भूखा, प्यासा या रुग्ण देखा और सहायतार्थ आपके पास नहीं आए?'

ईसा उन्हें उत्तर देंगे, 'इनमें से जो सबसे ज्यादा था, विपन्न था, उसके साथ जो कुछ तुमने नहीं किया, वह मेरे साथ नहीं किया।'

हमें यहाँ एकत्र होकर एक साथ प्रार्थना करने का जो अवसर ईश्वर ने दिया है, हम उसके लिए उसका धन्यवाद करते हैं। हम यहाँ विशेष रूप से शांति, आनंद और प्रेम के लिए प्रार्थना करने आए हैं। यहाँ हमें स्मरण होता है कि ईसा मसीह गरीबों के लिए सुसमाचार लेकर आए थे। उन्होंने यह कहकर हमें बताया कि वह सुसमाचार क्या था, 'अपनी शांति मैं तुम्हारे पास छोड़ता हूँ। अपनी शांति मैं तुम्हें प्रदान करता हूँ।' वह हमें सांसारिक प्रेम देने नहीं आए थे, जो एक-दूसरे को परेशान न करना है। वह हृदय की शांति देने आए थे, जो दूसरों को प्रेम करने, उनके भले के लिए काम करने से मिलती है।

और ईश्वर को संसार से इतना प्रेम था कि उन्होंने उसे अपना बेटा दे दिया। अपना बेटा उन्होंने कुँआरी मेरी को दिया। और मेरी ने उसका क्या किया? जब ईसा उसके जीवन में आए, वह तुरंत यह सुसमाचार देने दौड़ पड़ी। जैसे ही वह अपनी रिश्ते की बहन एलिजाबेथ के घर पर पहुँची, धर्मग्रंथ हमें बताते हैं कि एलिजाबेथ के पेट में जो बच्चा था, वह खुशी से उछल पड़ा।

ईसा अभी मरियम के पेट में ही थे, तब उन्होंने बपतिस्मा हाता जॉन को शांति प्रदान की, जो एलिजाबेथ के पेट में खुशी से उछल पड़े। शायद यह काफी न था। ईश्वर के बेटे हममें से एक बने और उन्होंने इससे भी अधिक प्रेम प्रदर्शित करने के लिए सलीब पर अपने प्राण त्याग दिए।

उन्होंने मेरे और आपके लिए प्राण दिए। उन्होंने कुष्ठ रोगी के लिए, भूख से मरते आदमी के लिए, सड़क पर पड़े नंगे भिखारी के लिए प्राण दिए। केवल कलकत्ता की सड़क पर ही नहीं, अफ्रीका और सारे संसार की सड़कों पर पड़े ऐसे आदमियों के लिए। हमारी सिस्टर सारी दुनिया के 105 देशों में ऐसे लोगों की सेवा में संलग्न हैं। ईसा ने कहा कि हमें एक-दूसरे से उसी प्रकार प्रेम करना चाहिए जैसे उन्होंने हममें से हरेक से प्रेम किया। ईसा ने हमें प्रेम करने के लिए अपने प्राण दिए। वह नितांत स्पष्ट शब्दों में हमें कहते हैं, 'उसी तरह प्रेम करो जैसे मैंने तुम्हें प्रेम किया।'

ईसा ने हमारे कल्याण के लिए और हमें स्वार्थ व पाप से बचाने के लिए सलीब पर अपनी जान दी। अपने पिता परमेश्वर की इच्छा-पूर्ति के लिए उन्होंने सर्वस्व न्योछावर कर दिया। वह हमें दिखाना चाहते थे कि हम भी ईश्वरेच्छा पूर्ण करने के लिए सर्वस्व न्योछावर करने को तैयार रहें। एक-दूसरे से उसी प्रकार प्रेम

करें जैसे वह हममें से हरेक से प्रेम करते हैं।

संत जॉन का कहना है कि अगर तुम ईश्वर से प्रेम करते हो और अपने पड़ोसी से प्रेम नहीं करते तो झूठे हो। तुम अदृश्य ईश्वर से कैसे प्रेम कर सकते हो, अगर अपने दृष्टिगोचर पड़ोसी से प्रेम नहीं करते, जिसे तुम छू सकते हो, जिसके साथ रहते हो?

ईसा ने स्वयं को भूखा, नंगा, गृहहीन, अवांछित बनाया और बोले, 'तुमने मेरे साथ ऐसा किया।'

मैं एक वृद्धाश्रम में हुए अपने अनुभव को कभी भूल नहीं सकती। वहाँ वे सब वृद्ध माता-पिता थे, जिन्हें उनके बेटे-बेटियों ने वहाँ छोड़ दिया था और फिर संभवत: उन्हें भूल गए थे। मैंने देखा, उस आश्रम में इन वृद्ध जनों को सभी सुविधाएँ उपलब्ध थीं। अच्छा भोजन, सुविधाजनक आवास, टी.वी., सबकुछ। लेकिन उनमें से हर कोई दरवाजे की तरफ देख रहा था। मैंने वहाँ किसी के भी चेहरे पर मुसकान नहीं देखी।

मैंने सिस्टर से पूछा, 'इन लोगों को यहाँ सभी सुख-सुविधाएँ उपलब्ध हैं। फिर ये लोग दरवाजे की तरफ क्यों देख रहे हैं? मुसकराते क्यों नहीं?' मैं तो लोगों को मुसकराता देखने की इतनी आदी हो चुकी हूँ। यहाँ तक कि चलते समय पर लोग मुसकराते हैं। सिस्टर ने जवाब दिया, 'लगभग हर रोज ऐसा ही होता है। वे उम्मीद करते हैं कि उनकी कोई बेटी या बेटा उनसे मिलने आएगा।'

आपने देखा, प्रेम की उपेक्षा आत्मिक निर्धनता लाती है। शायद हमारे अपने परिवार में भी कोई हो, जो अकेलापन महसूस कर रहा हो, जो रुग्ण महसूस कर रहा हो, चिंतित हो। क्या हम उसे परिवार के साथ जुटाए रहने के लिए कष्ट सहने की सीमा तक त्याग करने को तैयार हैं? या फिर हम अपना स्वार्थ पहले देखते हैं?

पश्चिम में इतने लड़के और लड़कियों को मादक पदार्थों का सेवन करते देखकर मैं हैरान हो गई। मैंने जानने की कोशिश की कि ऐसा क्यों है? ऐसा क्यों है, जबकि जो पूर्व में है, उनकी अपेक्षा पश्चिमवालों के पास बहुत अधिक चीजें हैं? इसका उत्तर था, 'क्योंकि परिवार में उनका स्वागत करनेवाला कोई नहीं होता।'

हमारे बच्चे हर चीज के लिए हम पर निर्भर होते हैं। अपने स्वास्थ्य के लिए, पौष्टिकता के लिए, सुरक्षा के लिए, ईश्वर को जानने और उससे प्रेम करने के लिए। इन सबके लिए वे हमारी तरफ विश्वास, आशा व उम्मीद के साथ देखते हैं। लेकिन माता-पिता अकसर इतने व्यस्त होते हैं कि उनके पास अपने बच्चों के लिए समय नहीं होता। या फिर संभवत: उनका विवाह नहीं हुआ होता या विवाह-

विच्छेद हो चुका होता है। तब बच्चे सड़कों पर चले जाते हैं। वे ड्रग्स के आदी हो जाते हैं, अन्य दुर्व्यसनों के भी।

हम बच्चे के प्रति प्रेम की बात कर रहे हैं, जहाँ से प्रेम और शांति आरंभ होनी चाहिए।

पर मेरे विचार में, आज शांति को भंग करनेवाला सबसे बड़ा कारण गर्भपात है। क्योंकि यह बच्चे के विरुद्ध युद्ध है। निरीह बच्चे की सीधे-सीधे हत्या है—स्वयं उसकी माता के द्वारा। यदि हम यह स्वीकार कर लें कि किसी माँ को अपने बच्चे की हत्या करने का अधिकार है तो फिर हम दूसरे लोगों को एक-दूसरे की हत्या करने से कैसे मना कर सकते हैं?

हम किसी महिला को गर्भपात न कराने के लिए कैसे राजी कर सकते हैं? सदा की भाँति हमें उसे केवल प्रेमपूर्वक राजी करना होगा। उस बच्चे का पिता, चाहे वह कोई भी हो, उसे भी स्वीकृति देनी होगी। गर्भपात करवाकर माता प्रेम करना नहीं सीखती, बल्कि अपनी समस्या के समाधान के लिए खुद अपने बच्चे की हत्या करती है। गर्भपात द्वारा पिता को बताया जाता है कि इस बच्चे को संसार में लाकर उसे जो जिम्मेदारी उठानी पड़ती, उससे वह मुक्त हो गया है।

कोई भी देश, जो गर्भपात को मान्यता देता है, वह प्रेम करना नहीं सिखाता। वह तो जो चाहिए, उसके लिए हिंसा का प्रयोग करना सिखाता है।

इसलिए मैं भारत में और विश्व में अन्यत्र अपील करती हूँ, 'इस बच्चे को लाना चाहिए।' बच्चा परिवार को ईश्वर का उपहार है। प्रत्येक बच्चे को अलग छवि देकर बनाया गया है। यह ईश्वर की कृति प्रेम करने तथा प्रेम किए जाने के लिए है। हमारे बच्चे भविष्य की एकमात्र आशा हैं। जब लोगों को प्रभु अपने पास बुला लेते हैं तो उनके बच्चे उनका स्थान लेते हैं।

लेकिन ईश्वर हमसे क्या कहते हैं? वह कहते हैं, 'यदि कोई माता अपने बच्चे को भूल भी जाए तो भी मैं तुम्हें नहीं भूलूँगा। मैंने तुम्हें अपनी हथेलियों में अंकित किया हुआ है।' हम उनकी हथेलियों में अंकित हैं। अजन्मा बच्चा भी गर्भधारण की स्थिति से ही ईश्वर की हथेली में अंकित था। ईश्वर की इच्छा थी कि वह प्रेम करे और उससे प्रेम किया जाए। इस जीवन में ही नहीं, सदा-सर्वदा। ईश्वर कभी हमें भूल नहीं सकते।

केवल कलकत्ता के बच्चों के घर में ही हमने 3,000 से अधिक बच्चों को गर्भपात से बचाया है। इन बच्चों ने अपने गोद लेनेवाले माता-पिता को बहुत आनंद व प्रेम दिया है और वे प्रेम व आनंद से परिपूर्ण होकर बड़े हुए हैं। मैं मानती हूँ कि

दंपती को अपने परिवार का नियोजन करना होता है। उसके लिए गर्भ-निरोधक नहीं, प्राकृतिक परिवार नियोजन है। किसी पति या पत्नी को अपनी तरफ ध्यान न देकर एक-दूसरे की तरफ ध्यान देना चाहिए, जैसा कि प्राकृतिक परिवार नियोजन में होता है। अपनी ओर ध्यान देना तो गर्भ-निरोधन में होता है। जब एक बार गर्भ-निरोधकों के कारण जीवंत प्रेम समाप्त हो जाता है तो उसके बाद गर्भपात की स्थिति भी आती है।

निर्धन महान् होते हैं। वे हमें अनेक सुंदर बातें सिखा सकते हैं। एक बार उनमें से एक उसे प्राकृतिक परिवार नियोजन सिखाने के लिए हमें धन्यवाद देने आया। वह बोला, 'कौमार्य का आचरण करनेवाले आप लोग प्राकृतिक परिवार नियोजन की शिक्षा देने में सर्वश्रेष्ठ हैं। क्योंकि यह एक-दूसरे के प्रति प्रेम के कारण आत्मसंयम के अतिरिक्त और कुछ नहीं।' उस निर्धन व्यक्ति ने जो कहा, वह नितांत सत्य है।

इन निर्धनों के पास भले ही खाने को कुछ न हो, रहने को कोई स्थान न हो, पर जब वे आत्मिक धन से समृद्ध होते हैं तो महान् होते हैं। जो भौतिक रूप से निर्धन होते हैं, वे लोग प्रशंसनीय होते हैं।

एक दिन हमने बाहर जाकर सड़क से चार स्त्रियों को अपने साथ ले लिया। उनमें से एक की दशा अत्यंत शोचनीय थी। मैंने सिस्टरों से कहा, 'आप लोग अन्य तीन की देखभाल करें। मैं चौथी की देखभाल करती हूँ, जो सबसे खराब दशा में है।' अत: मैंने उसके लिए वह सबकुछ किया, जो मेरे प्रेम के लिए संभव था। मैंने उसे बिस्तर पर लिटाया। उसके चेहरे पर मधुर मुसकान थी। उसने मेरा हाथ पकड़कर केवल इतना कहा, 'धन्यवाद'। उसके बाद उसने प्राण त्याग दिए।

मैंने अपनी आत्मा को टटोला और स्वयं से प्रश्न किया 'यदि मैं उस स्त्री के स्थान पर होती तो क्या कहती?' मेरा सीधा सा उत्तर था, मैं अपनी ओर ध्यान आकर्षित करने का प्रयास करती। मैं कहती, 'मैं भूखी हूँ। मैं मर रही हूँ, ठिठुर रही हूँ, मुझे दर्द हो रहा है।' या फिर ऐसा ही और कुछ। लेकिन उस स्त्री ने मुझे इससे कहीं अधिक दिया। उसने मुझे अपना कृतज्ञ प्रेम दिया। और फिर वह अपने चेहरे पर मुसकान लिये संसार से विदा हो गई।

एक आदमी को हमने नाले से उठाया। उसका आधा शरीर कीड़े खा गए थे। जब हम उसे घर ले आए तो वह बोला, 'मैं सड़क पर किसी जानवर की तरह रहा हूँ। लेकिन अब मैं किसी फरिश्ते की तरह मरूँगा।' फिर जब हमने उसके शरीर से सारे कीड़े दूर कर दिए तो वह बड़ी सी मुसकान बिखेरते हुए बोला, 'सिस्टर, मैं घर

जा रहा हूँ, ईश्वर के पास।' इसके बाद वह मर गया।

उस व्यक्ति की महानता अद्‌भुत थी। वह किसी को दोष दिए बिना, किसी प्रकार की तुलना किए बिना ऐसे बात कर सकता था, फरिश्ते की तरह! जो लोग भौतिक दृष्टि से निर्धन होते हुए भी आत्मिक दृष्टि से समृद्ध होते हैं, वे ऐसे ही महान् होते हैं।

तो मैं यहाँ आज आपसे बातचीत कर रहा हूँ। मैं चाहती हूँ कि आप पहले अपने यहाँ निर्धनों को खोजें, उन्हें प्यार दें। पहले अपने लोगों को सुसमाचार दें, अपने पड़ोसियों के बारे में पता करें। क्या आप जानते हैं कि वे लोग कौन हैं?

मुझे एक हिंदू परिवार से प्रेम का एक असाधारण अनुभव हुआ। एक सज्जन हमारे यहाँ आए और बोले, 'मदर टेरेसा, एक परिवार ने कई दिनों से कुछ नहीं खाया। कृपया कुछ कीजिए।' मैं कुछ चावल लेकर तुरंत वहाँ गई। मैंने वहाँ बच्चों की आँखों में भूख देखी। मुझे पता नहीं, आपने कभी भूख देखी है या नहीं! पर मैंने बहुधा देखी है। उस परिवार की माँ ने मेरे दिए चावल ले लिये।

'आप कहाँ चली गई थीं, आपने क्या किया?' जब मैंने पूछा इसके उत्तर में वह बोली, 'वे लोग भी भूखे हैं।' मैं इस बात से प्रभावित हुई कि उसे यह बात मालूम थी। और वे लोग कौन थे? एक मुसलिम परिवार। उसे यह भी मालूम था। उस शाम मैं उनके लिए और चावल नहीं लाई। मैं चाहती थी कि हिंदू और मुसलिम दोनों मिल-बाँटकर खाने का आनंद लें।

क्योंकि मैं मुसकराकर देने की बात बहुत करती हूँ, एक बार अमेरिका के एक प्रोफेसर ने मुझसे पूछा, 'क्या आप विवाहिता हैं?' 'जी हाँ।' मैंने उत्तर दिया। पर मैं अकसर अपने जीवन साथी ईसा पर मुसकराने में बहुत कठिनाई का अनुभव करती हूँ; क्योंकि वह बहुत अधिक अपेक्षा रखते हैं। कई बार तो यह बात वास्तव में बहुत सच साबित होती है। और ऐसी स्थिति में ही तो प्रेम का आविर्भाव होता है। जब माँग बहुत अधिक हो और हम प्रसन्नतापूर्वक दें।

यदि हम याद रखें कि ईश्वर हमें प्रेम करते हैं और हम दूसरों से उसी प्रकार प्रेम कर सकते हैं जैसे कि ईश्वर हमसे करते हैं तो अमेरिका समस्त विश्व के सामने शांति का प्रतीक बन सकता है। यहाँ से निर्बलों से भी अधिक निर्बल, अजन्मे बच्चे के लिए जिम्मेदारी और परवाह का प्रतीक-चिह्न सारे विश्व में जाना चाहिए। यदि आप विश्व में न्याय और शांति का ज्वलंत प्रकाश बनेंगे तो आप इस देश के संस्थापकों के आदर्शों पर खरे साबित होंगे।

□

महात्मा गांधी

मोहनदास करमचंद गांधी का जन्म 2 अक्तूबर, 1869 को गुजरात प्रदेश के पोरबंदर (राजकोट) स्थान में हुआ था। उनके पिता श्री करमचंद गांधी राजकोट के दीवान थे। गांधीजी की प्रारंभिक शिक्षा राजकोट में हुई। उच्च शिक्षा के लिए वे इंग्लैंड गए और वहाँ से वकालत पास की। उन्होंने सभी धर्मग्रंथों का अध्ययन किया तथा सत्य-अहिंसा का अपने जीवन में कठोरता से पालन किया। बैरिस्टर बनने के बाद एक मुकदमा लड़ने के लिए वे दक्षिण अफ्रीका गए। वहाँ उन्होंने अंग्रेजों का भारतीय के प्रति अपमानजनक व्यवहार देखा। वहीं उन्होंने 'नेटाल इंडियन कांग्रेस' की स्थापना की। भारत लौटकर वे आजादी की लड़ाई में कूद पड़े। दांडी मार्च करके उन्होंने ब्रिटिश सरकार को चुनौती दी। उन्होंने सविनय अवज्ञा, असहयोग आंदोलन तथा भारत छोड़ो आंदोलन का सफल संचालन किया। उन्होंने दलित तथा अछूतों के उद्धार के लिए अनेक उपाय किए। वे 'हरिजन' और 'नवजीवन' जैसे पत्रों में बराबर लिखते रहे। 15 अगस्त, 1947 को उनकी अगुआई में भारत आजाद हुआ। 30 जनवरी, 1948 को गोली मारकर उनकी हत्या कर दी गई।

अहिंसा : मेरे धर्म का पहला और अंतिम सूत्र

✍ **महात्मा गांधी**

स्वाधीनता संग्राम के दौरान राष्ट्रपिता महात्मा गांधी को अंग्रेजों ने हिंसा भड़काने के आरोप में गिरफ्तार किया। 23 मार्च, 1922 को उन्होंने अपने मामले की सुनवाई के दौरान अहमदाबाद में यह भाषण दिया था। (अंग्रेज न्यायाधीश ने उन्हें छह साल का कारावास का दंड दिया था।)

अहिंसा मेरे धर्म का पहला सूत्र है। मेरे धर्म का अंतिम सूत्र भी यही है। मैं यहाँ कम दंड के लिए आग्रह करने नहीं आया, अधिकतम दंड के लिए आग्रह करने आया हूँ। मैं दया नहीं माँग रहा हूँ। मैं तो सर्वाधिक दंड के लिए अनुरोध करने आया हूँ। क्योंकि आपके कानून के अनुसार जो जान-बूझकर किया गया अपराध है, मेरे लिए वह किसी भी नागरिक का सर्वोच्च कर्तव्य है। न्यायाधीश महोदय, जब मैं यह बयान समाप्त करूँगा, तब तक शायद आपको उसकी झलक मिल जाएगी, जो मेरे ह्रदय में उमड़ रहा है और जिसके लिए मैंने इतना बड़ा जोखिम उठाया है, जो कोई विवेकशील व्यक्ति उठा सकता है।

मेरा सार्वजनिक जीवन सन् 1893 में दक्षिण अफ्रीका में आरंभ हुआ था, जब वहाँ वातावरण बहुत अशांत था। वहाँ की ब्रिटिश सत्ता के साथ मेरा पहला अनुभव सुखद न था। मैंने वहाँ देखा कि एक मानव व भारतीय होने के नाते मेरे वहाँ

कोई अधिकार नहीं; बल्कि यह कहना उचित होगा कि वहाँ एक मानव के नाते मेरे कोई अधिकार न थे, क्योंकि मैं भारतीय था।

पर मैं विस्मित नहीं हुआ। मैंने सोचा कि इस तरह का व्यवहार उस पद्धति की आवृद्धि ही है, जो मूलत: और मुख्यत: भली है। मैंने उस सरकार को स्वेच्छा से सहयोग दिया। जहाँ मैंने सोचा कि वह गलत है उसकी भरपूर आलोचना भी की; पर कभी उसका विनाश नहीं चाहा।

सन् 1899 में दक्षिण अफ्रीका में जब साम्राज्य के अस्तित्व के लिए खतरा पैदा हो गया था, मैंने उसे अपनी सेवाएँ अर्पित कीं। मैंने एक स्वयंसेवी एंबुलेंस कोर का गठन किया और अनेक युद्ध-स्थलों पर राहत कार्य किया। इसी प्रकार सन् 1906 में जुलू विद्रोह के समय भी मैंने स्ट्रेचर उठानेवालों के दल का गठन किया और विद्रोह का अंत होने तक सेवा की। इन दोनों ही अवसरों पर मुझे पदक मिले और प्रेषणों में उल्लेख किया गया। अफ्रीका में मेरे कार्य के लिए मुझे 'केसरे-हिंद' स्वर्ण पदक प्रदान किया गया। सन् 1914 में ब्रिटेन और जर्मनी के बीच युद्ध आरंभ हो जाने पर मैंने लंदन के एक स्वयंसेवी एंबुलेंस कोर का गठन किया, जिसमें मुख्य रूप से भारतीय छात्र शामिल थे। अधिकारियों ने इसके कार्य को मूल्यवान् बताया था। सेवा के इन सभी प्रयत्नों में मैं इस विश्वास से प्रेरित था कि ऐसी सेवाओं से संभव है कि मैं अपने नए स्वदेशवासियों के लिए साम्राज्य में पूर्ण समानता का दर्जा हासिल कर सकूँगा।

मुझे पहला झटका रोलेट ऐक्ट के रूप में लगा। यह कानून जनसाधारण की सारी वास्तविक स्वतंत्रता छीन लेने के लिए बनाया गया था। मुझे लगा कि अब तो इसके विरुद्ध एक सघन आंदोलन आरंभ किया जाना चाहिए। उसके बाद पंजाब की भयावह घटनाएँ हुईं। इनकी शुरुआत जलियाँवाला बाग से हुई और सार्वजनिक रूप से कोड़े लगाने तथा अन्य अवर्णनीय अपमानजनक काररवाइयों का सिलसिला चला। पंजाब के अपराध पर लीपापोती की गई। इसके अधिकांश अपराधी न केवल दंड से बचे, बल्कि वे सेवा में भी बने रहे। कुछ भारतीय राजस्व से पेंशन पाते रहे और कुछ तो पुरस्कृत तक हुए। मैंने यह भी देखा कि इस सुधार से हृदय-परिवर्तन तो हुए नहीं, बल्कि यह भी भारत को उसकी संपदा से वंचित करने का एक और तरीका ही था।

मैं अनिच्छापूर्वक इस निष्कर्ष पर पहुँचा कि ब्रिटिश सरकार ने भारत को राजनीतिक व आर्थिक रूप से सर्वाधिक नि:सहाय बना दिया है। वह इतना निर्धन हो गया है कि अकाल का भी प्रतिरोध नहीं कर पाता। भारत के अस्तित्व के लिए

इतना महत्त्वपूर्ण उसका कुटीर उद्योग अविश्वसनीय रूप से हृदयहीन व अमानवीय प्रक्रिया के हाथों नष्ट किया जा रहा है, जिसकी गवाही अंग्रेजों ने भी दी है।

बहुत कम बाहरी इस बात को जानते हैं कि अधिसंख्य अधभूखे भारतीय किस तरह धीरे-धीरे निर्जीविता के ग्रास बन रहे हैं। वे नहीं जानते कि विदेशी शोषकों के लिए काम करने की जो दलाली उन्हें मिलती है, वह दलाली और लाभ जनता का शोषण करने से आती है।

भारत के राजनीतिक मामलों के अपने अनुभव से मैं इस निष्कर्ष पर पहुँचा हूँ कि 10 में से 9 मामलों में दंडित व्यक्ति सर्वथा निर्दोष थे। उनका अपराध उनका देश-प्रेम ही था। भारत की अदालतों में यूरोपियनों के मुकाबले में 100 में से 99 मामलों में भारतीयों को न्याय नहीं मिलता। यह कोई बढ़ा-चढ़ाकर पेश किया गया चित्र नहीं है। जिस भी भारतीय का संबंध इस तरह के मामलों से रहा है, उसके अनुभव में यही बात आई है।

मुझ पर धारा 124-ए के तहत अभियोग लगाया गया है। नागरिकों की स्वतंत्रता का दमन करने के लिए बनाए गए कानूनों में संभवत: यह भारतीय दंड संहिता की सबसे प्रमुख राजनीतिक धारा है। प्रेम को कानून से नियंत्रित नहीं किया जा सकता। यदि किसी को किसी वस्तु या व्यक्ति से लगाव नहीं है तो उसे अपना अस्नेह अभिव्यक्त करने की पूरी छूट होनी चाहिए, बशर्ते वह हिंसा की योजना न बनाए, उसे बढ़ावा न दे या उसे भड़काए नहीं। लेकिन जिस धारा के अंतर्गत मुझ पर अभियोग लगाया गया है, उसमें अस्नेह की अभिव्यक्ति ही अपराध है। इस धारा के अंतर्गत चलाए गए कुछ मामलों का मैंने अध्ययन किया है। मैं जानता हूँ कि भारत के कई प्रिय देशभक्तों को इसके अंतर्गत दंडित किया गया है। अत: इसके अंतर्गत आरोपित होने पर मैं गर्व का अनुभव करता हूँ। मैंने अपने अस्नेह के कारणों की संक्षिप्त रूपरेखा प्रस्तुत की है। किसी एक प्रशासक के प्रति मेरे मन में कोई दुर्भावना नहीं। लेकिन मेरे विचार में, जिस सरकार ने किसी भी पहली पद्धति की अपेक्षा भारतीयों को सर्वाधिक हानि पहुँचाई है, उसके प्रति अरुचि रखना एक गुण है। ब्रिटिश शासन के अंतर्गत भारत पहले की किसी भी स्थिति की तुलना में न्यून है। इस विश्वास के रहते, ऐसे शासन के प्रति अनुराग रखना, मेरी राय में पाप है। अत: मेरे विरुद्ध साक्ष्य-स्वरूप जो मेरे लेख उद्धृत किए गए हैं, उन्हें लिखना मेरे लिए परम सौभाग्य का विषय है।

वास्तव में मेरा विश्वास है कि दोनों देश जिस अस्वाभाविक स्थिति में हैं, उनके प्रति असहयोग अभिव्यक्त करके मैंने भारत व ब्रिटेन दोनों की सेवा की है।

मेरी विनम्र सम्मति में बुराई के प्रति असहयोग भी उतना ही आवश्यक कर्तव्य है जितना अच्छाई के साथ सहयोग।

मैं यहाँ प्रसन्नतापूर्वक सर्वाधिक दंड पाने को प्रस्तुत हूँ, जो कानून की दृष्टि में जान-बूझकर किया गया अपराध और मेरी दृष्टि में किसी नागरिक का सर्वोपरि कर्तव्य है। न्यायाधीश महोदय, अब आपके पास यही मार्ग बचा है कि यदि प्रशासन चलाने के लिए बनाया गया यह कानून बुरा है और मैं निर्दोष हूँ, तो आप अपने पद से त्यागपत्र देकर इससे संबंध विच्छेद कर लें। या फिर यदि आप समझते हैं कि आप जिस कानून से संबद्ध हैं, वह इस देश की जनता की भलाई के लिए है और मेरा यह कार्य जन-हित के विरुद्ध है तो मुझे अधिकतम दंड दें।

□

मार्क ट्वेन

अपने उपनाम मार्क ट्वेन से विख्यात सैमुअल लैंगहार्न क्लेमेंस का जन्म 30 नवंबर, 1835 को फ्लोरिडा (अमेरिका) में हुआ। जब वह चार वर्ष के थे, उनका परिवार फ्लोरिडा से हनिबल, मिसौरी आ गया। यह मिसीसिपी नदी का एक बंदरगाह शहर था। मिसौरी दासतावाला राज्य था, जिसके कारण मार्क ट्वेन को बचपन से ही दासता के बारे में प्रत्यक्ष ज्ञान मिला, जो बाद में उनकी रचनाओं में झलकता है। जब वह 11 वर्ष के थे, उनके पिता का निधन हो गया। अगले साल वह जीविका के लिए एक मुद्रक के सहायक बन गए। उन्होंने उसके पास टाइप सेटर के रूप में काम किया और साथ ही अपने बड़े भाई की पत्रिका के लिए लेख लिखते रहे। 18 वर्ष की अवस्था में उन्होंने हार्नबल छोड़ दिया और विभिन्न स्थानों पर मुद्रक के तौर पर काम करने लगे। शाम को काम से छुट्टी मिलने पर वह पुस्तकालयों में जाकर अध्ययन किया करते थे। इसके बाद उन्होंने नदी के जलयान पर पायलट का काम करके जीवकोपार्जन का प्रयास किया; लेकिन बहुत सफलता नहीं मिली। आखिरकार उन्होंने पत्रकारिता एवं लेखन को अपना पेशा बनाया और उसमें अभूतपूर्व सफलता पाई। एक हास्य-व्यंग्यकार के रूप में मार्क ट्वेन ने अंतरराष्ट्रीय ख्याति अर्जित की। उन्हें अपने युग का अमेरिका का महानतम हास्य लेखक माना गया।

उनका निधन 74 साल की उम्र में 21 अप्रैल, 1910 को रेडिंग, कनाक्टिकट (अमेरिका) में हुआ।

महिलाएँ कानून बनाने में सहायक हों

✍ **मार्क ट्वेन**

अमेरिका के प्रसिद्ध हास्य-व्यंग्य लेखक मार्क ट्वेन का असली नाम सैमुअल लेंगहॉर्न था। अपनी चुटीली उक्तियों और हास्य-व्यंग्य से परिपूर्ण रचनाओं के लिए अत्यंत लोकप्रिय मार्क ट्वेन को अमेरिकी साहित्य का पितामह तक कहा गया।

महिलाओं के मताधिकार पर यह भाषण उन्होंने 20 जनवरी, 1901 को दिया था।

देवियो और सज्जनो! मैं यह छोटी सी सहायता ही दे पा रहा हूँ। लेकिन यह ऐसी सहायता है, जो हृदय से निकलकर मुख के मध्यम से दी जाती है। श्री मेयर की रिपोर्ट प्रशंसनीय थी। मेरी भी उसमें उतनी ही रुचि रही जितनी आपकी है। आखिर मैं उनसे दोगुनी उम्र का हूँ। मुझे इतना अधिक अनुभव है कि जब वह सहायता के लिए अपील करेंगे तो मैं उनसे कहना चाहूँगा कि आज या कल के लिए अपील मत करो। अभी और तुरंत धन एकत्र करो।

हम सब तात्कालिक प्रेरणावाले प्राणी हैं। हम सब में गर्मजोशी पैदा करनी पड़ती है। उनसे कहो कि अपनी वसीयत अभी लिखें। बाद में एक-एक करके लिखने

में तो बहुत देर हो जाएगी। आज से 15 या 20 साल पहले मुझे एक ऐसा अनुभव हुआ, जो कभी भूलूँगा नहीं। मैं एक गिरजाघर में गया था, जो हाँफती हुई, पसीने से तर-बतर भीड़ से भरा हुआ था। हमारे शहर हार्टफोर्ड के धर्मोपदेशक ने सहायता के लिए बड़ी भावपूर्ण अपील की। उन्होंने कोठरियों और तहखानों में रहनेवाले निर्धनों की बदहाली के बारे में अपने निजी अनुभवों को बयान किया। उन्होंने बताया कि इन निर्धनों को तुरंत सहायता व ध्यान दिए जाने की आवश्यकता है। जब कोई करोड़पति अपने 1 लाख डॉलर भी देता हो तो बहुत चर्चा होती है। किसी विधवा द्वारा दिए गए छोटी सी रकम के चंदे की कोई चर्चा नहीं होती; परंतु उसका प्रभाव सबसे अधिक होता है।

मुझे याद है, उस दिन हार्टफोर्ड के गिरजाघर में चंदा इकट्ठा किया जाने लगा। इस अपील का मुझ पर इतना प्रभाव पड़ा था कि हैट या प्लेट के अपने पास आने तक का इंतजार करना भी मुझे मुश्किल लग रहा था। उस समय मेरी जेब में 400 डॉलर थे। मैं न केवल वे सारे पैसे प्लेट में डालने को बेचैन था; बल्कि चंदा देने के लिए और पैसे भी उधार लेना चाहता था। लेकिन प्लेट मुझसे इतनी दूर थी और उसे मुझ तक पहुँचने में इतना समय लग रहा था कि मेरी परोपकार की भावना में प्रति मिनट 100 डॉलर की रफ्तार से गिरावट आ रही थी। प्लेट को आने में कुछ ज्यादा ही देरी हुई। अंततः जब वह मुझ तक पहुँची, मेरा उत्साह इतना ठंडा पड़ चुका था कि मैंने अपने 400 डॉलर तो अपने पास रखे ही, प्लेट में से 10 सेंट का एक सिक्का चुरा लिया। तो आपने देखा, देरी कई बार अपराध करा देती है। मैं कई बार इस बारे में सोचता हूँ तो बहुत पछताता हूँ। अतः मेरा आप सबसे अनुरोध है कि गर्मजोशी रहने पर ही चंदा दे डालें।

जहाँ तक जीवन में महिलाओं का प्रश्न है, वे सदा सही होती हैं। पिछले 25 साल से मैं एक महिला का संगी-साथी हूँ। मेरी माता की मृत्यु के बहुत पहले से ही मुझे सदा विश्वास रहा है कि अपने सफेद बालों और बुद्धिमत्ता के साथ उनकी जानकारी संभवतः उतनी ही थी जितनी कि मेरी। संभवतः वह मतदान के बारे में भी उतना ही जानती थीं जितना कि मैं। मैं चाहता हूँ, वह समय आए जब महिलाएँ कानून बनाने में सहायक हों। मैं चाहता हूँ कि मताधिकार का कोड़ा महिलाओं के हाथ में भी हो। जहाँ तक इस नगर में प्रशासन का सवाल है, मैं इसके बारे में अधिक नहीं कहना चाहता, सिवा इसके कि यह शर्मनाक है। लेकिन अगर मैं 25 साल और जीवित रहा, और मैं उतने दिन और क्यों न जीऊँगा, तो मैं वह दिन देखूँगा जब

महिलाओं को मताधिकार होगा। यदि आज महिलाओं के पास वोट देने का अधिकार हो तो इस नगर की स्थिति ऐसी न रहेगी।

यदि इस नगर की सभी महिलाओं को आज वोट देने का अधिकार मिल जाए तो अगले चुनाव में वे ही मेयर चुनेंगी और आज जो भयावह स्थिति है, उसे बदल डालेंगी।

□

मार्टिन लूथर किंग जूनियर

डॉ. मार्टिन लूथर किंग, जूनियर (15 जनवरी, 1929–4 अप्रैल, 1968) अमेरिका के एक पादरी, आंदोलनकारी (ऐक्टिविस्ट) एवं अफ्रीकी-अमेरिकी नागरिक अधिकारों के संघर्ष के प्रमुख नेता थे। उन्हें 'अमेरिका का गांधी' भी कहा जाता है। उनके प्रयत्नों से अमेरिका में नागरिक अधिकारों के क्षेत्र में प्रगति हुई; इसलिए आज उन्हें मानव अधिकारों के प्रतीक के रूप में भी देखा जाता है। दो चर्चों ने उन्हें संत के रूप में मान्यता प्रदान की है।

डॉ. मार्टिन लूथर किंग, जूनियर का जन्म सन् 1929 में अटलांटा, अमेरिका में हुआ। डॉ. किंग ने संयुक्त राज्य अमेरिका में नीग्रो समुदाय के प्रति होनेवाले भेदभाव के विरुद्ध अहिंसात्मक आंदोलन का सफल संचालन किया। पूरे 381 दिनों तक चले इस सत्याग्रही आंदोलन के बाद अमेरिकी बसों में काले-गोरे यात्रियों के लिए अलग-अलग सीटें रखने का प्रावधान खत्म कर दिया गया। बाद में उन्होंने धार्मिक नेताओं की मदद से समान नागरिक कानून आंदोलन अमेरिका के उत्तरी भाग में भी फैलाया। उन्हें सन् 1964 में विश्व शांति के लिए सबसे कम उम्र में नोबेल पुरस्कार से सम्मानित किया गया। कई अमेरिकी विश्वविद्यालयों ने उन्हें मानद उपाधियाँ प्रधान कीं। धार्मिक व सामाजिक संस्थाओं ने उन्हें मेडल प्रदान किए। 'टाइम' पत्रिका ने उन्हें 1963 का 'मैन ऑफ द इयर' चुना। वे गांधीजी के अहिंसक आंदोलन से बेहद प्रभावित थे। गांधीजी के आदर्शों पर चलकर ही डॉ. किंग ने अमेरिका में इतना सफल आंदोलन चलाया, जिसे अधिकांश गोरों का भी समर्थन मिला।

सन् 1959 में उन्होंने भारत की यात्रा की। डॉ. किंग ने अखबारों में कई आलेख लिखे। 'स्ट्राइड टुवर्ड फ्रीडम' (1958) तथा 'ह्याय वी कैन नॉट वेट' (1964) उनकी प्रसिद्ध पुस्तकें हैं। 4 अप्रैल, 1968 को गोली मारकर उनकी हत्या कर दी गई।

अहिंसा और प्रेम का सिद्धांत

✍ **मार्टिन लूथर किंग जूनियर**

डॉ. मार्टिन लूथर किंग जूनियर महात्मा गांधी के अहि पा के सिद्धांत से बहुत प्रभावित थे। अमेरिका के रंगभेदी समाज में परिवर्तन लाने के लिए उन्होंने भी इसी को अपनाया, जैसे गांधीजी ने भारत को स्वाधीन करने के लिए अपनाया था।

"अहिंसात्मक प्रतिरोध न केवल बाह्य शारीरिक हिंसा का परिहार करता है बल्कि आत्मिक हिंसा से भी हमें बचाए रखता है। प्रेम का सिद्धांत अहिंसा के केंद्र में स्थित है। मानव गरिमा के लिए संघर्ष करने में लगे विश्व के उत्पीड़ित लोगों को अपने अंदर कड़वाहट नहीं आने देनी चाहिए। न ही उन्हें घृणा के अभियान में लिप्त होना चाहिए। घृणा और कटुता के साथ प्रतिकार करने से विश्व में घृणा बढ़ाने के अतिरिक्त और कुछ नहीं होगा। जिंदगी की राह पर चलते हुए हममें इतनी समझ और नैतिकता तो होनी ही चाहिए जिससे घृणा की शृंखला टूट जाए। अपने जीवन के केंद्र में प्रेम की नीति व्यक्त करके ऐसा किया जा सकता है।"

□

मेरा सपना

✍ **मार्टिन लूथर किंग जूनियर**

28 अगस्त, 1963 को मार्टिन लूथर किंग जूनियर ने यह भाषण वाशिंगटन डी.सी. में अब्राहम लिंकन के स्मारक पर दिया था।

"जिस महान् अमेरिकी के प्रतीकात्मक साये में हम यहाँ खड़े हैं, उसने पाँच ई. पहले मुक्ति घोषणा-पत्र पर हस्ताक्षर किए थे। इस महत्त्वपूर्ण आदेश ने अन्याय की ज्वाला से दग्ध नीग्रो दासों के लिए आशा के प्रकाश-पुंज का काम किया। उनके लिए यह अन्याय की अँधेरी काली रात को समाप्त करनेवाला सुबह का आनंदमय उजाला था। लेकिन सौ साल बीत जाने के बाद भी यह त्रासद तथ्य हमारे सामने है कि नीग्रो आज भी स्वतंत्र नहीं हैं।

एक शताब्दी बाद आज भी नीग्रो का जीवन पृथक्करण की बेड़ियों और भेदभाव की शृंखलाओं से आबद्ध होकर अपंग बना हुआ है। नीग्रो भौतिक समृद्धि के महासागर के मध्य निर्धनता के वीरान द्वीप में रह रहा है। एक शताब्दी बाद भी नीग्रो अमेरिकी समाज के एक कोने में एड़ियाँ रगड़कर जी रहा है। वह अपने ही देश में निर्वासित है।

अत: हम सब आज यहाँ एक भयावह स्थिति को नाटकीय रूप देने आए हैं। एक तरह से यह भी कहा जाता है कि हम अपने राष्ट्र की राजधानी में एक चेक के नकदीकरण के लिए आए हैं। जब हमारे गणतंत्र के कर्णधारों ने संविधान और स्वाधीनता की घोषणा के गरिमामय शब्दों को लिखा तो वे एक ऐसे वचन-पत्र पर हस्ताक्षर कर रहे थे, प्रत्येक अमेरिकी को जिसका वारिस बनना था।

यह वचन-पत्र प्रत्येक व्यक्ति के साथ अहरणीय वादा था कि उसे जीवन जीने, स्वतंत्रता व अपने लिए प्रसन्नता की खोज करने के अधिकार की गारंटी दी जाती है। आज यह स्पष्ट है कि अमेरिका ने अपने नागरिकों को दिए गए वचन-पत्र की अदायगी नहीं की है। इस पवित्र उत्तरदायित्व का निर्वाह करने के बजाय अमेरिका ने नीग्रो लोगों को एक अमान्य चेक थमाया है, जो 'अपर्याप्त राशि' की टिप्पणी के साथ लौटा दिया गया है। लेकिन हम यह मानने से इनकार करते हैं कि न्याय के बैंक का दिवाला निकल गया है। हम इस बात पर विश्वास करने से इनकार करते हैं कि इस राष्ट्र के अवसरों की विशाल तिजोरी में पर्याप्त राशि नहीं है।

इसलिए हम इस चेक का भुगतान लेने आए हैं। ये चेक, जो पेश करने पर हमें स्वाधीनता का धन और न्याय की सुरक्षा देगा। हम इस पवित्र स्थल पर अमेरिका को स्मरण करने के लिए आए हैं कि इस समय कैसी विकट आवश्यकता है। अब धैर्य रखने की विलासिता या शनैः-शनैः कार्य होने की प्रशांतक दवा लेने की गुंजाइश नहीं है। अब पृथक्करण की अँधेरी, उजाड़ वादी से निकलकर नस्ली न्याय के उजाले से चमकते मार्ग पर आने का समय है। अब ईश्वर की सभी संतानों के लिए अवसर के द्वार उद्‌घाटित करने का समय है। अब समय है हमारे राष्ट्र को नस्ली अन्याय की रेत से भाईचारे की ठोस चट्‌टान पर लाने का।

इस घड़ी की तात्कालिकता की उपेक्षा करना और नीग्रो के दृढ़ संकल्प को कम आँकना इस राष्ट्र के लिए घातक होगा। यदि ऊर्जस्वित करनेवाला स्वतंत्रता और समानता का शरत नहीं आता तो नीग्रो लोगों के उचित असंतोष का पसीने से तर-बतर करनेवाला ग्रीष्म कभी समाप्त न होगा। 1963 अंत नहीं, आरंभ है। जो लोग यह आस लगाए बैठे हैं कि भड़ास निकल जाने पर नीग्रो शांत हो जाएँगे, उन्हें अगर यह सब इसी तरह चलता रहा तो गहरा झटका लगेगा। जब तक नीग्रो को उसके नागरिकता के अधिकार नहीं मिल जाते, अमेरिका में न अमन-चैन होगा, न शांति।

जब तक न्याय का उजला सवेरा नहीं होता, विद्रोह की प्रबल आँधियाँ इस राष्ट्र की आधारशिला को झकझोरती रहेंगी। न्याय के राजमहल के द्वार पर खड़े अपने लोगों से भी मैं कुछ कहना चाहता हूँ। अपना न्यायोचित स्थान पाने के लिए हमें अनुचित कृत्यों का अपराधी नहीं बनना। अपनी स्वतंत्रता की प्यास बुझाने के लिए हम कटुता और घृणा के प्याले से नहीं पिएँगे।

हमें सदा अपना संघर्ष गरिमा व अनुशासन के उच्च स्तर पर जारी रखना चाहिए। हमें अपने रचनात्मक संघर्ष का शारीरिक हिंसा में पतन नहीं होने देना चाहिए। हमें बार-बार शारीरिक बल का आत्मबल से सामना करने की महत ऊँचाइयों पर बने

रहना चाहिए। हमारे नीग्रो समुदाय में जो अद्भुत संघर्षशीलता आई है, उससे श्वेत लोगों में अविश्वास नहीं पनपना चाहिए। जैसा कि उनकी यहाँ उपस्थिति से स्पष्ट है। हमारे बहुत से श्वेत भाई इस बात को समझने लगे हैं कि उनका भाग्य हमारे भाग्य के साथ और उनकी स्वतंत्रता हमारी स्वतंत्रता के साथ अविमोचनीय रूप से आबद्ध है।

हम अकेले तो नहीं चल सकते। और जब हम चल पड़े हैं तो हमें प्रतिज्ञा करनी होगी कि हम आगे बढ़ते ही जाएँगे। हम पीछे नहीं हट सकते। कुछ लोग नागरिक अधिकार चाहनेवालों से पूछते हैं, 'आप कब संतुष्ट होंगे?' हम तब तक संतुष्ट नहीं हो सकते जब तक हमारे यात्रा से क्लांत शरीर राजमार्गों के मोटेल और नगरों के होटलों में ठहरने की सुविधा नहीं पाते। हम तब तक संतुष्ट नहीं हो सकते जब तक नीग्रो का आधारभूत स्थानांतरण छोटी गंदी बस्ती से बड़ी गंदी बस्ती तक सीमित है। हम कभी संतुष्ट नहीं हो सकते, जब तक मिसीसिपी का निवासी नीग्रो वोट नहीं दे सकता या न्यूयार्क का नीग्रो सोचता है कि उसके पास वोट देने का कोई कारण नहीं। नहीं, हम संतुष्ट नहीं हैं और तब तक संतुष्ट नहीं होंगे जब तक न्याय संपूर्ण सदाचारिता के विशाल प्रपात के समान नहीं बहता।

मैं भूला नहीं हूँ कि आप में से कई कष्ट और विपत्तियों के माहौल से आए हैं। कई अभी-अभी तंग कोठरियों से निकलकर आए हैं। आप में से कई उन क्षेत्रों से आए हैं, जहाँ स्वाधीनता की आकांक्षा के कारण आपको उत्पीड़न की आँधियों का सामना करना पड़ा और पुलिस-अत्याचारों से आपके पाँव लड़खड़ा गए। आप रचनात्मक पीड़ा के वीर योद्धा हैं। इस विश्वास के साथ अपना प्रयास जारी रखें कि अनर्जित कष्टों का प्रतिदान अवश्य मिलता है।

आप मिसीसिपी, अल्बामा, जॉर्जिया, लूसियाना के हमारे नगरों की गंदी बस्तियों में वापस जाएँ। इस आशय के साथ कि इस स्थिति में परिवर्तन हो सकता है और होगा। हमें नैराश्य की घाटियों में लौटने का पाशविक आनंद नहीं लेना। मेरे मित्रो! मैं आपको बताना चाहता हूँ कि इस घड़ी की कठिनाइयों व निराशा के बावजूद मेरा एक सपना है। यह सपना अमेरिकी सपने के साथ गहरा संबंध रखता है।

मेरा सपना है कि एक दिन यह राष्ट्र जागेगा और अपने इस सिद्धांत के सच्चे अर्थों को अपनाएगा, "हम इस सत्य को स्व-प्रत्यक्ष मानते हैं कि सभी मनुष्यों की रचना समान हुई है।" मेरा सपना है कि एक दिन जॉर्जिया की लाल पहाड़ियों पर पूर्व दासों और पूर्व दास-स्वामियों की संतानें भाइचारे की एक ही मेज पर एक साथ बैठ सकेंगी। मेरा सपना है कि मिसीसिपी का दमन व अन्याय से उत्तप्त मरुस्थली

राज्य एक दिन स्वतंत्रता व न्याय के मरु-उद्यान में परिवर्तित होगा। मेरा सपना है कि मेरे चार बच्चे एक दिन ऐसे राज्य में रहेंगे जहाँ उनका मूल्यांकन उनकी त्वचा के रंग से नहीं बल्कि उनके चरित्र के मूल तत्त्व से किया जाएगा।

मेरा सपना है कि अल्बामा राज्य, जिसके गवर्नर के होंठों से सदा हस्तक्षेप और अमान्यीकरण के शब्द टपकते रहते हैं, ऐसी स्थिति में परिवर्तित हो जाएगा जहाँ नन्हे अश्वेत लड़के और नन्ही अश्वेत लड़कियाँ नन्हे श्वेत लड़कों और नन्ही श्वेत लड़कियों के साथ हाथों में हाथ पकड़े चला करेंगे। मेरा सपना है कि एक दिन हर वादी गौरवान्वित होगी, हर पर्वत और पहाड़ी झुकेगी, ऊँची-नीची जगहें समतल होंगी, टेढ़ी-मेढ़ी जगहें सीधी होंगी। प्रभु की महिमा उद्घाटित होगी और सभी प्राणी मिल-जुलकर उसे देखेंगे।

यह हमारी आशा है। मैं इसी विश्वास के साथ दक्षिण लौट रहा हूँ। इसी विश्वास के बल पर हम निराशा के पर्वत से आशा का एक पत्थर काटकर निकालेंगे। इसी विश्वास के बल पर हम अपने राष्ट्र के मतभेद की छनक को भ्रातृत्व की स्वर-लहरी में परिवर्तित करेंगे। इस विश्वास के साथ हम मिल-जुलकर काम कर सकेंगे, मिलकर प्रार्थना कर सकेंगे, संघर्ष कर सकेंगे, जेल जा सकेंगे और एकजुट होकर स्वतंत्रता के लिए संघर्ष कर सकेंगे। यह जानते हुए कि हम एक दिन अवश्य स्वतंत्र होंगे।

वह ऐसा दिन होगा जब ईश्वर की सभी संतानें एक नए अर्थ के साथ गाएँगी, 'मेरा स्वदेश, मेरा स्वतंत्रता का प्यारा स्वदेश, मैं गाता हूँ तुम्हारा यशोगान। भूमि जहाँ मेरे पूर्वजों ने प्राण दिए—तीर्थयात्रियों की गर्व-भूमि। हरेक पर्वत से स्वतंत्रता की ध्वनि आए।'

यदि अमेरिका को महान् राष्ट्र बनना है तो यह सत्य होना चाहिए। मेरे देश के प्रत्येक पर्वत से स्वतंत्रता की ध्वनि आनी चाहिए।

प्रत्येक ग्राम से स्वतंत्रता के स्वर उठने चाहिए। प्रत्येक राज्य, नगर से स्वतंत्रता की ध्वनि आनी चाहिए। हम इस दिन को शीघ्र ला सकेंगे, जब ईश्वर की सभी संतानें—श्वेत, अश्वेत, यहूदी, प्रोटेस्टेंट, कैथोलिक हाथों में हाथ लेकर नीग्रो आध्यात्मिकता का यह तराना गाएँगे—'अंततः हम हुए स्वतंत्र। हम हुए स्वतंत्र! धन्यवाद हे सर्वशक्तिमान परमेश्वर! अंततः हम हुए स्वतंत्र।' □

मार्शल जोसिफ ब्रांज टीटो

मार्शल जोसिप ब्रांज टीटो (7 या 25 मई, 1892–4 मई, 1980) एक यूगोस्लाव क्रांतिकारी और राजनेता थे। वह यूगोस्लाविया कम्युनिस्ट पार्टी के महासचिव (बाद में राष्ट्रपति 1939-1980) थे, जिन्होंने द्वितीय विश्व युद्ध के दौरान यूगोस्लाव प्रतिरोध आंदोलन (1941-45) का नेतृत्व किया। युद्ध के बाद वह समाजवादी संघीय गणराज्य यूगोस्लाविया के प्रधानमंत्री (1945-63) और बाद में राष्ट्रपति (1953-80) बने। 1943 से लेकर 1980 में अपने निधन तक वे यूगोस्लाव सेना, यूगोस्लाव पीपुल्स सेना के सर्वोच्च कमांडर के रूप में मार्शल ऑफ यूगोस्लाविया के पद पर आसीन रहे।

टीटो द्वितीय विश्व युद्ध से लेकर 1991 तक सतत एक समाजवादी महासंघ के मुख्य वास्तुकार थे। कोमिन्फोर्म के संस्थापकों में से एक होने के बावजूद वह सोवियत आधिपत्य की उपेक्षा करनेवाले पहले और इकलौते कोमिन्फोर्म सदस्य थे। समाजवाद की स्वतंत्र राह के पैरोकार होने के साथ-साथ वह गुटनिरपेक्ष आंदोलन के मुख्य संस्थापक और प्रथम महासचिव थे। उन्होंने शीतयुद्ध के दौरान दो विरोधी ब्लॉक के बीच गुटनिरपेक्ष की नीति का समर्थन किया।

जीत हमारी ही होगी

✍ **मार्शल जोसिफ ब्रांज टीटो**

मार्शल जोसिफ ब्रांज टीटो ने, जो बाद में यूगोस्लाविया के प्रधानमंत्री और फिर राष्ट्रपति बने, यह भाषण 26 नवंबर, 1942 को जर्मनी की नाजी सेनाओं के विरुद्ध संघर्ष के लिए स्वदेशवासियों को ललकारते हुए दिया था।

साथियो, भाइयो, बहनो, यूगोस्लाविया की जन-स्वाधीनता परिषद के सदस्या मैं यूगोस्लाविया के सर्वोच्च मुख्यालय, युद्धरत सैनिकों, साथियों, जन-स्वाधीनता सेना के राजनीतिक कॉमिसारों की ओर से आप सबका स्वागत करता हूँ।

पिछले अठारह महीनों के कड़े और रक्तरंजित महान् संघर्ष के बाद इस ऐतिहासिक सम्मेलन में आप सबका स्वागत करने का जो अवसर मुझे प्राप्त हुआ है, उससे मैं स्वयं को बहुत गौरवान्वित महसूस करता हूँ।

यूगोस्लाविया की इस फासिस्ट-विरोधी जन-स्वाधीनता परिषद् का उद्घाटन करते हुए मैं आपसे कुछ कहना चाहता हूँ।

इस लंबे और रक्तरंजित युद्ध में हम लगभग निहत्थे ही कूद पड़े थे। यह इसी संघर्ष का परिणाम है कि हम लोग यहाँ सम्मिलित हुए हैं। हम यहाँ एक ऐसी संस्था का निर्माण करने के लिए एकत्र हुए हैं, जो जन-स्वाधीनता सेना के मुख्यालय, यूगोस्लाविया की देशभक्त गुरिल्ला टुकड़ियों तथा जन-स्वाधीनता समितियों के साथ मिलकर इस संघर्ष का मेरुदंड बन सके। यह हमारे ध्वस्त हो चुके देश का आर्थिक व राजनीतिक संगठन करेगी। उस सीमा तक, जो इन परिस्थितियों में संभव

है, ताकि हम इस कटु संघर्ष को एक विजयी निष्कर्ष तक पहुँचा सकें।

साथियो, हम कोई संवैधानिक सरकार बनाने की स्थिति में नहीं हैं, क्योंकि अंतरराष्ट्रीय संबंध और परिस्थितियाँ अभी इसकी अनुमति नहीं देतीं। लेकिन साथियो, हमें इन कठिन परिस्थितियों में भी एक चीज का अधिकार प्राप्त है। वह है—एक राजनीतिक संस्था बनाने का अधिकार, ताकि हम जनता को संगठित कर सकें, उनका अपनी साहसी सेना के साथ भावी युद्धों के समय संचालन कर सकें, वे युद्ध जो अत्यंत भयंकर होंगे। हमारे पास इस क्षेत्र में सिवाय जन-स्वाधीनता समिति के कोई अधिकरण नहीं है, जिसकी स्थापना स्वयं जनता ने की है। हमने विभिन्न कठपुतली फासिस्ट सरकारों को मान्यता नहीं दी। यही वजह है कि यहाँ हमारी अपनी भूमि पर, जो हमारी जनता के सपूतों के रक्त से सनी है, हमें ऐसी स्थितियों का निर्माण करना पड़ा जिनमें हम लोग जन-स्वाधीनता संग्राम में अधिक-से-अधिक योगदान दे सकें। जब हम छोटी गुरिल्ला सेना थे, जब हमारी बहुत छोटी-छोटी गुरिल्ला टुकड़ियाँ थीं, हमारी आवश्यकताएँ बहुत अधिक न थीं। आज वे छोटी गुरिल्ला टुकड़ियाँ विशाल जन-स्वाधीनता सेना बन गई हैं। यह सेना अपने दमखम और मनोबल में शत्रु के समान नहीं, उससे कहीं बढ़-चढ़कर है, यद्यपि तकनीक में शत्रु हमसे बेहतर है, इसलिए अब इस सेना की आवश्यकताएँ पहले से बहुत अधिक हो गई हैं। तब प्रत्येक ग्राम, जिला और समुदाय अपने योद्धाओं को खिला-पिला सकता था। अब किसी अधिकरण, किसी राजनीतिक सत्ता का गठन करना आवश्यक हो गया है। यह हमारी अपनी जनता की भी सत्ता होगी। यह अपराधी फासिस्ट आक्रमणकारियों और उनके सहयोगियों के विरुद्ध युद्ध में दिशा-निर्देश दे सकेगी। उनके इन सहयोगियों में हमारे बीच बसे उस्ताशी, चेतानिक व अन्य देशद्रोही भी हैं।

मुझे यह देखकर प्रसन्नता हो रही है कि हमारे बीच युद्ध की ज्वाला में तप कर इस्पात बने जनता के सच्चे सपूत देशभक्त मौजूद हैं। वे मताथर्कों के चुने प्रतिनिधि नहीं, जैसा पहले होता था। वे तो अति मानवीय संघर्ष की अग्नि में तपकर बड़े हुए योद्धा हैं, जो अपने प्राण न्योछावर करने के संकल्प के साथ युद्धभूमि में गए थे। यहाँ अपने देश के सच्चे पुष्पों को देखकर मेरा हृदय प्रसन्नता से भर गया है।

साथियो, हमारी फासिस्ट-विरोधी जन-स्वाधीनता समिति पर बड़ा भारी और महान् उत्तरदायित्व है। हमारे पास आज लगभग कुछ भी नहीं है। हमारे पास केवल वे हथियार हैं, जो हमने अपने सर्वश्रेष्ठ योद्धाओं का रक्त देकर कब्जे में लिये हैं। हमारा देश नष्ट-भ्रष्ट हो गया है। हमारे लोग भयंकर कष्ट और विपत्तियाँ सह

रहे हैं। वे भूखे, नंगे, नंगे पाँव हैं। वे चेतानिक, उस्ताशी और दूसरे आक्रामक विद्रोहियों के पाशविक आतंक से त्रस्त हैं। पर हमारे पास एक चीज है—हमारे पीड़ित व आक्रांत जनों का अडिग विश्वास कि जीत हमारी ही होगी। हमारा मनोबल ऊँचा है। सारे संसार को चकित कर देनेवाला हमारी सेना का मनोबल ही नहीं, हमारी जनता का मनोबल भी। जरा जलाकर खाक किए गए गाँवों पर नजर डालिए! पास में ही खून जमा देनेवाले जाड़े में, झोंपड़ी में या खुले आकाश के नीचे, जंगल में आपको अपनी पत्नियों के साथ आग तापते किसान मिल जाएँगे। पर वे अपने दुर्भाग्य का रोना नहीं रो रहे हैं। वे कहते हैं कि भाइयो, लड़ो। अगर हमारे सारे शत्रुओं को परास्त करने के लिए उसकी जरूरत है तो हम रोटी का आखिरी टुकड़ा भी तुम्हें दे देंगे। यह सर्वोत्तम मनोबल है, जिस पर यूगोस्लावियाई जनता को गर्व होना चाहिए।

स्वाभाविक है कि यहाँ हम जो संस्था बनाने जा रहे हैं, जो नीचे से उभरकर इस स्तर पर आई है, उसे भारी जिम्मेदारियाँ उठानी होंगी और बहुत बड़ा काम संपन्न करना होगा। हमारी सेना को हथियार चाहिए और हमारे पास कोई आयुध-कारखाने नहीं हैं। हमारी सेना को आहार चाहिए। ये सारी जिम्मेदारियाँ हमारी जनता द्वारा बनाई इस संस्था पर हैं। मेरे विचार से, आप में से एक भी ऐसा नहीं जो इस कठिन काम और बड़ी जिम्मेदारी से घबरा रहा हो। मेरे विचार से, आप उस भावी युद्ध के लिए—जो हमारे लिए विजय लाएगा—सबकुछ बलिदान करने को तत्पर हैं। हम लड़ते रहे हैं और शत्रु के पास बेहतर हथियार होने के बावजूद अपनी लड़ाई जारी रखेंगे। साथियो, आपके पूर्ण सहयोग के साथ हमारा सर्वोच्च मुख्यालय सभी भावी कठिनाइयों से पार पा लेगा। आज हम छह महीने पहले की अपेक्षा इन कठिनाइयों को स्वीकार करते हुए अधिक सरलता से युद्ध कर रहे हैं। आज परिप्रेक्ष्य स्पष्ट है—सूर्य की तरह स्पष्ट है कि जीत मित्र राष्ट्रों की ही होगी। आज हिटलरी व दूसरे ब्रांड के फासिस्ट एक के बाद एक पराजय का मुँह देख रहे हैं। शूर लाल सेना जर्मनी के फासिस्ट झुंडों पर घातक प्रहार कर रही है। समस्त प्रगतिशील मानवता के दुर्ग स्तालिनग्राद की सुरक्षा कर ली गई है। इसमें और इससे पहले के युद्धों में लाखों जर्मन सैनिक इसकी प्राचीरों के नीचे हताहत हुए हैं। हिटलरी फासिस्ट पिंजरे में बंद किसी वन्य पशु के समान हर दिशा में भागते फिर रहे हैं, लेकिन अब उनके लिए कोई आशा नहीं। अपनी हताशा में वे दुर्बल और आक्रांत देशों पर अपना गुस्सा उतारने की कोशिश कर सकते हैं; लेकिन हम उन्हें बता सकते हैं कि यूगोस्लाविया में उनके लिए यह बहुत कठिन होगा। आज हमारे पास सेना

है। आज हमारे पास बंदूकों से लेकर तोपें तक हैं। हम उनका सामना करने में सक्षम हैं। आप निश्चिंत रहें क्योंकि हमारे देश को नष्ट करने के अपने प्राथमिक इरादों को पूरा करने की पर्याप्त शक्ति उनमें नहीं है। कभी हमारा विश्वास डगमगाया नहीं और आज तो हमें पूर्ण विश्वास है कि जीत हमारी होगी। फलस्वरूप इस वेला में, जबकि सभी पराधीन जनों के हृदय आनंद से परिपूर्ण हो रहे हैं, क्योंकि वे अवश्यंभावी को देख रहे हैं। वे फासिस्ट पशुओं की पराजय स्पष्ट देख रहे हैं। ऐसे में हम पूर्ण दृढ़ता के साथ आगे बढ़ेंगे। इस आशा से परिपूर्ण कि हम आनेवाली सभी कठिनाइयों से पार पा लेंगे। हमें विश्वास है कि एकजुट होकर काम करने और लड़ने से हम इस लंबे संघर्ष को जारी रख सकेंगे, जो हमारी विपत्ति को विजय में बदल देगा।

मैं इस महान् राष्ट्रीय फोरम, यूगोस्लाविया की फासिस्ट-विरोधी जन-स्वाधीनता परिषद् की उसके भावी कार्य में पूर्ण सफलता की कामना करता हूँ। वह कार्य, जो हमारी जनता के कल्याण के लिए कर रही है, जो हमारी मुक्तिवाहिनी के वीरों के लिए कर रही है और यूगोस्लाविया की समस्त राष्ट्रीयताओं की एकता के लिए कर रही है। क्योंकि आज जिस नींव का निर्माण किया जा रहा है, वह नींव है भ्रातृत्व, एकता और मैत्री की, जिसे कोई कभी भी नष्ट नहीं कर पाएगा। यह ऐतिहासिक सम्मेलन हमारे जनों, सर्व, क्रोट, सोवेन, मेंटनैग्रिन, मुसलिम तथा अन्य की एकता का प्रमाण है, भले ही वे किसी भी धर्म या राष्ट्रीयता के हों। यह इस बात की गारंटी की है कि हमारी जनता के लिए बेहतर व सुखद भविष्य की दिशा में प्रगति हो रही है।

□

मुहम्मद अली जिन्ना

मुहम्मद अली जिन्ना का जन्म 25 दिसंबर, 1876 को कराची में हुआ था। जिन्ना के पूर्वज हिंदू राजपूत थे, बाद में उन्होंने इसलाम धर्म स्वीकार कर लिया था। जिन्ना 20वीं शताब्दी के प्रसिद्ध वकील, राजनीतिज्ञ और पाकिस्तान के संस्थापक थे। वह पाकिस्तान में 'कायदे आजम' के नाम से जाने जाते हैं। जिन्ना 1913 में अखिल भारतीय मुसलिम लीग के नेता बने। वह पाकिस्तान के पहले गवर्नर जनरल भी रहे। मलाबार हिल बंबई में जिन्ना का एक पुश्तैनी घर है, जिसे जिन्ना हाउस के रूप में जाना जाता है। एक युवा वकील के रूप में मुहम्मद अली जिन्ना 1896 में भारतीय राष्ट्रीय कांग्रेस में शामिल हुए। प्रथम विश्व युद्ध के दौरान जिन्ना ब्रिटिश सरकार के समर्थक रहे। सन् 1916 में लखनऊ में मुसलिम लीग के नेता चुने गए। इसी दौरान उन्होंने अखिल भारतीय होम रूल लीग की स्थापना में महत्त्वपूर्ण भूमिका निभाई। 11 सितंबर, 1948 को 71 वर्ष की आयु में कराची में उनकी मृत्यु हुई।

पाकिस्तान की संविधान सभा का उद्‌घाटन भाषण

✍ **मुहम्मद अली जिन्ना**

मि. प्रेसीडेंट, देवियो और सज्जनो!

अपना पहला राष्ट्रपति चुनकर आपने मुझे जो सम्मान दिया है—वह सर्वोच्च सम्मान, जो इस सार्वभौम सभा के लिए संभव है—उसके लिए मैं आपका हार्दिक धन्यवाद करता हूँ। मैं उन नेताओं को भी धन्यवाद देता हूँ, जिन्होंने मेरी सेवाओं की और मेरी सराहना की है। मुझे पूरा विश्वास है कि आपके समर्थन और सहयोग से हम इस संविधान सभा को दुनिया के लिए एक मिसाल बना देंगे। संविधान सभा को दो मुख्य कार्य करने हैं। पहला है—पाकिस्तान के भावी संविधान बनाने का दूभर और जिम्मेदारी भरा कार्य तथा दूसरा पाकिस्तान के संघीय विधानमंडल के रूप में एक संपूर्ण सार्वभौम संस्था की तरह कार्य करना। पाकिस्तान के संघीय विधानमंडल के लिए एक अंतिम संविधान अपनाने हेतु हमें अपनी सर्वोत्तम प्रतिभा का परिचय देना होगा। आप सब जानते हैं कि न केवल हम खुद इस पर अचरज कर रहे हैं, बल्कि इस अभूतपूर्व तूफानी क्रांति, जिसने इस उपमहाद्वीप में दो स्वतंत्र सार्वभौम राष्ट्रों की स्थापना की योजना को साकार किया है, पर सारी दुनिया अचरज कर रही है। अपने आप में यह अभूतपूर्व है; दुनिया के इतिहास में इसका समकक्ष नहीं है। यह विशाल उपमहाद्वीप, जिसमें सभी प्रकार के लोग रहते हैं, एक ऐसी योजना के अंतर्गत लाया गया है, जो दैत्याकार, अनजाना और अतुलनीय है। और इसके संबंध में जो बात बहुत महत्त्वपूर्ण है, वह यह है कि हमने इसे शांति और

नैतिक साधनों से प्राप्त किया है।

इस सभा के पहले समारोह में शरीक होने के कारण मैं इस वक्त बहुत सुविचारित घोषणाएँ नहीं कर सकता; परंतु मैं कुछ बातें कहूँगा, जो इस वक्त मेरे मन में आ रही हैं। पहली और मुख्य बात, जिस पर मैं जोर देना चाहूँगा, यह है—याद रखिए, अब आप एक सार्वभौम विधायी संस्था हैं और आपके हाथों में सारी शक्तियाँ हैं। इसलिए वह आप पर भारी जिम्मेदारी डालता है कि आपको अपने फैसले किस तरह लेने चाहिए। इस पर मैं जो पहली टिप्पणी करना चाहूँगा वह यह है। निस्संदेह, आप मुझसे सहमत होंगे कि एक सरकार का पहला कर्तव्य है कानून और व्यवस्था लागू करना, जिससे राज्य अवाम के जान-माल और उसके धार्मिक विश्वासों को पूरा संरक्षण दे सके।

मेरे मन में जो दूसरी बात आती है वह यह है। जिन सबसे बड़े शापों से भारत ग्रस्त है—मैं यह नहीं कहता कि दूसरे देश इससे मुक्त हैं, परंतु हमारी स्थिति कहीं बदतर है—वे हैं घूस और भ्रष्टाचार। वे सचमुच जहर हैं। हमें उससे सख्ती से निपटना होगा और मुझे आशा है कि आप जितनी जल्दी संभव हो, ऐसे कदम उठाएँगे कि यह सभा उस दिशा में कुछ कर सके।

कालाबाजारी एक और अभिशाप है। यह ठीक है कि मैं जानता हूँ कि कालाबाजारिए अकसर पकड़े जाते हैं और उन्हें सजा मिलती है। अदालतें उन्हें सजा देती हैं और कभी-कभी उन पर केवल जुर्माना लगाया जाता है। अब आपको इस राक्षस से निपटना है, जो कि समाज के खिलाफ एक बहुत बड़े पैमाने पर हो रहा अपराध है—हमारे विपदाग्रस्त हालात में जब हम भोजन और जीवन की दूसरी जरूरी चीजों की लगातार किल्लत झेल रहे हैं। मैं समझता हूँ कि एक कालाबाजारी सबसे बड़े और जघन्य अपराधों से भी बड़ा अपराध करता है। ये कालाबाजारिए असल में जानकार, बुद्धिमान एवं अमूमन जिम्मेदार लोग होते हैं और जब वे कालाबाजारी करते हैं तो मैं समझता हूँ कि उन्हें कड़ी सजा दी जानी चाहिए, क्योंकि वे खाद्य पदार्थों और दूसरी जरूरी चीजों पर नियंत्रण व नियमन की पूरी प्रणाली को कमजोर बनाते हैं तथा बड़े पैमाने पर भुखमरी और अभाव पैदा करते हैं।

अगली चीज जो मेरा ध्यान खींचती है वह यह है—यह भी हमें विरासत में मिली है। कई अच्छी और बुरी बातों के साथ यह भयंकर बुराई भी आ गई है—भाई-भतीजावाद और भ्रष्टाचार की बुराई। इस बुराई को कठोरता से कुचल दिया जाना चाहिए। मैं यह बिलकुल साफ कर देना चाहता हूँ कि मैं किसी तरह का भ्रष्टाचार, भाई-भतीजावाद या प्रत्यक्ष या परोक्ष रूप से मुझे प्रभावित करने की

कोशिशों को कतई सहन नहीं करूँगा। जहाँ कहीं भी मैं इसका चलन देखूँगा, चाहे वह ऊँचे स्तर पर हो या नीचे, उसे खत्म कर दूँगा।

मैं जानता हूँ कि ऐसे लोग हैं, जो हिंदुस्तान के बँटवारे तथा पंजाब और बंगाल के बँटवारे से पूरी तरह सहमत नहीं हैं। उसके खिलाफ बहुत कुछ कहा गया है, लेकिन अब, जबकि वह स्वीकार कर लिया गया है, हममें से हर एक का यह फर्ज है कि निष्ठा से उसका पालन करें तथा उस समझौते के अनुसार ईमानदारी से कार्य करें, जो अब अंतिम और सब पर बाध्यकारी है। लेकिन आपको याद रखना चाहिए कि, जैसा मैंने कहा, यह महान् क्रांति अभूतपूर्व है। दोनों समुदायों की भावनाओं को कोई भी अच्छी तरह समझ सकता है; जहाँ एक समुदाय बहु संख्या में है और दूसरा अल्प संख्या में। मगर सवाल यह है कि क्या यह संभव या व्यवहार्य था कि हमने जो कुछ किया है, वह न करके कुछ और कर लें? विभाजन जरूरी था। हिंदुस्तान और पाकिस्तान दोनों तरफ ऐसे वर्ग हैं, जो इससे सहमत न हों, इसे पसंद न करते हों; परंतु मेरे से इस समस्या का और कोई हल नहीं था और मुझे विश्वास है कि भावी इतिहास इसके पक्ष में अपना फैसला दर्ज करेगा। यही नहीं, जैसे-जैसे हम आगे बढ़ते हैं, हमारे वास्तविक अनुभव से यह साबित हो जाएगा कि भारत की संवैधानिक समस्या का वही एक समाधान था। एक संयुक्त भारत का कोई भी विचार काम नहीं करता और मेरे विचार से वह हमें महाविनाश की ओर ही ले जाता। यह नजरिया सही हो सकता है और गलत भी, यह देखा जाना बाकी है। फिर भी, इस विभाजन में दोनों में से किसी राष्ट्र में अल्पसंख्यकों के सवाल से बचा नहीं जा सकता था। अब वह तो अपरिहार्य है। इसका कोई दूसरा हल नहीं है। अब हम क्या करेंगे? अब यदि हम इस महान् राष्ट्र पाकिस्तान को सुखी और समृद्ध बनाना चाहते हैं तो हमें अपने प्रयासों को पूरी तरह से और केवल लोगों, विशेष रूप से आम और गरीब जनता, के कल्याण पर केंद्रित करना होगा। यदि आप भूतकाल को भूलकर, दुश्मनी को खत्म कर सहयोग से काम करेंगे तो निश्चित रूप से सफल होंगे। यदि आप जो कुछ हुआ, उसे भूलकर इस भावना से काम करते हैं कि आप में से, हर एक, चा़हे वह किसी भी समुदाय का हो, चाहे भूतकाल में आपके साथ उसके संबंध कैसे भी रहे हों; चाहे उसका रंग, जाति या धर्म कुछ भी हो, वह सबसे पहले, दूसरे और अंत में इस मुल्क का नागरिक है, जिसे उतने ही अधिकार, सुविधाएँ और कर्तव्य उपलब्ध हैं जितने किसी और को, तो आप यकीनन बेइंतहा तरक्की करेंगे।

मैं इस पर जितना जोर दूँ, वह फिर भी कम होगा। हमें इस भावना से काम

शुरू कर देना चाहिए और समय के साथ बहुसंख्यक समुदाय एवं अल्पसंख्यक समुदाय की कठोरताएँ—हिंदू समुदाय और मुसलिम समुदाय और मुसलमानों में भी पठान, पंजाबी, शिया, सुन्नी और दूसरे कई विभाजन हैं। इसी तरह हिंदुओं में भी ब्राह्मण, वैष्णव, खत्री आदि और उनके साथ बंगाली, मद्रासी जैसे क्षेत्रीय विभाजन—अपने आप ही खत्म हो जाएँगे। असल में, अगर आप मुझसे पूछें तो भारत की आजादी की राह में यही सबसे बड़ी बाधा थी और यह न होती तो हमें बहुत पहले आजादी मिल गई होती। कोई शक्ति किसी दूसरे राष्ट्र को, विशेष रूप से 40 करोड़ की आबादीवाले राष्ट्र को गुलाम बनाकर नहीं रख सकती; कोई आपको पराजित नहीं कर सकता था और यदि ऐसा हो भी जाता तो यह बाधा न होने पर इतने लंबे समय तक अपना प्रभुत्व कायम न रख पाता। इसलिए हमें इससे एक सबक सीखना चाहिए। पाकिस्तान राष्ट्र में आप आजाद हैं; आप अपने मंदिरों में जाने के लिए आजाद हैं; आप अपनी मसजिदों या किसी भी पूजा-स्थल में जाने के लिए स्वतंत्र हैं। आप किसी भी धर्म, जाति या पंथ से संबंधित हो सकते हैं—उसका राज्य के कामकाज से कोई संबंध नहीं है। जैसा कि आप जानते हैं, इतिहास बतलाता है कि कुछ समय पहले इंग्लैंड में हालात आज के भारत से कहीं बदतर थे। रोमन कैथोलिक और प्रोटेस्टेंट एक-दूसरे पर जुल्म करते थे। अब भी कई राज्य ऐसे हैं, जहाँ किसी वर्ग विशेष के साथ भेदभाव किया जाता है और उसकी स्वतंत्रता का हनन किया जाता है। खुदा का शुक्र है कि हम उन दिनों में अपनी शुरुआत नहीं कर रहे हैं। हम एक ऐसे समय में शुरुआत कर रहे हैं, जब एक समुदाय और दूसरे के बीच कोई भेदभाव नहीं है, एक जाति या पंथ और दूसरे के बीच कोई भेदभाव नहीं है। हम इस मूलभूत सिद्धांत से शुरुआत कर रहे हैं कि हम एक राष्ट्र के नागरिक, समान दर्जे के नागरिक हैं। इंग्लैंड को एक समय इस स्थिति की सच्चाइयों का सामना करना पड़ा था और उस देश की सरकार द्वारा उन पर डाली गई जिम्मेदारियों का पालन करना पड़ा था और वे क्रमश: इस अग्निपरीक्षा से गुजरे। आज आप यह कहें कि रोमन कैथोलिक और प्रोटेस्टेंट अब अस्तित्व में नहीं हैं तो गलत न होगा; अब वहाँ जिस चीज का वजूद है वो यह है कि हर आदमी ग्रेट ब्रिटेन का एक नागरिक, एक बराबरी का नागरिक है और वे सभी राष्ट्र के सदस्य हैं।

अब, मैं समझता हूँ कि एक आदर्श के रूप में हमें इसे अपने सामने रखना चाहिए और आप एक दिन पाएँगे कि हिंदू हिंदू नहीं रहेंगे और मुसलमान मुसलमान नहीं रहेंगे—एक धार्मिक अर्थ में नहीं, क्योंकि वह प्रत्येक व्यक्ति का व्यक्तिगत विश्वास है—बल्कि एक राष्ट्र के नागरिक के रूप में, राजनीतिक अर्थ में।

सज्जनो, मैं आपका और अधिक समय नहीं लेना चाहता और आपने मुझे जो सम्मान दिया है, उसके लिए एक बार फिर आपको धन्यवाद देता हूँ। मैं, जैसा कि राजनीतिक भाषा में कहा जाता है, बिना किसी पूर्वग्रह और दुर्भावना के—दूसरे शब्दों में, बिना किसी पक्षपात के—हमेशा न्याय और ईमानदारी के सिद्धांतों पर चलता रहूँगा। मेरे मार्गदर्शी सिद्धांत होंगे न्याय और संपूर्ण निष्पक्षता। मुझे विश्वास है कि आपके समर्थन और सहयोग से मैं पाकिस्तान को दुनिया के महानतम देशों में से एक के रूप में देखने की उम्मीद कर सकता हूँ।

मुझे संयुक्त राज्य अमेरिका से अपने नाम एक संदेश मिला है। वह इस प्रकार है—

मुझे, पाकिस्तान की संविधान सभा के प्रेसीडेंट की हैसियत से श्रीमान आपको यह संदेश पहुँचाने का सौभाग्य प्राप्त हुआ है, जो मुझे अभी-अभी अमेरिका के विदेश मंत्री से मिला है—

''पाकिस्तान की संविधान सभा की पहली बैठक के अवसर पर मैं आपको और सभा के सदस्यों को, जो कार्य आप हाथ में लेने जा रहे हैं, उसके सफल निष्पादन के लिए अमेरिका की सरकार और उसकी जनता की ओर से हार्दिक शुभकामनाएँ देता हूँ।''

□

मुहम्मद इकबाल

मुहम्मद इकबाल का जन्म 9 नवंबर, 1877 को सियालकोट में हुआ। इकबाल के पिता शेख नूर मुहम्मद एक समृद्ध दर्जी थे। 1892 में उन्होंने स्नातक की उपाधि प्राप्त की। कैंब्रिज, म्यूनिख और हीडलबर्ग में अध्ययन करने के बाद उन्होंने कानून का अध्ययन किया। इकबाल दुनिया भर में इसलामी सभ्यता के राजनीतिक और आध्यात्मिक पुनरुत्थान के समर्थक रहे। सन् 1903 में अपनी पहली पुस्तक उर्दू में 'अर्थशास्त्र का विज्ञान' तथा 1905 में 'तराना ए हिंद' (भारत के गीत) देशभक्ति के गीत प्रकाशित हुईं। 1906 में ऑल इंडिया मुसलिम लीग के गठन के बाद इकबाल 1908 में कार्यकारी समिति के लिए चुने गए। उन्होंने सन् 1915 में अपनी कविता का पहला संग्रह 'असरार ए खुदी' प्रकाशित कराया। 'सारे जहाँ से अच्छा हिंदोस्ताँ हमारा' उनका लोकप्रिय गीत है। 21 अप्रैल, 1938 को 60 वर्ष की आयु में लाहौर में उनका निधन हो गया।

भारत के मुसलमान

✍ **मुहम्मद इकबाल**

सज्जनो, भारत में मुसलिम राजनीतिक विचारों और गतिविधियों के इतिहास के इस निर्णायक क्षण में ऑल इंडिया मुसलिम लीग के विचार-विमर्श की अध्यक्षता करने के लिए आमंत्रित करके आपने मुझे जो गौरव प्रदान किया है, उसके लिए मैं आपका हृदय से आभारी हूँ। मुझे इसमें कोई संदेह नहीं है कि इस सभा में ऐसे महानुभाव हैं, जिनका राजनीतिक अनुभव मुझसे कहीं ज्यादा है और जिनकी राजनीतिक मामलों की जानकारी की मेरे दिल में बहुत इज्जत है। ऐसे महानुभावों की सभा में जिन राजनीतिक निर्णयों को आज लिया जाना है, उनपर मार्गदर्शन करने का दावा करना मेरी धृष्टता होगी। मैं कोई पार्टी नहीं चलाता। मैं किसी नेता का अनुसरण नहीं करता। मैंने अपने जीवन का सर्वोत्तम भाग इसलाम, उसकी विधि एवं शासन-तंत्र, उसकी संस्कृति, उसका इतिहास और उसके साहित्य का अध्ययन करने में बिताया है। इसलाम की अंतरात्मा, जो समय के साथ स्वयं को प्रकट करती है, के साथ इस अनवरत संपर्क ने, मैं समझता हूँ कि एक दुनियावी सच्चाई के रूप में उसके महत्त्व के बारे में मुझे एक अंतर्दृष्टि के प्रकाश में, चाहे उसका महत्त्व कुछ भी हो, यह मानते हुए कि भारत के मुसलमान इसलाम की भावना के प्रति सच्चे बने रहने के लिए कृतसंकल्प हैं, मेरा विचार है कि मैं आपके निर्णय के संबंध में आपको मार्गदर्शन न दूँ, बल्कि उस मुख्य सिद्धांत को आपकी चेतना में स्पष्ट रूप से प्रवेश कराने का सादा कार्य करने की कोशिश करूँ जिसे—मेरी राय में—आपके निर्णय के सामान्य चरित्र का निर्धारण करना चाहिए।

इससे इनकार नहीं किया जा सकता कि इसलाम, जो एक नैतिक आदर्श के

साथ ही एक विशेष प्रकार की शासन व्यवस्था—इससे मेरा अभिप्राय एक ऐसे सामाजिक ढाँचे से है, जो एक न्याय-प्रणाली द्वारा विनियमित हो और एक विशिष्ट नैतिक आदर्श से अनुप्राणित हो—के तौर पर जाना जाता है, भारत के मुसलमानों के जीवन-इतिहास का मुख्य निर्माणात्मक कारक रहा है। वही उन्हें वे बुनियादी भावनाएँ और निष्ठाएँ प्रदान करता है, जो बिखरे हुए व्यक्तियों एवं समूहों को धीरे-धीरे एकसूत्र में बाँधता है और अंत में उन्हें एक सुपरिभाषित समुदाय के रूप में बदल देता है, जिनकी अपनी एक नैतिक चेतना होती है। वास्तव में, यह कहना कोई अतिशयोक्ति नहीं होगी कि भारत विश्व में शायद अकेला ऐसा देश होगा, जहाँ लोगों का चरित्र-निर्माण करनेवाले बल के रूप में इसलाम सबसे ज्यादा सफल रहा है। अन्य देशों की तरह भारत में भी इसलाम का सामाजिक ढाँचा लगभग पूरी तरह से इसलामी संस्कृति, जो एक निश्चित नैतिक आदर्श से प्रेरित है, से निर्मित हुआ है। मेरे कहने का आशय यह है कि अपनी असाधारण एकरूपता और आंतरिक एकता के साथ मुसलिम समाज इसलामी संस्कृति से जुड़े हुए सामाजिक कानूनों और संस्थाओं के दबाव के कारण ही वैसा बन सका है जैसा कि वह है। यद्यपि यूरोपीय राजनीतिक सोच से निकले विचार भारत और भारत से बाहर के मुसलमानों की नई पीढ़ी के नजरिए को तेजी से बदल रहे हैं। इन विचारों से प्रेरित होकर हमारे युवा इन विचारों को अपने देशों में एक जीवंत कल के रूप में देखने के लिए बेताब हैं, बिना उन तथ्यों की समीक्षा किए जिनके कारण वे यूरोप में विकसित हुए थे। यूरोप में ईसाइयत विशुद्ध रूप से एक मठ-आधारित व्यवस्था थी, जो धीरे-धीरे बढ़कर एक विशाल चर्च-आधारित संगठन बन गया। लूथर का विरोध-प्रदर्शन चर्च के खिलाफ था, न कि किसी धर्मनिरपेक्ष सामाजिक व्यवस्था के खिलाफ। इसका स्पष्ट कारण यह था कि ईसाइयत से जुड़ी कोई सामाजिक व्यवस्था थी ही नहीं और लूथर का इस संगठन से विद्रोह करना पूरी तरह से उचित था। यद्यपि मैं समझता हूँ कि उसने इस बात पर ध्यान नहीं दिया कि यूरोप की विशेष स्थितियों से उसके विद्रोह का अर्थ होगा—नीतिशास्त्र के राष्ट्रीय और इस तरह अधिक संकीर्ण आधारों पर विभक्त हो जाने से जीसस के सार्वभौम नीतिशास्त्र को विस्थापित कर दिया जाना। उस तरह रूसो और लूथर जैसे लोगों द्वारा शुरू किए गए बुद्धिवादी आंदोलन का परिणाम था—एक का कई परस्पर असहज भागों में बँट जाना, मानवीय दृष्टिकोण का राष्ट्रीय दृष्टिकोण में बदल जाना, जहाँ और अधिक वास्तविक आधारों जैसे देश की धारणा आवश्यक होती है तथा जिसकी अभिव्यक्ति राष्ट्रीय आधार, अर्थात् ऐसे आधार पर जिसमें क्षेत्र ही राजनीतिक एकजुटता के सिद्धांत की पहचान होता है, पर विकसित जटिल राज्यतंत्र

में होती है। यदि आप धर्म की अवधारणा पूर्ण पारलौकिकता के रूप में करते हैं तो यूरोप में ईसाइयत के साथ जो कुछ हुआ, वह बिलकुल स्वाभाविक था। जीसस के नीतिशास्त्र की सार्वभौमिकता को नीतिशास्त्र और राज्यतंत्र की राष्ट्रीय पद्धतियों द्वारा विस्थापित कर दिया गया। इसके परिणामस्वरूप यूरोप को जिस नतीजे पर पहुँचना पड़ा, वह यह था कि धर्म व्यक्ति का निजी मामला है और मनुष्य के सांसारिक जीवन से उसका कोई संबंध नहीं है।

इसलाम मनुष्य की एकात्मता को दो परस्पर विरोधी तत्त्वों, आत्मिक और भौतिक, में विभाजित नहीं करता। इसलाम में ईश्वर एवं ब्रह्मांड आत्मा और भौतिक स्वरूप चर्च और राज्य एक-दूसरे के अंगभूत हैं। मनुष्य एक लौकिक जगत् का नागरिक नहीं है, जिसे एक अन्यस्थ आत्मिक जगत् के लिए त्याग देना है। इसलाम के अनुसार मौलिक स्वरूप ही आत्मा है, जो समय और आकाश में स्वयं को प्रकट करती है।

संभवत: मैनिकियन विचारधारा के अधीन यूरोप ने आत्मा और पदार्थ के इस द्वैत को अविवेचित रूप से मान लिया है। उसके सर्वोत्तम विचारक आज इस आरंभिक त्रुटि को महसूस करते हैं, परंतु उसके राजनेता इसे एक निर्विवाद सिद्धांत के रूप में स्वीकार किए जाने के लिए अप्रत्यक्ष रूप से विश्व पर दबाव डाल रहे हैं। आध्यात्मिक और सांसारिक के इसी त्रुटिपूर्ण विभाजन ने ही यूरोप के धार्मिक और राजनीतिक सोच को अधिकांशत: प्रभावित किया है और इसी के परिणामस्वरूप यूरोपीय देशों के जीवन में व्यावहारिक रूप से ईसाइयत का दखल पूरी तरह समाप्त हो गया है। इसी का नतीजा है परस्पर असहज देशों का समूह, जिनके लिए मानवीय नहीं, राष्ट्रीय हित सर्वोपरि हैं। और ये परस्पर असहज देश ईसाइयत के नैतिक एवं धार्मिक विश्वासों को कुचलने के बाद एक संघीय यूरोप की आवश्यकता अनुभव कर रहे हैं—एकता का वह संदेश, जो मूलत: ईसाई चर्च संगठन ने उन्हें दिया था, परंतु जिसे मानवीय भाईचारे की जीसस की दृष्टि के आधार पर पुन:सृजित करने के बजाय उन्होंने लूथर के कहे अनुसार उसे नष्ट करना उचित समझा।

परंतु इसलामिक जगत् में एक लूथर का होना एक असंभव बात है; क्योंकि मध्ययुगीन ईसाइयत की तर्ज पर यहाँ कोई चर्च संगठन नहीं है, जो एक विनाशक को आमंत्रित करे। इसलामिक जगत् में एक सार्वभौमिक शासन-तंत्र है, जिसके मौलिक सिद्धांत सबको विदित हैं, परंतु हमारे विधिज्ञों के आधुनिक विश्व से संपर्क के अभाव के कारण जिसके ढाँचे की ऊर्जा समायोजनों पर निर्भर है। मैं नहीं जानता कि इसलामिक जगत् में राष्ट्र के विचार की अंतिम नियति क्या होगी। क्या इसलाम उसे आत्मसात् और रूपांतरित कर लेगा, जैसा उसने भिन्न मत के कई विचारों के साथ किया है या

उस विचार की शक्ति से अपने स्वयं के ढाँचे में आमूल परिवर्तन कर लेगा, कहना मुश्किल है। लेडन (हॉलैंड) के प्रोफेसर वेनसिंक ने अभी एक दिन मुझे लिखा— "ऐसा लगता है कि इसलाम उस संकट के दौर में प्रवेश कर रहा है, जिसमें से ईसाइयत एक शताब्दी से भी अधिक समय से गुजरी है। बड़ी कठिनाई इस बात में है कि धर्म की बुनियादों को कैसे बचाया जाए, जब कई पुरानी धारणाओं को त्यागना जरूरी हो जाए। मेरे लिए यह कहना बहुत मुश्किल है कि इसलाम की बात तो दूर, ईसाइयत पर इसका परिणाम क्या होगा।" वर्तमान समय में राष्ट्र का विचार मुसलमानों को कौमपरस्त बना रहा है और यह इसलाम के मानवीय कार्य के विरोध में काम कर रहा है। और इस कौमी चेतना की वृद्धि ऐसे प्रतिमानों की वृद्धि के रूप में सामने आ सकती है, जो इसलाम के स्वाभाविक प्रतिमानों से भिन्न या विरोधी तक हो।

मुझे आशा है कि इस शैक्षिक चर्चा के लिए आप मुझे क्षमा करेंगे। ऑल इंडिया मुसलिम लीग के इस सत्र को संबोधित करने के लिए आपने एक ऐसे आदमी को चुना है, जो इसलाम को एक ऐसी जीवंत शक्ति के रूप में देखता है; जो मनुष्य की दृष्टि को उसकी भौगोलिक सीमाओं से मुक्त करने में सक्षम है, जिसका यह विश्वास है कि एक व्यक्ति और एक देश के भी जीवन में धर्म सबसे ज्यादा महत्त्वपूर्ण है और जो यह समझता है कि इसलाम स्वयं नियति है तथा कोई नियति उसके कदम रोक नहीं सकती। ऐसा आदमी अपने ही ढंग से हालात को देख सकता है। आप यह न सोचें कि जिस समस्या का मैं वर्णन कर रहा हूँ, वह कोरी सैद्धांतिक है। यह एक जीवंत और व्यावहारिक समस्या है, जो जीवन एवं आचरण की एक पद्धति के रूप में इसलाम के ताने-बाने को छिन्न-भिन्न कर सकती है। उसके उचित समाधान पर ही एक विशिष्ट सांस्कृतिक इकाई के रूप में भारत में आपका भविष्य निर्भर है। हमारे इतिहास में इसलाम कभी परीक्षा की ऐसी घड़ी से नहीं गुजरा, जैसी आज उसके सामने है। एक समुदाय अपने सामाजिक ढाँचे के मौलिक सिद्धांतों को संशोधित करने, उनकी पुनर्व्याख्या करने या उन्हें अस्वीकार कर देने के लिए स्वतंत्र है; परंतु उनके लिए यह नितांत आवश्यक है कि कोई नया प्रयोग करने से पहले वे स्पष्ट रूप से देख लें कि वे क्या कर रहे हैं। और जिस तरह से मैं उस महत्त्वपूर्ण समस्या पर अपने विचार पेश कर रहा हूँ, उससे कोई यह न सोचे कि जो लोग अलग तरीके से सोचते हैं, उनसे मेरा कोई झगड़ा है। यह मुसलमानों की सभा है और मैं समझता हूँ कि इसलाम की भावना तथा उसके आदर्शों पर ईमानदारी से चलने के लिए आप उतने ही आतुर होंगे। इसलिए, मेरी एकमात्र इच्छा है कि मैं आपको खुलकर बता दूँ कि वर्तमान स्थिति की सच्चाई के बारे में मैं ईमानदारी से क्या सोचता हूँ। इसी तरीके

से मेरे लिए यह संभव है कि अपनी समझ के अनुसार आपकी राजनीतिक काररवाइयों पर प्रकाश डाल सकूँ।

तो असल में समस्या और उसके निहितार्थ क्या हैं ? क्या धर्म एक निजी मामला है ? क्या आप चाहेंगे कि इसलामिक जगत् में एक नैतिक और राजनीतिक आदर्श के रूप में इसलाम का वही हश्र हो, जो यूरोप में ईसाइयत का हुआ है ? क्या यह संभव है कि एक नैतिक आदर्श के रूप में इसलाम को कायम रखा जाए और एक सामाजिक नियामक के रूप में उसे स्वीकार कर दिया जाए; राष्ट्रीय राजनीति ऐसे चलाई जाए, जिसमें धार्मिक प्रवृत्ति की कोई भूमिका न हो ? यह सवाल भारत में विशेष महत्त्व रखता है, जहाँ मुसलमान अल्प संख्या में हैं। एक यूरोपीय व्यक्ति के मुँह से निकली यह बात कि धर्म एक निजी मामला है, कोई आश्चर्य का विषय नहीं है। यूरोप में ईसाइयत के एक मठवादी व्यवस्था होने की अवधारणा, जिसमें भौतिक जगत् को त्यागकर अपनी दृष्टि पूरी तरह आध्यात्मिक जगत् पर केंद्रित कर दी जाती है, की तार्किक परिणति ही उपर्युक्त विचार तक ले जाती है। परंतु, कुरान में वर्णित पैगंबर का धार्मिक अनुभव एक बिलकुल ही अलग चीज है। यह अनुभव ऐसा नहीं है जिसे केवल एक जैविक घटना कहा जा सके, जो इस प्रयोग तक ही सीमित हो और सामाजिक धरातल पर जिसका कोई प्रभाव न पड़ता हो। यह एक ऐसा व्यक्तिगत अनुभव है, जो एक श्रेष्ठतर समाज की रचना करने में सक्षम है। इसका तात्कालिक परिणाम उसमें निहित कानूनी अवधारणाओं के साथ एक सुगठित समाज की बुनियादों के रूप में सामने आता है और उसके नागरिक महत्त्व को केवल इसलिए कम नहीं आँका जा सकता कि उसका उद्‍गम प्रकटनात्मक है। इसीलिए, इसलाम का धार्मिक आदर्श उस समाज व्यवस्था से अंगभूत रूप से जुड़ा हुआ है, जिसे उसी ने पैदा किया है। उनमें से एक को अस्वीकार करने से अपने आप ही दूसरे की अस्वीकृति हो जाती है। इसलिए एक राष्ट्रीय आधार पर समाज की रचना करना, यदि वह एकजुटता के इसलामिक सिद्धांत को विस्थापित कर देता है, एक मुसलमान के लिए कल्पनातीत है। यह एक ऐसा विषय है, जिससे वर्तमान समय में भारतीय मुसलमानों का सीधा सरोकार है। रेनन कहते हैं, ''मनुष्य न तो अपनी नस्ल द्वारा, न अपने मजहब द्वारा, न नदियों के मार्ग द्वारा और न पर्वत-शृंखलाओं की दिशा द्वारा गुलाम बनाया जाता है। ऐसे मनुष्यों, जो दिमाग से स्वस्थ और दिल से संवेदनशील हों, का एक विशाल समूह एक नैतिक चेतना का सृजन करता है, ही राष्ट्र कहलाता है।'' ऐसी रचना बिलकुल संभव है। यद्यपि इसके लिए व्यावहारिक रूप से मनुष्य के पुनर्निमाण और उसे सर्वथा नए भावनात्मक प्रतीक उपलब्ध कराने की लंबी व कठिन प्रक्रिया से गुजरना होगा। यदि कबीर की शिक्षाएँ और अकबर के 'दीन-ए-इलाही' ने

इस देश की जनता के दिलों पर कब्जा कर लिया होता तो आज वह एक हकीकत होती। परंतु अनुभव यह दरशाता है कि भारत में विभिन्न जातीय इकाइयाँ और धार्मिक इकाइयाँ एक वृहद् संपूर्णता के लिए अपनी विशिष्ट पहचान खोने के लिए तैयार नहीं हैं। प्रत्येक समूह सामूहिक अस्तित्व से अत्यधिक ईर्ष्या रखता है। उस प्रकार की नैतिक चेतना का निर्माण, जो रेनन के अर्थ में एक राष्ट्र होने का सार है, एक ऐसी कीमत की माँग करता है, जो भारत के लोग देने के लिए तैयार नहीं हैं। इसलिए एक भारतीय राष्ट्र की एकता उसके विभिन्न घटकों के अस्वीकार में नहीं, बल्कि उनके परस्पर सामंजस्य और सहयोग में तलाश की जानी चाहिए। विवेकपूर्ण राजनीति तथ्यों की अनदेखी नहीं करती, चाहे वे कितने भी अप्रिय हों। एकमात्र व्यावहारिक रास्ता यही है कि जो परिस्थितियाँ हैं ही नहीं, उन्हें मानकर न चला जाए बल्कि तथ्यों को ज्यों-का-त्यों स्वीकार किया जाए और अपने सर्वोत्तम लाभ के लिए उनका दोहन किया जाए। और इसी दिशा में भारतीय एकता की खोज पर ही भारत एवं एशिया का भी भविष्य निर्भर है। भारत के लोगों का एक भाग उसके पूर्व में स्थित देशों के साथ सांस्कृतिक अपनत्व महसूस करता है तथा दूसरा भाग एशिया के मध्य और पश्चिमी देशों के साथ। यदि भारत में आपसी सहयोग का कोई प्रभावी सिद्धांत खोज लिया जाए तो वह इस पुरातन देश, जिसने अपनी ऐतिहासिक स्थिति के कारण, न कि उसके निवासियों की किसी नैसर्गिक अक्षमता के कारण बहुत कुछ सहा है, में शांति और सौहार्द लेकर आएगा। और वही एशिया की संपूर्ण राजनीतिक समस्या का समाधान भी करेगा।

परंतु यह देखकर पीड़ा होती है कि आंतरिक सामंजस्य का कोई सिद्धांत खोज पाने के हमारे अब तक के प्रयत्न असफल रहे हैं। वे क्यों असफल हुए? शायद हम एक-दूसरे के इरादों के प्रति शंकित रहते हैं और मन-ही-मन एक-दूसरे पर दबदबा कायम करना चाहते हैं। शायद परस्पर सहयोग के उच्चतर लाभ के लिए हम उन एकाधिकारों को छोड़ना नहीं चाहते, जो हमें परिस्थितिवश प्राप्त हुए हैं, राष्ट्रीयता के आवरण में अपने अहंभाव को छिपाते हैं, बाहर से एक देशभक्त होने का ढोंग रचाकर अंदर से उतने ही संकीर्ण बने रहते हैं जितना एक जाति या कबीले के लोग होते हैं। शायद हम इस बात को मानने के लिए तैयार नहीं हैं कि प्रत्येक समूह को उसकी अपनी सांस्कृतिक परंपराओं के अनुसार विकास करने का अधिकार है। परंतु हमारी असफलता के जो भी कारण रहे हों, मैं अब भी आशान्वित हूँ। घटनाएँ किसी तरह के आंतरिक सामंजस्य की ओर जाती हुई दिखाई देती हैं। और जहाँ तक मैं मुसलिम मन को पढ़ पाया हूँ, मुझे यह घोषणा करने में कोई झिझक नहीं है कि यदि इस सिद्धांत कि भारतीय मुसलमान को अपने वतन में, अपनी संस्कृति व परंपरा के

अनुसार विकास करने का अधिकार है, को एक स्थायी सामुदायिक समझौते का आधार मान लिया जाए तो वह भारत की आजादी के लिए अपना सबकुछ कुरबान कर देगा। यह सिद्धांत कि प्रत्येक समूह को अपनी ही तरह से विकास करने का अधिकार है, किसी संकीर्ण सांप्रदायिक सोच की उपज नहीं है। एक प्रकार की सांप्रदायिकता दूसरे प्रकार की सांप्रदायिकता से अलग होती है। एक समुदाय, जो दूसरे समुदायों के प्रति दुर्भावना से प्रेरित है, वह निम्न और अकुलीन है। मैं दूसरे समुदायों के रीति-रिवाजों, विधियों, धार्मिक व सामाजिक संस्थाओं के प्रति सर्वोच्च आदर-भाव रखता हूँ। बल्कि, कुरान की शिक्षाओं के अनुसार जरूरत पड़ने पर उनके पूजास्थलों की रक्षा करना मेरा कर्तव्य है। और फिर भी, मैं उस सांप्रदायिक समूह से प्यार करता हूँ, जो मेरे जीवन एवं व्यवहार का स्रोत है तथा जिसने अपने धर्म, अपने साहित्य, अपने दर्शन और अपनी संस्कृति की सौगात देकर मेरी वर्तमान चेतना में एक जीवंत व कार्यकारी तत्त्व के रूप में उसने अपने पूरे भूतकाल को पुनरुज्जीवित किया है और मुझे वह बनाया है, जो मैं हूँ। यहाँ तक कि नेहरू रिपोर्ट के लेखक भी सांप्रदायिकता के इस उच्चतर पहलू के महत्त्व को समझते हैं। सिंध के पृथक्करण पर चर्चा करते हुए वे कहते हैं, ''एक राष्ट्रीय दृष्टिकोण से यह कहना कि सांप्रदायिक आधार पर कोई सूबा नहीं बनाया जाना चाहिए, एक तरह से एक व्यापक अंतरराष्ट्रीय दृष्टिकोण से यह कहने के समान है कि अलग राष्ट्र होने ही नहीं चाहिए। इन दोनों कथनों में कुछ सच्चाई है। परंतु एक अति-कट्टर अंतरराष्ट्रीयतावादी भी यह समझता है कि संपूर्ण राष्ट्रीय स्वायत्तता के बिना एक अंतरराष्ट्रीय राज्य की स्थापना अत्यंत कठिन कार्य होगा। इसी तरह संपूर्ण सांस्कृतिक स्वायत्तता के बिना—और अपने बेहतर स्वरूप में सांप्रदायिकता संस्कृति है—एक सौहार्दपूर्ण राष्ट्र की रचना कठिन होगी।

अपने उच्चतर स्वरूप में सांप्रदायिकता भारत जैसे देश में एक सौहार्दपूर्ण समाज के निर्माण के लिए अपरिहार्य है। भारतीय समाज की इकाइयाँ यूरोपीय देशों की तरह क्षेत्रीय नहीं हैं। भारत लोगों के उन समूहों का महाद्वीपीय आकार का देश है, जो विभिन्न नस्लों से संबंधित हैं, विभिन्न भाषाएँ बोलते हैं और विभिन्न धर्मों का पालन करते हैं। उनका व्यवहार एक सामान्य नस्लीय चेतना से निर्धारित नहीं होता है। यहाँ तक कि हिंदू भी कोई एकरूपी समूह नहीं है। इन सांप्रदायिक समूहों की सच्चाई को समझे बिना यूरोपीय प्रजातंत्र का सिद्धांत भारत पर लागू नहीं किया जा सकता। भारत के अंदर एक मुसलिम भारत बनाने की मुसलमानों की माँग इसीलिए पूरी तरह से न्यायसंगत है। दिल्ली में आयोजित सर्वदलीय मुसलिम सम्मेलन का प्रस्ताव मेरी समझ से एक सद्भावपूर्ण संपूर्ण इकाई के उच्च आदर्श से प्रेरित है, जो

भारत को संपूर्ण बनानेवाले अवयवों की अपनी विशिष्टताओं का दम नहीं घोंटता तथा देशवासियों को अपने अंदर छिपी नैसर्गिक संभावनाओं को साकार करने का अवसर देता है। और मुझे इसमें संदेह नहीं है कि यह सदन इस प्रस्ताव में रखी गई मुसलमानों की माँग का पुरजोर समर्थन करेगा।

व्यक्तिगत रूप से मैं इन प्रस्तावित माँगों से भी आगे जाऊँगा। मैं पंजाब, उत्तर-पश्चिम सीमांत प्रांत, सिंध और बलूचिस्तान को एक एकीकृत राज्य के रूप में देखना चाहूँगा। ब्रिटिश साम्राज्य के भीतर या उसके बाहर स्व-शासन, एक समेकित उत्तर-पश्चिम भारतीय मुसलिम राज्य का गठन मुझे मुसलमानों की नियति जान पड़ती है, कम-से-कम उत्तर-पश्चिमी भारत में। यह प्रस्ताव नेहरू समिति के सामने रखा गया। उन्होंने उसे इस आधार पर ठुकरा दिया कि यदि उसे अमल में लाया गया तो वह एक दुष्परिचालनीय राज्य बन जाएगा। जहाँ तक क्षेत्रफल का संबंध है, यह बात सच है; जहाँ तक आबादी का सवाल है, प्रस्तावित राज्य भारत के कई वर्तमान प्रांतों से काफी छोटा होगा। अंबाला डिवीजन और कुछ ऐसे जिलों को प्रस्तावित राज्य से बाहर रखना, जहाँ गैर-मुसलिम आबादी ज्यादा है, उसे कम विस्तृत और अधिक मुसलिम-बहुल बना देगा''ताकि सुझाए गए बहिष्करण से यह समेकित राज्य अपने क्षेत्र में गैर-मुसलिम अल्पसंख्यकों को अधिक सुरक्षा प्रदान कर सके। इस विचार से हिंदुओं या ब्रिटिश लोगों को भयभीत होने की कोई आवश्यकता नहीं है। भारत विश्व में एक महानतम मुसलिम देश है। इस जीवंत देश में एक सांस्कृतिक शक्ति के रूप इसलाम का जीवन अधिकांशत: उसके एक निश्चित क्षेत्र में केंद्रित हो जाने पर निर्भर है। भारत के मुसलमानों के केंद्रीयकरण का क्षेत्र, जहाँ की सैन्य तथा पुलिस सेवा, जिसने अंग्रेजों से बेइनसाफी मिलने के बावजूद भारत में ब्रिटिश शासन को संभव बनाया, अंत में भारत की और साथ ही एशिया की समस्याओं को भी हल कर देगी। वह उनमें जिम्मेदारी का एहसास पैदा करेगी तथा उनमें देशभक्ति की भावना मजबूत करेगी। इस तरह भारतीय राष्ट्र के अंतर्गत आत्मविकास के पूर्ण अवसर मिलने पर पश्चिमोत्तर प्रांत के भारतीय मुसलमान किसी भी विदेशी हमले, चाहे वह विचारों से हो या संगीनों से, के खिलाफ भारत का सर्वोत्तम रक्षक साबित होगा। 56 प्रतिशत मुसलिम आबादीवाला पंजाब भारतीय थलसेना के कुल लड़ाकू बलों के 54 प्रतिशत की आपूर्ति करता है; और यदि स्वतंत्र देश नेपाल से भरती किए गए 19 हजार गोरखाओं को कम कर दिया जाए तो पंजाबी सैनिकों का प्रतिशत 62 हो जाएगा। इस प्रतिशत में वे 6 हजार लड़ाके शामिल नहीं हैं, जिनकी आपूर्ति उत्तर-पश्चिमी सीमांत प्रांत और बलूचिस्तान से की गई है। इससे आप भारत पर होनेवाले किसी विदेशी हमले से सुरक्षा में उत्तर-पश्चिमी भारतीय मुसलमानों की

संभावित भूमिका का आसानी से आकलन कर सकते हैं। माननीय श्री श्रीनिवास शास्त्री का विचार है कि भारत की उत्तर-पश्चिमी सीमा पर स्वायत्त मुसलिम राज्यों के गठन की मुसलिम माँग 'आपातकालीन स्थितियों में भारत सरकार पर दबाव डालने की ताकत हासिल करने' की इच्छा से प्रेरित है। मैं उन्हें साफ-साफ बता दूँ कि मुसलमानों की यह माँग उस मकसद से प्रेरित नहीं है, जो वे हम पर आरोपित कर रहे हैं; वह हमारे निर्बाध विकास की सच्ची आकांक्षा से प्रेरित है, जो राष्ट्रवादी हिंदू राजनीतिज्ञों द्वारा विचारित एकांगी शासन, जो संपूर्ण भारत में एक समुदाय का स्थायी प्रभुत्व कायम करना चाहता है, में संभव नहीं है।

हिंदुओं को यह डर भी नहीं होना चाहिए कि स्वायत्त मुसलिम राज्यों के गठन का अर्थ होगा इन राज्यों में किसी प्रकार के धार्मिक शासन की शुरुआत करना। मैं आपको 'धर्म' शब्द का अर्थ, जैसा वह इसलाम में लिया जाता है, पहले ही बता चुका हूँ। सच यह है कि इसलाम एक चर्च नहीं है। वह एक राज्य है, जिसकी कल्पना—रूसो के द्वारा ऐसी कोई चीज सोची जाने से बहुत पहले—एक संविदात्मक इकाई के रूप में की गई है और जो एक नैतिक आदर्श से अनुप्राणित है, जो मनुष्य को भूमि के उस या उस भाग से परिभाषित एक भूमि-आधारित प्राणी के रूप में न देखकर एक ऐसे आध्यात्मिक अस्तित्व के रूप में देखता है, जिसे एक सामाजिक ढाँचे के एक अंग के रूप में समझा जाता है और इस ढाँचे में जिसके कुछ निर्धारित अधिकार व कर्तव्य होते हैं। कुछ समय पहले 'टाइम्स ऑफ इंडिया' में इंडियन बैंकिंग इंक्वायरी कमेटी पर छपे संपादकीय से एक मुसलिम राज्य का चरित्र अच्छी तरह समझा जा सकता है। अखबार लिखता है—''प्राचीन भारत में ब्याज की दरें राज्य तय करता था, परंतु मुसलिम काल में, यद्यपि इसलाम उधार दिए धन पर ब्याज लेने का स्पष्ट रूप से निषेध करता है, भारतीय मुसलिम राज्यों ने ऐसी दरें तय करने पर कोई पाबंदी नहीं लगाई है।'' इसलिए भारत और इसलाम दोनों के हित के लिए मैं एक समेकित मुसलिम राज्य के गठन की माँग करता हूँ। भारत के लिए इसका अर्थ है आंतरिक शक्ति-संतुलन के कारण उपजी सुरक्षा और शांति; इसलाम के लिए उस ठप्पे से छुटकारा पाने का अवसर, जो अरबी साम्राज्यवाद ने उसपर लगाया था; साथ ही अपनी विधियों, शिक्षा एवं संस्कृति को विकसित करने तथा उसकी अपनी मूलभूत भावना और आधुनिक समय की माँग के अनुसार उन्हें चलाने का अवसर।

इस तरह, यह स्पष्ट है कि भारत में जलवायु, नस्लों, भाषाओं, पंथों एवं सामाजिक व्यवस्थाओं की अपार विविधता को देखते हुए भाषा, नस्ल, इतिहास, धर्म और आर्थिक हितों की समानता के आधार पर राज्यों का गठन ही भारत में एक स्थिर संवैधानिक

ढाँचा बनाए रखने का एकमात्र उपाय है। साइमन रिपोर्ट में वर्णित संघ की अवधारणा एक लोकप्रिय सदन के रूप में सेंट्रल लेजिस्लेटिव असेंबली की समाप्ति को आवश्यक बनाकर उसे संघीय राज्यों के प्रतिनिधियों की सभा बना देती है। और वह उन्हीं आधारों पर क्षेत्रों के पुनर्वितरण की माँग करती है, जिनकी मैंने चर्चा की है। और वह रिपोर्ट दोनों की बातों की सिफारिश करती है। रिपोर्ट के नजरिए का मैं पुरजोर समर्थन करता हूँ; परंतु यह कहना चाहूँगा कि साइमन रिपोर्ट में अनुशंसित क्षेत्रीय पुनर्वितरण की दो शर्तों को जरूर पूरा करें। उसे नया संविधान लागू होने से पहले और इस तरह अंजाम दिया जाए कि उससे सांप्रदायिक समस्या का स्थायी हल निकल सके। सही ढंग से किया गया पुनर्गठन भारत के संवैधानिक विवादों से संयुक्त और पृथक् निर्वाचन क्षेत्रों के प्रश्न को स्वत: समाप्त कर देगा। प्रांतों की वर्तमान संरचना ही इन विवादों के लिए मुख्यतः जिम्मेदार है। हिंदू सोचते हैं कि पृथक् निर्वाचन क्षेत्र राष्ट्रवाद की भावना के खिलाफ है, क्योंकि वे 'राष्ट्र' शब्द का अर्थ उस सार्वभौम संविलयन के रूप में लगाते हैं, जिसमें किसी संप्रदाय द्वारा अपनी निजी विशिष्टताओं को कायम रखने के प्रयास को ठीक नहीं माना जाता। परंतु वास्तव में ऐसी स्थिति कहीं भी अस्तित्व में नहीं है और न उसका अस्तित्व कहीं होना चाहिए। भारत विविध नस्लों और धर्मों की भूमि है। इसके साथ आप मुसलमानों की आमतौर पर बदतर आर्थिक स्थिति, उनके बेशुमार कर्ज—खासतौर से पंजाब में—और वर्तमान में गठित कुछ सूबों में उनकी नाकाफी आबादी को जोड़ दें तो आप पृथक् निर्वाचन क्षेत्रों को लेकर हमारी व्यग्रता का अर्थ समझ सकेंगे। ऐसे देश में और ऐसी परिस्थितियों में क्षेत्रीय निर्वाचन मंडल सभी हितों का पर्याप्त प्रतिनिधित्व सुनिश्चित नहीं कर सकते और अपरिहार्य रूप से वे एक अल्पतंत्र की रचना करते हैं। भारत के मुसलमानों को विशुद्ध क्षेत्रीय निर्वाचन मंडल पर कोई आपत्ति नहीं होगी, यदि सूबों को इस तरह पुनर्गठित कर दिया जाए कि वे तुलनात्मक रूप से अधिक सजातीय हों और उनमें अधिक-से-अधिक भाषाई, नस्लीय, सांस्कृतिक एवं धार्मिक समानता हो।

परंतु जहाँ तक केंद्रीय संघीय राज्य की शक्तियों के प्रश्न का संबंध है, भारत के पंडितों द्वारा प्रस्तावित संविधान और इंग्लैंड के पंडितों द्वारा प्रस्तावित संविधान के उद्देश्यों में कुछ सूक्ष्म अंतर हैं। भारत के पंडित केंद्रीय शासन की वर्तमान शक्तियों में कोई फेरबदल नहीं चाहते। वे केवल इतना चाहते हैं कि यह मशीनरी केंद्रीय विधायिका के प्रति पूर्णरूप से उत्तरदायी हो, जहाँ उनका पूर्ण आधिपत्य है और मनोनीत सदस्यों की व्यवस्था समाप्त कर दिए जाने पर जहाँ उनका बहुमत और मजबूत हो जाएगा। दूसरी ओर इंग्लैंड के पंडितों ने यह समझते हुए कि केंद्र के स्तर पर प्रजातंत्र

उनके हितों के खिलाफ जाता है, क्योंकि यदि एक उत्तरदायी सरकार की दिशा में और कदम बढ़ाए गए तो वहाँ उन सारी शक्तियों के केंद्रीयकरण की संभावना है, जो अभी उनके पास हैं, प्रजातंत्र का प्रवाह केंद्र के बजाय प्रांतों की ओर मोड़ दिया है। निस्संदेह, इसीलिए वे एक संघीय प्रणाली का सिद्धांत पेश करते हैं और कुछ प्रस्तावों के जरिए उसे आगे ले जाते भी प्रतीत होते हैं। परंतु उस सिद्धांत का उनका मूल्यांकन उन कसौटियों से बिलकुल अलग है, जिनसे मुसलिम भारत उनका आकलन करता है। मुसलमान एक संघीय व्यवस्था की माँग इसलिए करते हैं कि वही भारत की सबसे कठिन समस्या—सांप्रदायिक समस्या का एक कारगर हल है। संघ के बारे में रॉयल कमिश्नर का दृष्टिकोण सैद्धांतिक रूप से मजबूत होते हुए भी संघ में शामिल राज्यों में एक उत्तरदायी सरकार की स्थापना का लक्ष्य नहीं रखता। वास्तव में यह उस स्थिति से पलायन के एक उपाय से आगे नहीं जाती, जो भारत में प्रजातंत्र आरंभ करने से अंग्रेजों के सामने पैदा हो गई है और सांप्रदायिक समस्या को जहाँ-की-तहाँ छोड़ देती है।

इस तरह यह स्पष्ट है कि जहाँ तक संघीय शासन का संबंध है, साइमन रिपोर्ट संघवाद के सिद्धांत को, उसके सार तत्त्व में, वस्तुतः नकार देती है। सेंट्रल असेंबली में हिंदू बहुमत से आश्वस्त नेहरू रिपोर्ट एक एकात्मक सरकार की वकालत करती है; क्योंकि इस प्रकार की व्यवस्था पूरे भारत में हिंदू आधिपत्य को सुनिश्चित करती है; एक अवास्तविक संघ के झीने आवरण के पीछे साइमन रिपोर्ट वर्तमान ब्रिटिश आधिपत्य को बनाए रखती है, क्योंकि अंशतः ब्रिटिश उस सत्ता को छोड़ना नहीं चाहते, जो अब तक उनके हाथ में रही है और अंशतः इसलिए कि भारत में अंतर-सांप्रदायिक समझ के अभाव में सत्ता अपने हाथों में बनाए रखने के लिए एक विश्वसनीय केस बनाना संभव है। मेरे विचार से एक स्वतंत्र भारत में एकात्मक स्वरूप की सरकार बिलकुल अकल्पनीय है। जिन्हें 'अवशिष्ट शक्तियाँ' कहा जाता है, उन्हें स्व-शासित राज्यों के लिए छोड़ दिया जाना चाहिए। केंद्रीय संघीय सरकार को उन्हीं शक्तियों का उपयोग करना चाहिए, जो संघ में शामिल राज्यों द्वारा स्वेच्छा से और प्रकट रूप से उनमें निहित की गई हों। मैं भारत के मुसलमानों को एक ऐसी व्यवस्था, चाहे वह ब्रिटिश सरकार द्वारा प्रस्तावित हो या भारतीयों द्वारा, पर सहमत होने की सलाह कभी नहीं दूँगा, जो संघवाद के सिद्धांत को नकारती हो या मुसलमानों को एक पृथक् राजनीतिक इकाई मानने से इनकार करती हो।

केंद्र सरकार में संरचनात्मक परिवर्तनों की आवश्यकता शायद उससे बहुत पहले से महसूस की जा रही थी, जब ब्रिटिश लोगों ने इस तरह का बदलाव लाने

का सबसे प्रभावी उपाय खोज लिया। इसीलिए, कुछ देर से ही, यह घोषणा की गई कि गोलमेज सम्मेलन में भारतीय राजाओं को भाग लेना आवश्यक है। भारत की जनता, विशेष रूप से अल्पसंख्यकों के लिए यह एक अचरज की बात थी कि भारतीय राजा गोलमेज सम्मेलन में एक अखिल भारतीय संघ में शामिल होने के लिए नाटकीय रूप से अपनी सहमति प्रकट करें और उनकी इस घोषणा के परिणामस्वरूप एकात्मक स्वरूप की सरकार के कट्टर समर्थक हिंदू प्रतिनिधियों द्वारा संघीय योजना को चुपचाप स्वीकार कर लिया जाए। यहाँ तक कि श्री शास्त्री, जिन्होंने भारत के लिए एक संघीय योजना की सिफारिश करने के लिए कुछ ही दिन पहले सर जॉन साइमन की कटु आलोचना की थी, ने अचानक ही खेमा बदल लिया और सम्मेलन के पूर्ण अधिवेशन में उन्होंने इस मन-परिवर्तन को स्वीकार भी किया—और इस तरह उन्होंने इंग्लैंड के प्रधानमंत्री को सम्मेलन के समापन भाषण में एक मजेदार टिप्पणी करने का अवसर दिया। इन सब बातों को दोनों के लिए अर्थ है; अंग्रेजों के लिए, जो भारतीय राजाओं की भागीदारी चाहते थे और हिंदुओं के लिए, जिन्होंने एक अखिल भारतीय संघ के विकास की बात बेझिझक मान ली है। सच यह है कि एक संघीय योजना में भारतीय राजाओं—जिनमें बहुत कम ही मुसलिम हैं—की भागीदारी दोहरा मकसद पूरा करती है। एक ओर तो वह भारत की सत्ता ब्रिटिश हाथों में ज्यों-की-त्यों बनाए रखने में एक महत्त्वपूर्ण घटक का कार्य करती है तथा दूसरी ओर वह एक अखिल भारतीय संघीय सभा में हिंदुओं को भारी बहुमत प्रदान करती है।

मुझे ऐसा लगता है कि केंद्र सरकार के अंतिम स्वरूप को लेकर हिंदुओं व मुसलमानों के बीच जो समभेद हैं, ब्रिटिश राजनीतिज्ञ राजाओं, जो इस योजना में अपने निरंकुश शासन की अधिक सुरक्षा देखते हैं, के माध्यम से उनका लाभ उठा रहे हैं। यदि मुसलमान ऐसी किसी योजना को चुपचाप स्वीकार करते हैं तो इससे भारत में उनका राजनीतिक अस्तित्व तेजी से समाप्त होगा। इस तरह सृजित भारतीय संघ की नीतियों पर व्यावहारिक रूप से हिंदू राजाओं का नियंत्रण होगा, जिनका केंद्रीय संघीय विधायिका में सबसे बड़ा समूह होगा। साम्राज्यवाद से जुड़े मामलों में वे हमेशा ब्रिटिश सरकार का समर्थन करेंगे और जहाँ तक देश के आंतरिक प्रशासन का सवाल है, वे हिंदुओं के प्रभुत्व को बनाए रखने तथा उसे मजबूत करने में सहायक होंगे। दूसरे शब्दों में, यह योजना हिंदू भारत और ब्रिटिश साम्राज्यवाद के बीच एक प्रकार की साँठ-गाँठ मालूम होती है—आप भारत में मेरा शासन बनाए रखिए और उसके बदले में मैं आपको हिंदू गुटतंत्र दूँगा, ताकि अन्य सभी भारतीय समुदायों को हमेशा गुलामी में रखा जा सके। इसलिए, ब्रिटिश भारत के प्रांत यदि वास्तव में

स्वायत्त राज्यों के तौर पर रूपांतरित नहीं किए जाते तो एक भारतीय संघ की योजना में राजाओं की भागीदारी को ब्रिटिश राजनीतिज्ञों की चतुराई से भरी एक चाल ही कहा जाएगा, जिसके जरिए वास्तविक सत्ता खोए बिना सभी पक्षों को संतुष्ट किया जाएगा—मुसलमानों को 'संघ' शब्द के द्वारा, हिंदुओं को केंद्र में बहुमत दिलवाकर और ब्रिटिश साम्राज्यवादियों—चाहे वे टोरी हों या लेबर पार्टी के—को सच्ची सत्ता के सुख से।

भारत में हिंदू राज्यों की संख्या मुसलिम राज्यों की संख्या से कहीं ज्यादा है और यह देखा जाना अभी बाकी है कि केंद्रीय संघीय सभा के उस सदन या सदनों में मुसलमानों की 33 प्रतिशत सीटों के आरक्षण की माँग कैसे पूरी की जाती है, जो ब्रिटिश भारत के साथ ही भारतीय राज्यों के प्रतिनिधियों से युक्त होंगे। मुझे आशा है कि मुसलिम प्रतिनिधि संघीय योजना के निहितार्थों से पूरी तरह परिचित होंगे, जिस पर गोलमेज सम्मेलन में चर्चा हुई थी। प्रस्तावित अखिल भारतीय संघ में मुसलिम प्रतिनिधित्व के प्रश्न पर चर्चा होना बाकी है। रायटर की संक्षिप्त रिपोर्ट कहती है—"आंतरिक रिपोर्ट संघीय विधायिका में दो सदनों की व्यवस्था करती है—दोनों में ब्रिटिश भारत और राज्यों के प्रतिनिधि शामिल होंगे, जिनका अनुपात उन शीर्षकों के अंतर्गत, जो अब तक उपसमिति के सामने पेश नहीं किए गए हैं, बाद में तय किया जाएगा।" मेरी राय में अनुपात का प्रश्न अत्यधिक महत्त्वपूर्ण है और उसपर सभा के ढाँचे के मुख्य प्रश्न के साथ ही विचार किया जाना चाहिए था।

मैं समझता हूँ कि सबसे अच्छा तो यह होता कि केवल एक ब्रिटिश इंडियन फेडरेशन से शुरुआत की जाती। प्रजातंत्र और तानाशाही के अपवित्र संयोग से उपजी एक संघीय व्यवस्था ब्रिटिश भारत को उसी एकात्मक केंद्रीय सरकार के दुष्चक्र में बनाए रखेगा। इस तरह का एकात्मक स्वरूप ब्रिटिश, ब्रिटिश भारत में बहुसंख्यक समुदाय और भारतीय नरेशों के लिए अत्यधिक लाभ की बात हो सकती है। मुसलमानों के लिए उसमें कुछ भी लाभदायक नहीं है, जब तक कि उन्हें भारत के ग्यारह प्रांतों में से पाँच में बहुमत के आधार पर अधिकार (अवशिष्ट अधिकारों सहित) तथा संघीय सभा के कुल सदनों में एक-तिहाई सीटें नहीं मिल जातीं। जहाँ तक ब्रिटिश भारतीय प्रांतों द्वारा सार्वभौम शक्तियाँ प्राप्त करने का संबंध है, हिज हाइनेस, भोपाल के शासक, सर अकबर हैदरी और मि. जिन्ना की स्थिति निर्विवाद है। परंतु भारतीय संघ में नरेशों की भागीदारी को देखते हुए ब्रिटिश भारतीय असेंबली में प्रतिनिधित्व की अपनी माँग को हमें एक नई रोशनी में देखना चाहिए। यह एक ब्रिटिश इंडियन असेंबली में मुसलमानों के हिस्से का प्रश्न नहीं है, बल्कि एक अखिल भारतीय

फेडरल असेंबली में ब्रिटिश भारतीय मुसलमानों के प्रतिनिधत्व से संबंधित है। 33 प्रतिशत सीटों की हमारी माँग को ऑल इंडिया फेडरल असेंबली में उसी अनुपात की माँग के रूप में लिया जाना चाहिए; इसमें वह भाग शामिल नहीं है, जो संघ में शामिल होने के लिए मुसलिम राज्यों को आवंटित किया गया है।

एक और कठिन समस्या, जो भारत के एक संघीय प्रणाली के सफल संचालन में सामने आती है, वह है भारत की सुरक्षा की समस्या। इस समस्या पर चर्चा करते हुए सेना का प्रशासन साम्राज्य के हाथों में रखने का औचित्य दरशाने के लिए रॉयल कमिश्नरों ने भारत की कमियाँ गिनाई हैं। कमिश्नर कहते हैं, "भारत और ब्रिटेन के संबंध ऐसे हैं कि भारत की सुरक्षा को न तो अब और न निकट भविष्य में विशुद्ध रूप से भारत का सरोकार माना जा सकता है। ऐसी किसी सेना का नियंत्रण और दिशा-निर्देश साम्राज्यिक सरकार के किसी प्रतिनिधि के पास ही होना चाहिए। अब, क्या इस बात का आवश्यक रूप से यह अर्थ निकलता है कि ब्रिटिश भारत में एक उत्तरदायी सरकार बनाने की दिशा में प्रगति तब तक अवरुद्ध रहेगी जब तक कि सुरक्षा व्यवस्था ब्रिटिश अधिकारियों और ब्रिटिश फौजों के बिना भी ठीक से चलाई जा सके? अभी जैसे हालात हैं, संवैधानिक प्रगति की राह में बाधाएँ हैं। केंद्र सरकार के 20 अगस्त, 1917 की घोषणा में वर्णित अपने अंतिम लक्ष्य की ओर बढ़ने की सभी आशाएँ एक अनिश्चित काल तक अपूर्ण रहने के खतरे में हैं। यदि नेहरू रिपोर्ट में दरशाया गया यह रवैया कायम रहता है कि भविष्य में सेना के मामले में किया गया कोई भी परिवर्तन उसे एक चुनी गई विधायिका के नियंत्रण में लाने की दिशा में होगा।" अपनी दलील को और मजबूत बानने के लिए वे सर्वथा भिन्न क्षमताओं से युक्त प्रतिस्पर्धी धार्मिक और परस्पर विरोधी नस्लों को रेखांकित करते हैं और यह टिप्पणी करके समस्या को समाधानातीत बताने की कोशिश करते हैं—"यह स्पष्ट सच्चाई कि एक सामान्य और सहज अर्थ में भारत एक एकल राष्ट्र नहीं है, किसी और बात से इतनी स्पष्ट नहीं होती जितनी उसकी लड़ाकू कौमों और अन्य लोगों के बीच विशाल अंतर से होती है।" इन भिन्नताओं पर यह दिखाने के लिए जोर दिया गया है कि अंग्रेज भारत को केवल विदेशी खतरे से ही नहीं बचाए हुए हैं, बल्कि उसकी आंतरिक सुरक्षा के भी निष्पक्ष संरक्षक हैं। परंतु एक संघीकृत भारत में, संघ को जैसा मैं समझता हूँ, समस्या का केवल एक ही पहलू होगा—अर्थात् बाह्य सुरक्षा का। आंतरिक शांति बनाए रखने के लिए आवश्यक प्रांतीय सेनाओं के अतिरिक्त भारतीय संघीय कांग्रेस पश्चिमोत्तर सीमाओं पर एक सशक्त भारतीय सीमा सुरक्षा सेना तैनात कर सकती है, जिसकी इकाइयों में सभी प्रांतों के लोग भरती

किए जाएँगे और जिसमें सभी समुदायों से लिये गए कुशल और अनुभवी अफसर होंगे। मैं जानता हूँ कि भारत के पास कुशल सैन्य अधिकारी नहीं हैं और एक साम्राज्यिक प्रशासन के पक्ष में तर्क पेश करने के लिए रॉयल कमिश्नरों ने इस तथ्य का दोहन किया है। इस मुद्दे पर मैं रिपोर्ट से एक और उद्धरण पेश कर सकता हूँ, जो मेरे विचार से कमिश्नरों द्वारा लिये गए रुख के खिलाफ सर्वोत्तम तर्क है। रिपोर्ट कहती है कि इस समय किंग्स कमीशन पाया हुआ कोई भी भारतीय कैप्टन से बड़े सैन्य पद पर नहीं है। हमारी जानकारी के अनुसार 39 कैप्टन हैं, जिनमें से 25 साधारण रेजीमेंटल सेवा में हैं। उनमें से कुछ की आयु इतनी अधिक है कि यदि वे सेवानिवृत्ति से पहले परीक्षा पास कर लें, तब भी ज्यादा ऊँचे ओहदे तक नहीं पहुँच पाएँगे। उनमें से अधिकांश ने सैंडहर्स्ट क्लीअर नहीं किया है और महायुद्ध के दौरान उन्हें कमीशन मिला है। अब इस स्थिति को बदलने की इच्छा चाहे जितनी बलवती हो और उसके लिए कितनी भी ईमानदारी से प्रयास किए जाएँ, वे निराशाजनक स्थितियाँ, जिन्हें स्कीन समिति (अध्यक्ष और सैन्य सचिव को छोड़कर, जिसके सदस्य भारतीय हैं) ने इन सशक्त शब्दों में व्यक्त किया है, "प्रगति···प्रत्येक चरण में मिली सफलता और सैन्य-कौशल अंत तक कायम रखने पर ही निर्भर है", इन प्रयासों के फल को सीमित और विलंबित ही रखेंगी। भारतीय अफसरों, जो सभी जूनियर रैंक के हैं और सीमित अनुभव रखते हैं, के वर्तमान कैडर में से कम अवधि की सूचना पर उच्च कमान विकसित नहीं की जा सकती। तब तक नहीं जब तक अधिकारी वर्ग के लिए समुचित भारतीय रंगरूटों का धीमा रिसाव—और हम दिल से उनकी संख्या में बढ़ोतरी चाहते हैं—एक गतिशील प्रवाह नहीं बन जाता; तब तक नहीं जब तक पर्याप्त संख्या में भारतीयों ने इतना अनुभव और प्रशिक्षण प्राप्त न कर लिया हो कि वे कम-से-कम कुछ भारतीय रेजीमेंट्स में अपना स्थान बना सकें; तब तक नहीं जब तक कि ये इकाइयाँ उन कसौटियों पर खरी न उतरी हों, जो उनकी कुशलता का आकलन कर सके और तब तक नहीं जब तक कि भारतीय अधिकारियों ने अपने सफल सैन्य कैरियर के जरिए उच्च कमांड की पात्रता प्राप्त न कर ली हो, भारतीयकरण की नीति को उस बिंदु तक विकसित करना संभव नहीं होगा जब तक कि एक पूरी तरह से भारतीयकृत सेना दिखाई न देने लगे। फिर भी, इस प्रक्रिया के पूरी होने में बरसों लग जाएँगे।

अब मैं यह पूछना चाहूँगा कि इस स्थिति के लिए जिम्मेदार कौन है? क्या हमारी लड़ाकू नस्लों में किसी नैसर्गिक अक्षमता के कारण ऐसा है या सैन्य प्रशिक्षण की धीमी गति के कारण? हमारी लड़ाकू कौमों की सैन्य क्षमता से कोई इनकार नहीं

कर सकता। अन्य क्षेत्रों में प्रशिक्षण की तुलना में सैन्य प्रशिक्षण की प्रक्रिया जरूर धीमी हो सकती है। इस मामले में टिप्पणी करने के लिए मैं कोई सैन्य विशेषज्ञ नहीं हूँ। परंतु एक साधारण व्यक्ति के रूप में मुझे लगता है कि जिस तरह का तर्क दिया गया है, वह इस प्रक्रिया को अंतहीन मानता है। इसका अर्थ है भारत की अंतहीन पराधीनता तथा इससे यह और भी जरूरी हो जाता है कि नेहरू-रिपोर्ट में बताई गई सीमांत सेना के गठन को एक रक्षा समिति को सौंप दिया जाना चाहिए, जिसके सदस्य परस्पर सहमति से चुने जा सकते हैं।

इसके अतिरिक्त, यह महत्त्वपूर्ण है कि साइमन रिपोर्ट भारत की भू-सीमा को असाधारण महत्त्व देती है, परंतु उसकी नौसैनिक स्थिति पर उसने केवल सरसरी तौर पर चर्चा की है। इसमें संदेह नहीं कि भारत को अपनी थल-सीमा की ओर से हमले झेलने पड़े हैं; परंतु यह स्पष्ट है कि उसके वर्तमान स्वामी उसके असुरक्षित समुद्र-तट के कारण ही उस पर कब्जा कर पाए। आज के समय में एक स्वशासी और स्वतंत्र भारत को अपनी थल-सीमा से अधिक अपने समुद्र-तट का अधिक ध्यान रखना होगा।

मुझे इसमें कोई संदेह नहीं है कि यदि एक संघीय सरकार की स्थापना होती है तो संघ के मुसलिम राष्ट्र भारत की सुरक्षा के लिए एक तटस्थ भारतीय सैनिक और नौसैनिक बलों के लिए स्वेच्छा से सहमत होंगे। भारत की सुरक्षा के लिए इस समय का तटस्थ सैन्यबल मुगल शासन के समय एक वास्तविकता थी। दरअसल, अकबर के समय में भारत की सीमाएँ कुल मिलाकर उन सेनाओं की निगरानी में थीं, जिनके सेनाधिपति हिंदू होते थे। मुझे दृढ़ विश्वास है कि एक संघीय भारत में एक तटस्थ भारतीय सेना मुसलमानों में देशभक्ति की भावना को पुष्ट करेगी और इस संदेह, यदि कोई हो, को हमेशा के लिए खत्म कर देगी कि किसी हमले की स्थिति में भारतीय मुसलमान सीमा पार के किसी मुसलिम हमलावर के साथ हो जाएँगे।

मैंने इस तरह संक्षेप में भारतीय मुसलमानों को वह नजरिया देने की कोशिश की है, जिससे उन्हें—मेरी राय में—भारत की दो सबसे अधिक महत्त्वपूर्ण संवैधानिक समस्याओं को देखना चाहिए। सांप्रदायिक समस्या का एक स्थायी समाधान सुनिश्चित करने के उद्देश्य से ब्रिटिश भारत का पुनर्गठन भारत के मुसलमानों की मुख्य माँग है। परंतु यदि इस सांप्रदायिक समस्या के क्षेत्रीय समाधान की मुसलिम माँग की उपेक्षा की गई तो मैं ऑल इंडिया मुसलिम लीग और ऑल इंडिया मुसलिम कॉन्फरेंस द्वारा बराबर पेश की गई माँगों का पुरजोर समर्थन करूँगा। भारतीय मुसलमान किसी ऐसे संवैधानिक बदलाव के लिए सहमत नहीं होंगे, जो उनके बहुमत आधारित

अधिकारों, जो पंजाब और बंगाल में पृथक् चुनाव क्षेत्रों तथा किसी भी केंद्रीय विधायिका में 33 प्रतिशत आरक्षण द्वारा सुनिश्चित किए जाएँगे, को प्रभावित करता हो। इस राह में दो गड्ढे थे, जिनमें मुसलिम राजनेता गिरे। पहला था अस्वीकृत लखनऊ समझौता, जो भारतीय राष्ट्रीयता की एक मिथ्या धारणा में से पैदा हुआ था और जिसने मुसलमानों को भारत में कोई भी राजनीतिक शक्ति हासिल करने के अवसरों से वंचित कर दिया था। दूसरा था, 'पंजाबी ग्राम्यवाद' के पक्ष में मुसलिम एकता को बलिदान कर देने का अदूरदर्शी कदम, जिसका परिणाम था वह प्रस्ताव, जिसने पंजाब के मुसलमानों को वस्तुत: अल्पमत की स्थिति में ला दिया था। मुसलिम लीग का यह कर्तव्य है कि वह उस समझौते और उस प्रस्ताव दोनों की निंदा करे।

पंजाब और बंगाल में मुसलिम बहुमत की वैधानिक सिफारिश न करके साइमन-रिपोर्ट ने मुसलमानों के साथ घोर अन्याय किया है। इससे मुसलमान या तो 'लखनऊ-समझौते' पर कायम रहने या संयुक्त निर्वाचन क्षेत्रों की किसी योजना को मान लेने के लिए बाध्य होंगे। साइमन रिपोर्ट पर भेजी अपनी विज्ञप्ति में भारत सरकार ने स्वीकार किया है कि इस दस्तावेज के प्रकाशन के बाद मुसलिम समुदाय ने रिपोर्ट में प्रस्तावित किसी भी विकल्प को स्वीकार करने की इच्छा नहीं जताई है। विज्ञप्ति इस बात को नोट करती है कि पंजाब और बंगाल की कौंसिलों में मुसलमानों को उनकी आबादी के अनुपात में केवल इसलिए प्रतिनिधित्व न दिया जाना कि अन्य प्रांतों में अल्पमत मुसलमानों को वेटेज दिया गया है, एक उचित शिकायत हो सकती है। परंतु भारत सरकार की विज्ञप्ति साइमन-रिपोर्ट के अन्याय को दूर नहीं करती। जहाँ तक पंजाब का संबंध है—और यह ज्यादा गंभीर मुद्दा है—वह पंजाब सरकार के आधिकारिक सदस्यों द्वारा कथित 'सावधानी से तैयार की गई संतुलित योजना' का समर्थन करती है, जो हिंदू-सिख युति के मुकाबले मुसलमानों को दो का बहुमत और पूरे सदन में उन्हें 49 प्रतिशत का अनुपात प्रदान करती है। यह स्पष्ट है कि पंजाब के मुसलमान पूरे सदन में स्पष्ट बहुमत से कम किसी बात से संतुष्ट नहीं होंगे। फिर भी, लॉर्ड इरविन और उनकी सरकार स्वीकार करती है कि बहुसंख्यक समुदायों के लिए संप्रदाय-आधारित चुनाव क्षेत्रों का औचित्य तब तक समाप्त नहीं होगा, जब तक कि मताधिकार के विस्तार के द्वारा उनके मतदाताओं की संख्या उनकी आबादी को और अधिक सही तरीके से प्रतिबिंबित न करने लगे; और यह कि जब तक एक प्रांतीय कौंसिल के मुसलिम सदस्य दो-तिहाई बहुमत से पृथक् प्रतिनिधित्व का अधिकार त्यागने के लिए एकमत से सहमत न हो जाएँ। परंतु, मैं यह नहीं समझ पाता कि मुसलमानों की शिकायत को वाजिब मानते हुए भी भारत सरकार में इतना

साहस क्यों नहीं था कि वह पंजाब और बंगाल में वैधानिक रूप से मुसलमानों के बहुसंख्यक होने की सिफारिश करती?

अब, क्या भारतीय मुसलमान किसी ऐसे बदलाव के लिए सहमत हो सकते हैं, जो कम-से-कम सिंध को एक अलग प्रांत बनाने और पश्चिमोत्तर सीमांत प्रांत को राजनीतिक रूप से एक दोयम दर्जे का प्रांत मानने में असफल रहता है। मैं इसका कोई कारण नहीं देखता कि सिंध को बलूचिस्तान के साथ जोड़कर उसे एक अलग प्रांत क्यों नहीं बनाया जा सकता। बंबई प्रेसीडेंसी के साथ उसका कोई मेल नहीं है। जीवन-शैली और सभ्यता के मामले में रॉयल कमिश्नर उसे भारत के बजाय मेसोपोटामिया और अरेबिया के अधिक नजदीक पाते हैं। मुसलिम भूगोलकार मसूदी ने इस समानता को बहुत पहले ही समझ लिया था, जब उन्होंने कहा, "सिंध एक ऐसा देश है, जो मुसलिम राज्यों के अधिक निकट है।" पहले नेता ने मिस्र के बारे में यह बताया है—"मिस्र की पीठ अफ्रीका की ओर तथा मुँह अरेबिया की ओर है।" कुछ आवश्यक परिवर्तनों के साथ यही कथन सिंध की स्थिति दरशाता है। उसकी पीठ भारत की ओर तथा मुँह मध्य एशिया की ओर है। और उसकी कृषि संबंधी समस्या की प्रकृति, जिसके प्रति बंबई सरकार को कोई सहानुभूति नहीं हो सकती तथा कराची के भारत के दूसरे महानगर के रूप में विकसित होने पर निर्भर उसकी आधार वाणिज्यिक संभावनाओं को देखते हुए उसे एक ऐसी प्रेसीडेंसी के साथ जोड़े रखना बुद्धिमानी नहीं होगी, जो यद्यपि आज मित्रवत् है, परंतु सुदूर भविष्य में एक प्रतिद्वंद्वी बन सकता है। हमें बताया गया है कि वित्तीय कठिनाइयाँ उसके पृथक्करण की राह में बाधा बनी हुई हैं। इस मामले में कोई निश्चित आधिकारिक घोषणा मेरी जानकारी में नहीं है। परंतु यह मानते हुए कि ऐसी कठिनाइयाँ मौजूद हैं, मैं इस बात का कोई कारण नहीं देखता कि भारत सरकार आत्मनिर्भर प्रगति के लिए संघर्षरत एक उदीयमान प्रांत को वित्तीय सहायता क्यों नहीं दे सकती।

जहाँ तक पश्चिमोत्तर सीमांत प्रांत का सवाल है, यह देखकर पीड़ा होती है कि रॉयल कमिश्नरों ने व्यावहारिक रूप से इस बात को नकार दिया है कि इस प्रांत के लोगों को सुधार का कोई अधिकार है। ब्रे-कमेटी के मुकाबले इतनी सिफारिशें बहुत कम प्रभावी हैं और उनके द्वारा अनुशंसित कौंसिल केवल मुख्य आयुक्त की निरंकुशता को ढँकने का एक प्रयास है। एक अफगानी के सिगरेट जलाने के नैसर्गिक अधिकार को केवल इसीलिए प्रतिबंधित किया गया कि वह एक बारूदी घर में रह रहा है। कमिश्नरों को विनोदपूर्ण तर्क सुखद है, लेकिन स्वीकार्य नहीं है। राजनीतिक सुधार आग नहीं, प्रकाश है और हर एक आदमी प्रकाश का हकदार है, चाहे वह

एक बारूदी घर में रहता हो या कोयले की खदान में। बहादुर, होशियार और अपनी आकांक्षाओं के लिए दुःख झेलने के लिए तैयार अफगानी अपने पूर्ण स्व-विकास के अवसरों से वंचित किए जाने के हर प्रयास से रुष्ट होगा। ऐसे लोगों को संतुष्ट रखना इंग्लैंड और भारत दोनों के सर्वोत्तम हित में है। इस अभागे प्रांत में हाल ही में जो कुछ हुआ है, वह शेष भारत में स्व-शासन का सिद्धांत लागू होने के समय से अब तक उसके साथ किए गए सौतेले बरताव का नतीजा था। मैं यही आशा करता हूँ कि ब्रिटिश राजनीतिक कौशल इस आत्म-प्रवंचना में वहाँ के हालात से मुँह नहीं मोड़ेगा कि उस प्रांत की वर्तमान अशांति अकारण है।

भारत सरकार की विज्ञप्ति में पश्चिमोत्तर सीमांत प्रांत में कुछ सुधारों को लागू करने की सिफारिश भी संतोषजनक है। इसमें कोई शक नहीं कि एक प्रकार का प्रतिनिधित्व कौंसिल और एक अर्द्ध-प्रतिनिधित्व मंत्रिमंडल की सिफारिश करके विज्ञप्ति साइमन रिपोर्ट से आगे जाती है; परंतु वह इस महत्त्वपूर्ण मुसलिम प्रांत को अन्य भारतीय प्रांतों की बराबरी में रखने में असफल रही है। असल में अन्य भारतीयों के मुकाबले अफगानी अपनी सहज बुद्धि से प्रजातांत्रिक संस्थाओं के अधिक अनुकूल हैं।

मैं समझता हूँ कि अब मुझसे अपेक्षा होगी कि मैं गोलमेज सम्मेलन पर अपने विचार रखूँ। व्यक्तिगत रूप से इस सम्मेलन के परिणामों को लेकर मैं आशावान् नहीं हूँ। यह आशा की गई थी कि सांप्रदायिक वैमनस्य के स्थल से दूर एक बदले हुए वातावरण में ज्यादा समझ से काम लिया जाएगा और भारत के दो प्रमुख संप्रदायों के बीच मतभेदों के सही समाधान से भारत की आजादी का मार्ग प्रशस्त होगा। परंतु वास्तव में जो कुछ हुआ, वह एक अलग ही कहानी है। दरअसल, सांप्रदायिक सवाल पर लंदन में हुई चर्चा ने भारत को दो प्रमुख सांस्कृतिक इकाइयों के बीच मूलभूत अंतर को पहले से अधिक स्पष्टता से उजागर कर दिया है। फिर भी, इंग्लैंड के प्रधानमंत्री यह नहीं देख पा रहे हैं कि भारत की यह समस्या एक अंतरराष्ट्रीय समस्या है। बताया गया है कि उन्होंने कहा, ''उनकी सरकार के लिए संसद् के सामने पृथक् निर्वाचन क्षेत्रों को कायम रखने का प्रस्ताव पेश करना मुश्किल होगा, क्योंकि संयुक्त निर्वाचन क्षेत्र ब्रिटिश प्रजातांत्रिक भावना के अधिक अनुकूल है।'' यह स्पष्ट है कि वे यह नहीं देख पा रहे हैं कि ब्रिटिश प्रजातंत्र का मॉडल कई कौमोंवाले इस देश के लिए किसी काम का नहीं हो सकता—और यह कि पृथक् निर्वाचन क्षेत्रों की व्यवस्था इस समस्या के क्षेत्रीय समाधान का केवल एक कामचलाऊ विकल्प है और न ही अल्पसंख्यकों से संबंधित उपसमिति के किसी संतोषजनक समाधान तक पहुँचने की संभावना है। इस पूरी समस्या पर ब्रिटिश संसद् को ही विचार करना होगा; और

हम केवल यह आशा करते हैं कि भारत के अधिकांश राजनीतिज्ञों से अलग ब्रिटिश राष्ट्र के प्रखर प्रतिनिधि समस्या की सतह को भेदकर भारत जैसे देश में शांति और सुरक्षा के मूलभूत तत्त्वों को स्पष्ट रूप से देख पाएँगे। एक समरूपी भारत की अवधारणा के आधार पर संविधान बनाना और ब्रिटिश प्रजातांत्रिकभावनाओं से निर्देशित सिद्धांतों को भारत पर लागू करना, अनजाने में उसे गृहयुद्ध की ओर धकेलने के बराबर होगा। जहाँ तक मैं देख सकता हूँ, इस देश में तब तक शांति स्थापित नहीं होगी, जब तक कि उन सभी समुदायों को, जिनसे मिलकर यह देश बना है, उनके भूतकाल से एकबारगी तोड़े बिना, आधुनिक तर्ज पर स्व-विकास का अवसर न मिले।

मुझे यह कह पाने में खुशी हो रही है कि हमारे मुसलिम प्रतिनिधि उस समस्या के उचित समाधान के महत्त्व को पूरी तरह समझते हैं, जिसे मैं भारत की अंतरराष्ट्रीय समस्या कहता हूँ। केंद्र सरकार के उत्तरदायित्व के बारे में अंतिम निर्णय लिये जाने से पहले इस सांप्रदायिक समस्या के समाधान के लिए उनके द्वारा दबाव डाला जाना पूर्णतया उचित है। किसी मुसलिम राजनीतिज्ञ को इस बहुप्रचारित शब्द 'सांप्रदायिकता' में छिपे ताने से परेशान होने की जरूरत नहीं है, जिसे स्पष्ट रूप से उस भावना का लाभ उठाने के लिए गढ़ा गया है, जिसे 'प्रधानमंत्री ब्रिटिश प्रजातांत्रिक भावना' कहते हैं। साथ ही, इंग्लैंड को उन हालात के प्रति भ्रमित करने के लिए, जो भारत में हैं ही नहीं । इसमें लोगों के भारी हित दाँव पर लगे हैं। हम 7 करोड़ लोग हैं तथा भारत के किसी भी अन्य समुदाय से अधिक समरूपी हैं। असल में भारतीय मुसलमान अकेले ऐसे भारतीय हैं, जिन्हें आधुनिक अर्थ में एक 'कौम' कहा जा सकता है। हिंदू, जो यद्यपि लगभग सभी मामलों में हमसे आगे हैं, अब तक वह एकरूपता हासिल नहीं कर पाए हैं, जो एक कौम के लिए जरूरी होती है और जिसे इसलाम ने आपको एक तोहफे के तौर पर दिया है। इसमें कोई शक नहीं कि वे एक कौम बनने के लिए बेताब हैं; परंतु एक कौम बनने की प्रक्रिया एक प्रकार की प्रसव-पीड़ा है और हिंदू भारत के मामले में यह उसके सामाजिक ढाँचे की संपूर्ण मरम्मत की माँग करता है। और न मुसलिम नेताओं व राजनीतिज्ञों को इस मोहक परंतु मिथ्या तर्क से अभिभूत हो जाना चाहिए कि तुर्की, पर्शिया एवं अन्य मुसलिम देश राष्ट्रीय अर्थात् क्षेत्रीय आधार पर तरक्की कर रहे हैं। भारतीय मुसलमानों की स्थिति अलग है। भारत से बाहर के मुसलिम देश व्यावहारिक रूप से पूर्णतया मुसलिम आबादीवाले देश हैं। वहाँ के अल्पसंख्यक वे लोग हैं, जिन्हें कुरान की भाषा में 'पीपुल ऑफ द बुक' कहा जाता है। मुसलमानों और इन लोगों के बीच कोई सामाजिक विभाजन नहीं है।'''वास्तव में मानव समाज के अंतिम संयोजन को तय करने की दिशा में

इसलाम ने जो पहला व्यावहारिक कदम उठाया था, वह था उन सभी लोगों से आगे बढ़कर एकजुट होने का आह्वान करना, जिनके नैतिक आदर्श समान थे। कुरान यह घोषणा करती है, 'ओ, पीपुल ऑफ द बुक!' आइए, हम उस एक 'शब्द' (ईश्वर के एक होने) पर एकजुट हो जाएँ, जो हम लोगों में समान हैं।' इसलाम और ईसाइयत के बीच हुए युद्धों और बाद में विभिन्न रूपों में हुए यूरोपीय हमलों के कारण इस आयत में निहित अर्थ इसलामिक जगत् में साकार न हो सका। आज मुसलिम देशों में यह बात धीरे-धीरे उस शक्ल में साकार हो रही है, जिसे 'मुसलिम राष्ट्रवाद' कहा जाता है।

मेरे लिए यह कहना जरूरी नहीं है कि हमारे प्रतिनिधियों की सफलता की एकमात्र कसौटी यह होगी कि वे सम्मेलन के गैर-मुसलिम प्रतिनिधियों को दिल्ली प्रस्ताव में दी गई माँगों पर किस हद तक सहमत करा पाते हैं। यदि इन माँगों पर सहमति नहीं बनती तो समुदाय के सामने एक बड़ा और दूरगामी महत्त्व का प्रश्न खड़ा हो जाएगा। तब भारतीय मुसलमानों के सामने एक स्वतंत्र और संगठित राजनीतिक काररवाई करने का क्षण आएगा। यदि आप अपने आदर्शों व आकांक्षाओं के प्रति जरा भी गंभीर हैं तो आपको ऐसी काररवाई के लिए तैयार रहना होगा। हमारे नेताओं ने इस पर काफी राजनीतिक चिंतन किया है, जिसने हमें उन ताकतों के बारे में कमोबेश जागरूक बना दिया है, जो भारत और भारत से बाहर के लोगों का भविष्य गढ़ रही है। परंतु मैं पूछता हूँ कि आपका क्या इस सोच ने हमें उस तरह की काररवाई के लिए तैयार कर दिया है, जो उस स्थिति की माँग है, जो निकट भविष्य में कभी भी पैदा हो सकती है? मैं आपसे साफ-साफ कहना चाहूँगा कि मौजूदा हालात में भारतीय मुसलमान दो बुराइयों से ग्रस्त हैं। पहली है असरदार हस्तियों की कमी। सर मैल्कम हेली और लॉर्ड इरविन अपने इस निदान में पूरी तरह सहमत थे, जब उन्होंने अलीगढ़ यूनिवर्सिटी को यह कहा कि समुदाय नए नेता पैदा करने में असफल रहा है। नेताओं से मेरा आशय उन लोगों से है, जो अल्लाह के करम या अपने अनुभव से इसलाम की आत्मा एवं उसकी निर्यात की गहरी समझ रखते हैं और जिन्हें आधुनिक इतिहास के रुख की भी उतनी ही गहरी समझ हो। ऐसे आदमी जन-आंदोलनों के सूत्रधार होते हैं, परंतु वे खुदा की देन होते हैं और जरूरत के मुताबिक उनका उत्पादन नहीं किया जा सकता। जिस दूसरी बुराई से भारत के मुसलमान पीड़ित हैं, वह है उनमें सामुदायिक भावना का अभाव। यही वजह है कि व्यक्ति और समूह अपना कैरियर बनाने में लगे रहते हैं, लेकिन अपने समुदाय की सामान्य सोच और सामूहिक गतिविधियों में कोई योगदान नहीं देते। हम आज राजनीति के क्षेत्र में वही कर रहे

हैं, जो धर्म के क्षेत्र में हम सदियों से करते आ रहे हैं। परंतु धर्म के क्षेत्र में गुटबाजी हमारी एकता को उतनी हानि नहीं पहुँचाती। वह कम-से-कम हमारे सामाजिक ढाँचे के एकमात्र सिद्धांत में लोगों की रुचि को दरशाता है। इसके अतिरिक्त इस सिद्धांत की कल्पना इतने विस्तृत रूप में की गई है कि किसी गुट के लिए इस हद तक बगावत करना नामुमकिन है कि वह स्वयं को इसलाम की व्यापक पहुँच से पूरी तरह से अलग कर ले। परंतु एक ऐसे समय में राजनीतिक मतभेद जब हमारे समुदाय की जिंदगी के लिए संयुक्त काररवाई बेहद जरूरी हो, विनाशकारी साबित हो सकते हैं। तो हम इन दोनों बुराइयों को कैसे दूर करेंगे ? पहली बुराई का हल हमारे हाथों में नहीं है। जहाँ तक दूसरी बुराई का सवाल है, मैं समझता हूँ कि उससे निपटा जा सकता है। इस विषय पर मेरे निश्चित विचार हैं; परंतु जब तक वह स्थिति सामने नहीं आती, जिसकी आशंका है तब तक मेरी समझ से उनकी अभिव्यक्ति को स्थगित रखना ही उचित है। यदि वह स्थिति वास्तव में सामने आती है तो सभी विचारधाराओं के मुसलिम नेताओं को, प्रस्ताव पास करने के लिए नहीं बल्कि मुसलमानों की काररवाई के लिए तैयार करने और ठोस नतीजे दिखाने के लिए मिल-बैठकर विचार करना होगा। इस भाषण में मैं इस विकल्प का उल्लेख केवल इसलिए कर रहा हूँ कि आप लोग इस बात को ध्यान में रखें और इसी दौरान उस पर गहराई से विचार करें।

सज्जनो, मैं अपनी बात पूरी कर चुका हूँ। अंत में मैं यही बात आपके मन में बिठाना चाहता हूँ कि भारत के इतिहास में वर्तमान संकट आपके अपने एवं संपूर्ण भारत के हित के लिए मुसलिम समुदाय में पूरी एकता और अपने लक्ष्य हासिल करने के लिए मजबूत इरादों और एक प्रभावी संगठन की माँग करता है। भारत की राजनीतिक पराधीनता पूरे एशिया के लिए भारी दुर्दशा का स्रोत रही है और अब भी है। उसने पूर्व का हौसला पस्त कर दिया है और उसे आत्माभिव्यक्ति के उस आनंद से पूरी तरह वंचित कर दिया है, जिसने एक समय एक महान् संस्कृति को जन्म दिया था। भारत के प्रति हमारा कुछ कर्तव्य है, जहाँ जीना और मरना हमारी नियति है। एशिया, विशेष रूप से मुसलिम एशिया, के प्रति भी हमारा कुछ कर्तव्य है। और हम चूँकि एक अकेले देश में 7 करोड़ मुसलमान अन्य सारे मुसलिम एशियाई देशों को मिलाकर भी इसलाम के लिए उनसे ज्यादा कीमत रखते हैं, हमें भारतीय समस्या को केवल एक मुसलिम समस्या के रूप में ही नहीं बल्कि भारतीय मुसलमानों के नजरिए से देखना चाहिए। एशिया और भारत के प्रति अपना कर्तव्य हम एक निश्चित लक्ष्य के प्रति समर्पित हुए बिना नहीं निभा सकते। कई अन्य राजनीतिक शक्तियों के बीच एक राजनीतिक शक्ति के रूप में संगठित होना बहुत जरूरी है। हमारा

असंगठित स्वरूप समुदाय के लिए बेहद जरूरी कई राजनीतिक मुद्‍दों पर हमें भ्रमित कर चुका है। मैं एक अंतरराष्ट्रीय समझ के प्रति निराश नहीं हूँ, परंतु मैं अपना यह एहसास आप लोगों से छिपा नहीं सकता कि निकट भविष्य में हमारे समुदाय को वर्तमान संकट से निपटने के लिए एक स्वतंत्र कार्य-विधि अपनानी होगी। ऐसे संकट के समय एक स्वतंत्र कार्यनीति केवल दृढ़ संकल्प लोगों, जिनकी नजरें एक ही लक्ष्य पर केंद्रित हों, के लिए ही संभव होती है।

क्या आपके लिए अपने एकाग्र संकल्प को उसकी संपूर्णता में धारण करना संभव है? अवश्य, यह संभव है। गुटीय हितों और निजी महत्त्वाकांक्षाओं से ऊपर उठें तथा अपनी व्यक्तिगत व सामूहिक काररवाइयों के महत्त्व का आकलन करना सीखें; ये काररवाइयाँ भले ही भौतिक उद्‍देश्यों की प्राप्ति के लिए हों, परंतु उन्हें उन आदर्शों के प्रकाश में देखना जरूरी है, जिनका प्रतिनिधित्व करने की आपसे अपेक्षा की जाती है। भौतिक पदार्थ से शुरू करके आत्मा तक जाइए। भौतिक वस्तुएँ विविधता लिये हुए हैं, आत्मा प्रकाश है, जीवन है और एकात्म है। मुसलमानों के इतिहास से मैंने एक पाठ सीखा है। अपने इतिहास के निर्णायक क्षणों में वह इसलाम ही था, जिसने मुसलमानों को बचाया है, न कि मुसलमानों ने इसलाम को! आज यदि आप अपनी दृष्टि को इसलाम पर केंद्रित करें और उसमें दिए गए अपार शक्तिदायक विचार से प्रेरणा लें, तो आप अपनी बिखरी हुई शक्तियों को पुनः समेट पाएँगे, अपनी खोई हुई अखंडता को फिर से प्राप्त कर लेंगे, और इस तरह स्वयं को पूर्ण विनाश से बचा लेंगे। पवित्र कुरान की गंभीरतम आयतों में से एक हमें यह बतलाती है कि संपूर्ण मनुष्य जाति का जन्म और पुनर्जन्म एक व्यक्ति के जन्म और पुनर्जन्म जैसा ही है। आप, जो एक समुदाय के रूप में मानव जाति की इस अद्‍भुत अवधारणा के पहले व्यावहारिक प्रतिपादक हैं, एक अकेले व्यक्ति के रूप में क्यों नहीं जी सकते, गतिशील नहीं रह सकते? मैं यह कहकर बात को पेचीदा नहीं बना रहा हूँ कि भारत के हालात वैसे नहीं हैं, जैसे वे दिखाई देते हैं। इसका अर्थ आपको तभी पता चलेगा, जब आप उन्हें देखने की एक सामूहिक दृष्टि पैदा कर लेंगे। कुरान के शब्दों में, 'स्वयं को स्थिर रखिए। यदि आप सुमार्ग पर चल रहे हैं तो कोई दुष्ट व्यक्ति आपका कुछ नहीं बिगाड़ सकता।'

□

भीखाजी कामा

श्रीमती भीखाजी रुस्तम कामा यानी मैडम कामा (24 सितंबर, 1861–13 अगस्त, 1936) जर्मनी के स्टुटगार्ड नगर में 22 अगस्त, 1907 को हुई सातवीं अंतरराष्ट्रीय कांग्रेस में तिरंगा फहराने के लिए सुविख्यात हैं। उस समय तिरंगा वैसा नहीं था जैसा आज है।

24 सितंबर, 1861 को बंबई में जनमी भीखाजी कामा स्वाधीनता संग्राम से जुड़ी अत्यंत कर्मठ महिला थीं। धनी परिवार में जन्म लेने के बावजूद उन्होंने आदर्श और दृढ़ संकल्प के बल पर निरापद तथा सुखी जीवन को तिलांजलि दे दी और शक्ति के चरमोत्कर्ष पर पहुँचे साम्राज्य के विरुद्ध क्रांतिकारी कार्यों से उपजे खतरों तथा कठिनाइयों का सामना किया। भारत की स्वाधीनता के लिए लड़ते हुए उन्होंने लंबी अवधि तक निर्वासित जीवन बिताया था।

वह अपने क्रांतिकारी विचार अपने समाचार-पत्र 'वंदे मातरम्' तथा 'तलवार' में प्रकट करती थीं। श्रीमती कामा की लड़ाई दुनिया भर के साम्राज्यवाद के विरुद्ध थी। उनके सहयोगी उन्हें 'भारतीय क्रांति की माता' मानते थे; जबकि अंग्रेज उन्हें कुख्यात महिला, खतरनाक क्रांतिकारी, अराजकतावादी, ब्रिटिश-विरोधी कहते थे। वह 'भारतीय राष्ट्रीयता की महान् पुजारिन' के नाम से विख्यात थीं। फ्रांसीसी अखबारों में उनका चित्र जोन ऑफ आर्क के साथ छपा था। यह इस तथ्य की भावपूर्ण अभिव्यक्ति थी कि श्रीमती कामा का यूरोप के राष्ट्रीय तथा लोकतांत्रिक समाज में विशिष्ट स्थान था।

भारतीय गणतंत्र की स्थापना : मेरा स्वप्न

✍ **मैडम भीकाजी कामा**

विपत्तिग्रस्त पराधीन भारत की अंतरराष्ट्रीय आवाज बनकर मैडम भीकाजी कामा ने विश्व बिरादरी में ब्रिटिश शासन के अन्याय व अत्याचार के विरुद्ध जो आवाज उठाई, उसके लिए कृतज्ञ भारतवासी उन्हें सदा याद रखेंगे।

इस अत्यंत समृद्ध पारसी महिला ने अपनी फूलों की सेज छोड़कर संघर्ष का कंटकाकीर्ण मार्ग अपनाया और दो-चार नहीं, पैंतीस वर्षों तक निरंतर सारे यूरोप में भारत में चल रहे बिटिश दमन चक्र के विरोध में आवाज उठाई। भारत से बाहर उसकी स्वाधीनता के लिए अलख जगानेवाली इस साहसी महिला ने करोड़ों भारतीयों के दर्द को अपने दिल में महसूस किया और अंतरराष्ट्रीय स्तर पर भारतीय स्वतंत्रता के लिए नैतिक समर्थन जुटाने का अथक प्रयास किया, जो भारतवासियों के लिए असंभव नहीं तो अत्यंत कठिन अवश्य था। इस दृष्टि से भारतीय स्वाधीनता संग्राम में उनका योगदान अमूल्य है।

मैडम भीकाजी ने यह भाषण स्टुटगार्ट, जर्मनी के अंतरराष्ट्रीय समाजवादी सम्मेलन में दिया था। इस अवसर पर अंतरराष्ट्रीय बिरादरी से भारत को नैतिक समर्थन देने की अपील

करने के साथ-साथ उन्होंने वातावरण को नाटकीय मोड़ देते हुए सभा में तिरंगा ध्वज भी फहराया।

मित्रो, साथियो और समाजवादियो! मैं यहाँ उन करोड़ों मूक भारतवासियों की ओर से बोलने के लिए आई हूँ, जो ब्रिटिश शासन के अधीन भयंकर अत्याचार सह रहे हैं। उस सुदूर देश में निर्धनता की जो स्थिति है, उसकी आप कल्पना भी नहीं कर सकते। आपका यह पूछना नितांत स्वाभाविक होगा कि इस निर्धनता का कारण आखिर क्या है? मेरा उत्तर है कि इसका कारण प्रतिवर्ष उस देश से 3.5 करोड़ पाउंड की राशि निकाला जाना है। जी हाँ, यह समस्त राशि निकाली जाती है, क्योंकि यह ब्रिटेन भेजी जाती है, ताकि वह धनी देश और भी धनी होता जाए। जबकि भारत में हर महीने लगभग 2.5 लाख भारतवासी निर्धनता के कारण मर रहे हैं। और भारत का अर्थ है—समस्त मानव नस्ल का पाँचवाँ भाग। जब मैं आपको संबोधित कर रही हूँ तो मैं मानवता के नाते आपसे अपील कर रही हूँ।

भाइयो और बहनो, न्याय का साथ दें और प्रत्येक समाजवादी सम्मेलन के समक्ष भारत का मामला उठाएँ। भारत की ओर से प्रतिनिधित्व की प्रतीक्षा न करें। भारतीयों के समान दमित लोग ऐसा नहीं कर सकते। वे उस देश से प्रतिनिधित्व कैसे आरंभ कर सकते हैं, जहाँ स्वतंत्रता है ही नहीं? वह देश, जहाँ से प्रतिवर्ष 3.5 करोड़ पाउंड निकालकर ब्रिटेन ने उसके जीवन को चूस लिया है। मित्रो, इस उद्देश्य को अपना लो। भले ही इस सम्मेलन में भारत की उपस्थति न हो।

मैं आपको इस सत्य से अवगत कराना चाहती हूँ कि भारत का कष्ट इससे भी अधिक है। आपको प्रत्येक सम्मेलन में भारत के लिए एक प्रस्ताव पारित करना चाहिए। मैं आपसे केवल नैतिक समर्थन के लिए अनुरोध कर रही हूँ। अपने अधिकारों के लिए हम स्वयं लड़ेंगे। आपको कहना चाहिए कि आप अत्याचारी व पूँजीवादी अंग्रेजों के विरुद्ध हैं। आपको कहना चाहिए कि आप करोड़ों विपत्तिग्रस्त भारतीयों के साथ हैं।

आपके समक्ष यह झंडा फहराते हुए मैं भारतीय राष्ट्र के नाम पर न्याय के लिए संघर्ष करने की गुहार करती हूँ। मैं एक बार फिर आपके सामने यह भारतीय राष्ट्रीय ध्वज फहराती हूँ। अंत में मैं आपको बताना चाहूँगी कि मुझे पूरी आशा है कि मैं अपने जीवनकाल में भारतीय गणतंत्र की स्थापना होते देखूँगी।

□

लेफ्टिनेंट कर्नल टिम कॉलिंस

अप्रैल 1960 में बेलफास्ट (उत्तरी आयरलैंड) में जनमे टिम कॉलिंस की आरंभिक शिक्षा-दीक्षा बेलफास्ट में हुई। इसके बाद उन्होंने बेलफास्ट विश्वविद्यालय से ही अर्थशास्त्र में स्नातक की उपाधि और उसके बाद कला विषय में स्नातकोत्तर की उपाधि अर्जित की। वह सन् 1981 से 2004 तक ब्रिटिश सेना में अधिकारी रहे, जहाँ से कर्नल के पद से सेवानिवृत्त हुए। उन्होंने खाड़ी युद्ध, बोस्निया, कोसोवो एवं इराक के युद्धों में अपने सैनिकों का सफल नेतृत्व किया।

इराक युद्ध की पूर्व संध्या पर कॉलिंस ने यह भाषण दिया था। इसे कितना महत्त्वपूर्ण माना जाता है, इसका अनुमान इसी बात से लगाया जा सकता है कि इसकी एक प्रति अमेरिकी राष्ट्रपति के व्हाइट हाउस के ओवल ऑफिस की दीवार पर टाँगी गई है।

राष्ट्र की गरिमा

✍ **लेफ्टिनेंट कर्नल टिम कॉलिंस**

टिम कॉलिंस सन् 2003 के इराक युद्ध में ब्रिटिश सेना के लेफ्टिनेंट कर्नल थे। 19 मार्च, 2003 को उन्होंने यह भाषण युद्ध आरंभ होने की पूर्व संध्या को अपने सैनिकों को दिया था। कर्नल टिम के इस भाषण की इतनी चर्चा हुई और उसे इतना सराहा गया कि अमेरिकी राष्ट्रपति जॉर्ज डब्ल्यू. बुश ने उसकी एक प्रति मँगवाकर अपने कार्यालय की दीवार पर टँगवाई।

हम उन्हें मुक्त कराने जा रहे हैं, जीतने नहीं। हम उस देश पर अपने झंडे नहीं फहराएँगे। हम इराक में वहाँ की जनता को स्वतंत्र करने के लिए प्रवेश कर रहे हैं। इस प्राचीन भूमि पर केवल उनका अपना झंडा फहराएगा। उसके प्रति सम्मान प्रदर्शित करें।

कुछ ऐसे भी हैं जो अभी जीवित हैं, किंतु थोड़े समय बाद जीवित न रहेंगे। जो लोग इस यात्रा पर नहीं जाना चाहते, हम उन्हें नहीं भेजेंगे। जहाँ तक बाकी लोगों का सवाल है, मैं आशा करता हूँ, आप उनकी दुनिया को हिलाकर रख देंगे। अगर वे यही चाहते हैं तो उनका अस्तित्व मिटाकर रख दो। लेकिन यदि आप युद्ध में विकराल हैं तो जीत में उदार होना भी याद रखना।

इराक इतिहास से सराबोर है। वह अदन के बाग, महाजल-प्रलय की स्थली और इब्राहीम की जन्मभूमि है।

इस भूमि पर हलके कदमों से चलें।

आप वह सब देखेंगे, जो कोई धन खर्च करके नहीं देख सकता। इराकियों से भले, उदार और ईमानदार लोग आपको बहुत खोजने पर ही मिलेंगे। हालाँकि उनके पास कुछ नहीं है, फिर भी आप उनकी अतिथि-परायणता से अभिभूत हो जाएँगे। उनके साथ शरणार्थियों जैसा व्यवहार नहीं करना, क्योंकि वे अपने देश में हैं। उनके बच्चे निर्धन होंगे, पर आनेवाले वर्षों में उन्हें पता चलेगा कि उनके जीवन में स्वतंत्रता का प्रकाश आपने फैलाया था।

युद्ध में जब वे हताहत हों तो स्मरण रखना कि जब उन्होंने प्रात:काल उठकर वरदी पहनी थी तो उनकी योजना दिन में मरने की नहीं थी।

उनको गरिमामय मृत्यु प्राप्त करने देना।

उनको ठीक से दफन करना और उनकी कब्र को चिह्नित करना।

मेरा सर्वप्रथम इरादा है कि आप में से हरेक को यहाँ से जीवित बचा ले जाऊँ।

लेकिन हम में से कुछ ऐसे होंगे, जो इस युद्ध का अंत देखने तक नहीं रहेंगे।

हम उनको उनकी चिरनिद्रा के बक्सों में रखकर वापस भेज देंगे।

उनके लिए शोक मनाने का समय भी नहीं होगा।

शत्रु को इसमें संदेह नहीं होना चाहिए कि हम उसके लिए प्रतिशोध के देवता हैं और उसका विनाश करने आए हैं। कई क्षेत्रीय कमांडर भी हैं, जिनकी आत्माएँ आहत हैं और जो सद्दाम के लिए नरकाग्नि भड़का रहे हैं। वह और उसकी सेनाएँ इस संयुक्त बल द्वारा नष्ट होंगी—जो कुछ उन्होंने किया है, उसी के फलस्वरूप! मरते समय उन्हें एहसास होगा कि यह उनके कर्मों का फल है। उनके प्रति तनिक भी दया भाव नहीं दिखाना।

किसी अन्य मनुष्य के प्राण लेना बड़ा दुष्कर होता है। यह लापरवाही से नहीं किया जाना चाहिए।

मैं जानता हूँ कि दूसरे युद्धों में कुछ लोगों ने अकारण प्राण लिये।

मैं आपको विश्वास दिलाता हूँ कि वे हत्यारे का कलंक लेकर जीते हैं।

यदि कोई आपके सामने आत्मसमर्पण करता है तो याद रखें कि अंतरराष्ट्रीय कानून के मुताबिक उसे यह अधिकार है। यह सुनिश्चित करें कि वह एक दिन अपने घर और अपने परिवार के पास जा सके। जो लड़ना चाहते हैं, उन्हें हम खुशी से निशाना बनाएँगे।

यदि आप प्राण लेने के अति उत्साह से या अपनी कायरता से अपनी

रेजीमेंट या उसके इतिहास को क्षति पहुँचाते हैं तो याद रखिए कि इसका परिणाम आपके परिवारों को भुगतना पड़ेगा। यदि आपका व्यवहार सर्वोत्कृष्ट नहीं रहा तो आप बहिष्कृत होंगे; क्योंकि आपका आचरण इतिहास में अंकित होगा। हम अपनी वरदी या अपने राष्ट्र को शर्मिंदा नहीं होने देंगे।

(सद्दाम के रासायनिक व जैविक हथियारों के बारे में।)

प्रश्न यह नहीं है कि अगर, प्रश्न यह है कि कब? हम जानते हैं कि उन्होंने अपने अधीनस्थ कमांडरों को इसका निर्णय लेने का अधिकार सौंप दिया है। इसका अर्थ यह है कि उन्होंने इस बारे में पहले से ही स्वयं निर्णय ले लिया है। यदि हम पहले प्रहार से बच निकले तो हम समस्त आक्रमण में बचे रहेंगे।

जहाँ तक हमारा सवाल है, हम अपने में से हरेक को घर वापस ले जाना चाहेंगे। और इराक को एक पहले से बेहतर भूमि के रूप में छोड़ जाएँगे।

अब हमारी मंजिल उत्तर की ओर है।

□

विलियम लेयान फेलप्स

विलियम लेयान फेलप्स का जन्म 2 जनवरी, 1865 को न्यू हावेन कनाक्टिकट (अमेरिका) में हुआ। वह एक प्रतिभाशाली छात्र थे। वर्ष 1882 में स्नातक की उपाधि पाने के बाद उन्होंने 1891 में येल से एम.ए. और उसी साल हार्वर्ड से पी-एच.डी. की उपाधि हासिल की। एक वर्ष तक हार्वर्ड में पढ़ाने के बाद वह येल लौट आए और वहाँ उन्हें अंग्रेजी विभाग में अध्यापन का प्रस्ताव मिला, जिसे उन्होंने सहर्ष स्वीकार कर लिया। इसके बाद उन्होंने येल में ही आजीवन अध्यापन किया।

अंग्रेजी साहित्य के प्रोफेसर विलियम लेयान की खेलकूद में बहुत रुचि थी। वह बेसबॉल, गोल्फ और लॉन टेनिस के बहुत अच्छे खिलाड़ी थे। आधुनिक अंग्रेजी उपन्यास विषय पढ़ानेवाले फेल्प्स में लियो तॉलस्तॉय और तुर्गनेव की कृतियों का विशेष अध्ययन किया था।

फेल्प्स पढ़ाने और भाषण कला में माहिर थे। अपने पढ़ाने के अत्यंत रोचक ढंग और वक्तृत्व कला के कारण वह अत्यंत लोकप्रिय रहे। उनका निधन 78 वर्ष की आयु में 21 अगस्त, 1943 को न्यू हावेन में हुआ।

पुस्तकें महानतम संसाधन हैं

✍ **विलियम लेयान फेलप्स**

अमेरिका के विख्यात चिंतक, लेखक, आलोचक विलियम लेयान येल विश्वविद्यालय में अंग्रेजी के प्रोफेसर थे। महान् पुस्तक-प्रेमी लेयान के निजी संग्रह में 6,000 से अधिक पुस्तकें थीं। 6 अप्रैल, 1933 को उन्होंने पुस्तकों के महत्त्व पर यह भाषण दिया था।

पुस्तकें पढ़ने की आदत मानव के महानतम संसाधनों में से एक है। हम कहीं से ली हुई पुस्तक की अपेक्षा अपनी पुस्तक को पढ़ने में अधिक आनंद लेते हैं। उधार ली हुई पुस्तक घर में आए मेहमान की तरह होती है। उसका उपयोग अत्यंत सावधानी और औपचारिकता के साथ किया जाता है। आपको ध्यान रखना पड़ता है कि वह खराब न हो। जब तक वह आपकी छत के नीचे है, उसे किसी प्रकार की क्षति न पहुँचे। आप उसके साथ लापरवाही नहीं बरत सकते। आप उसमें कोई निशान नहीं लगा सकते, उसके पन्नों को मोड़ नहीं सकते। आप उसका उपयोग पूरी आजादी के साथ नहीं कर सकते। फिर किसी दिन, हालाँकि ऐसा कभी-कभी किया जाता है, आपको सचमुच उसे लौटाना पड़ता है।

लेकिन आपकी अपनी पुस्तकें आपकी संपत्ति होती हैं। आप उनके साथ घनिष्ठतावाला स्नेहिल व्यवहार करते हैं, जिसमें कोई औपचारिकता नहीं होती। पुस्तकें उपयोग के लिए होती हैं, प्रदर्शन के लिए नहीं। आपको ऐसी कोई पुस्तक नहीं लेनी चाहिए, जिसमें निशान लगाने से आप डरते हों या उसे खुली हालत

में मेज पर उलटी रखने से घबराते हों। पुस्तकों में मनपसंद भागों को चिह्नित करने का एक अच्छा कारण यह है कि ये भाग आपको प्रसिद्ध कथनों को स्मरण रखने और बाद में उनको देखने में सहायक होते हैं। बाद के वर्षों में ये उसी तरह होते हैं जैसे आप किसी वन में दोबारा जाएँ, जहाँ रास्ते की पहचान छोड़ आए हों। आप पुरानी भूमि पर फिर से जाने का आनंद लेते हैं। आपको उस बौद्धिक दृश्यावली और अपने पुराने व्यक्ति को फिर से याद करने का आनंद मिलता है।

युवावस्था में ही हरेक को अपना निजी पुस्तकालय बनाना आरंभ कर देना चाहिए। मानव में निजी संपत्ति सँजोने की जो प्रवृत्ति है, उसे इस प्रकार सब तरह के लाभ और किसी भी तरह भी बुराई के बिना परितुष्ट किया जा सकता है। आपके पास अपनी पुस्तकों की अलमारी होनी चाहिए। इसमें कोई दरवाजे, शीशे, चाबियाँ नहीं होनी चाहिए, ताकि आपकी आँखों और हाथों की पहुँच उन तक आसान रहे। सबसे अच्छी भित्ति-सज्जा पुस्तकों से होती है। उनके रंगों में दीवार पर चिपकानेवाले कागज की अपेक्षा कहीं अधिक विविधता होती है। उनके डिजाइन अधिक आकर्षक होते हैं।

उनका मुख्य लाभ उनका भिन्न-भिन्न व्यक्तित्व है। जब आप अकेले अपने कमरे में अँगीठी के पास बैठे हों तो आप घनिष्ठ मित्रों से घिरे होते हैं। यह जानकारी कि वे आपकी नजरों के सामने हैं, आपको तरोताजा कर देती हैं और प्रेरणा भी देती हैं। जरूरी नहीं कि आप उन सभी को पढ़ें। मेरा घर के अंदर अधिकांश समय 6,000 पुस्तकों से भरे कमरे में बीतता है। अनजाने लोग मुझसे जो प्रश्न अवश्य पूछते हैं, वह है, 'क्या आपने ये सभी पुस्तकें पढ़ी हैं ?' हमेशा की तरह मेरा उत्तर होता है, 'इनमें से कुछ, दो बार।' यह उत्तर सत्य और अप्रत्याशित है।

इसमें संदेह नहीं कि जीते-जागते, साँस लेते शरीरधारी महिला या पुरुषों जैसे और कोई मित्र नहीं होते। मेरी पढ़ने की लगन ने मुझे कभी एकांतवासी नहीं बनाया। ऐसा होता भी कैसे ? पुस्तकें लोगों की होती हैं, लोगों के द्वारा होती हैं, लोगों के लिए होती हैं। साहित्य इतिहास का विशिष्ट अंश है। यह व्यक्तित्व का सर्वश्रेष्ठ और स्थायी भाग है। पुस्तक-मित्र सजीव मित्रों से इस दृष्टि से अधिक उपयोगी हैं। आप संसार के सर्वाधिक आभिजात्य समाज के सान्निध्य का आनंद जब चाहें, ले सकते हैं।

किसी निजी पुस्तकालय में आप कभी भी सुकरात, शेक्सपीयर, कार्लाइल, ड्यूमास, डिकन, शॉ या बेरी से वार्त्तालाप कर सकते हैं। इसमें संदेह नहीं कि इन पुस्तकों में आपको इन महानुभावों के व्यक्तित्व का सर्वश्रेष्ठ भाग मिलेगा।

उन्होंने आपके लिए साहित्य की रचना की। उन्होंने अपना दिल खोलकर रख दिया। उन्होंने आपका मनोरंजन करने का भरसक प्रयत्न किया, आप पर अनुकूल प्रभाव डालने का प्रयत्न किया। आप उनके लिए उतने ही आवश्यक हैं जितने किसी अभिनेता के लिए दर्शक। आप उसे केवल मुखौटे में नहीं देखते। आप दिल से दिल मिलाकर उसके अंतरतम में झाँकते हैं।

□

विंस्टन चर्चिल

विंस्टन चर्चिल (30 नवंबर, 1974–24 जनवरी, 1965) द्वितीय विश्व युद्ध (1940-1945) के समय इंग्लैंड के प्रधानमंत्री रहे। वे प्रसिद्ध कूटनीतिज्ञ और प्रखर वक्ता थे। वे सेना में अधिकारी रह चुके थे। साथ ही वह इतिहासकार, लेखक और कलाकार भी थे। वह ऐसे एकमात्र प्रधानमंत्री थे, जिन्हें नोबेल पुरस्कार से सम्मानित किया गया था। अपने सैन्य कार्यकाल के दौरान चर्चिल ने भारत, सूडान और द्वितीय विश्व युद्ध में अपने जौहर दिखाए थे। उन्होंने युद्ध संवाददाता के रूप में ख्याति प्राप्त की थी। प्रथम विश्व युद्ध के दौरान उन्होंने ब्रिटिश सेना में अहम जिम्मेदारी सँभाली थी। एक राजनीतिज्ञ के रूप में उन्होंने कई पदों पर कार्य किया। विश्व युद्ध से पहले वह गृह मंत्रालय में व्यापार बोर्ड के अध्यक्ष रहे। प्रथम विश्व युद्ध के दौरान वह लॉर्ड ऑफ एडमिरिल्टी बने रहे। युद्ध के बाद उन्हें शस्त्र भंडार का मंत्री बनाया गया।

10 मई, 1940 को उन्हें यूनाइटेड किंगडम का प्रधानमंत्री बनाया गया। उन्होंने धुरी राष्ट्रों के खिलाफ युद्ध जीता। चर्चिल एक प्रखर वक्ता थे। वर्ष 1945 के चुनाव में पार्टी की हार के बाद वह विपक्ष के नेता बने। 1951 में वह फिर प्रधानमंत्री बने। 1955 में उन्होंने राजनीति से संन्यास ले लिया। उनकी मृत्यु के बाद उनका अंतिम संस्कार पूरे राजकीय सम्मान के साथ किया गया।

खून, मशक्कत, आँसू और पसीना

✍ **विंस्टन चर्चिल**

द्वितीय महायुद्ध के काल में ब्रिटेन के प्रधानमंत्री बनने के बाद विंस्टन चर्चिल ने 13 मई, 1940 को ब्रिटिश संसद् में यह विख्यात भाषण दिया था—

जैसा कि मैंने इस सरकार में सम्मिलित होनेवाले मंत्रियों से कहा, मैं इस सदन से भी कहना चाहता हूँ कि मेरे पास देने के लिए खून, मशक्कत, आँसुओं और पसीने के सिवा कुछ भी नहीं है। हमारे सामने अत्यंत गंभीर अग्निपरीक्षा है। हमारे आगे संघर्ष और कष्टों से भरे अनेकानेक मार्ग हैं।

आप पूछते हैं कि हमारी नीति क्या है ? मेरा उत्तर है कि हमारी नीति स्थल, समुद्र व आकाश में, ईश्वर ने हमें जितनी शक्ति दी है, उसका भरपूर उपयोग करते हुए युद्ध करने की है। यह युद्ध एक ऐसे पैशाचिक अत्याचार के विरुद्ध है, जिसकी मिसाल मानव अपराधों की अंधकारमय सूची में कहीं नहीं मिलती। तो यह है हमारी नीति !

आप पूछते हैं कि हमारा लक्ष्य क्या है ? इसका उत्तर मैं एक शब्द में दे सकता हूँ। यह है विजय, हर कीमत पर विजय, हर तरह के आतंक के बावजूद विजय, मार्ग चाहे कितना ही कठिन और लंबा है, विजय! क्योंकि विजय के बिना हम जीवित नहीं रह सकते।

मैं अपना यह उत्तरदायित्व उल्लास व आशा के साथ सँभाल रहा हूँ। मुझे पूरा विश्वास है कि अपने लक्ष्य में हम असफल नहीं हो सकते। इस वेला में मुझे लगता है कि मुझे सभी से सहायता माँगने और यह कहने का अधिकार है कि "आओ, हम सब अपनी सम्मिलित शक्ति के साथ आगे बढ़ें।"

□

शेख हसीना

शेख हसीना बँगलादेश के राष्ट्रपिता मुजीबुर्रहमान की बेटी हैं। उनके पिता, माँ और तीन भाई 1971 के स्वतंत्रता संग्राम में मारे गए थे। उस हादसे के बाद भी उन्हें राजनीतिक सफलता आसानी से नहीं मिली। उन्होंने '80 के दशक में बँगलादेश में जनरल इरशाद के सैनिक शासन के खिलाफ जो मुहिम छेड़ी, उसके दौरान उन्हें कई बार जेल जाना पड़ा। जनरल इरशाद के बाद भी उन्हें जनरल की पत्नी बँगलादेश नेशनलिस्ट पार्टी की खालिदा जिया से और लंबी लड़ाई लड़नी पड़ी।

सन् 1996 में शेख हसीना ने चुनाव जीता और कई वर्षों तक देश का शासन चलाया। उसके बाद उन्हें विपक्ष में भी बैठना पड़ा। उन्हें कई बार जेल भी जाना पड़ा। उन पर एक बार जानलेवा हमला भी हुआ, जिसमें वह बाल-बाल बच गईं; लेकिन उस हमले में 20 से भी ज्यादा लोगों की मौत हो गई। एक बार फिर बँगलादेश राजनीति के गहरे भँवर में फँस गया और देश की बागडोर सेना-समर्थित सरकार ने सँभाल ली। इस सरकार ने शेख हसीना पर भ्रष्टाचार के आरोप लगाए और उनका ज्यादातर वक्त हिरासत में ही गुजरा। इस बीच वह अपने इलाज के लिए अमेरिका भी गईं और यह अंदाजा लगाया जा रहा था कि वह जेल से बचने के लिए शायद वापस लौटकर ही न आएँ। लेकिन वह वापस लौटीं और दो साल के सैनिक शासन समेत सात साल बाद वर्ष 2008 में हुए संसदीय चुनावों में विजय प्राप्त की। अब बँगलादेश की बागडोर उनके हाथ में एक बार फिर आ गई है।

महिलाओं की अंतःशक्ति

✍ **शेख हसीना**

बँगलादेश की प्रधानमंत्री शेख हसीना ने यह भाषण नई दिल्ली में महिलाओं की स्थिति पर आयोजित अंतरराष्ट्रीय स्तर के सम्मेलन में 15 फरवरी, 1997 को दिया।

सर्वाधिक दयालु व कृपालु अल्लाह के नाम पर··· । महामहिम राष्ट्रपति महोदय, प्रधानमंत्रीजी, देवियो और सज्जनो!

संसार भर से आए सांसदों व विशिष्ट जनों के इस सम्मेलन को संबोधित करने का अवसर दिए जाने पर मैं स्वयं को सम्मानित अनुभव करती हूँ।

इस सम्मेलन के लिए चुना गया विषय मानव जाति के लिए अत्यंत महत्त्वपूर्ण है। जैसा कि बँगलादेश के विद्रोही कवि ने कहा, हालाँकि महिला और पुरुष सभ्यता के विकास में समान रूप से सहभागी रहे हैं, महिलाओं को समानता का दर्जा नहीं दिया गया। सामाजिक व राजनीतिक संस्थानों के अतिरिक्त न्याय पद्धति ने भी उनके विरुद्ध भेदभाव बरता। अधिकांश समाजों में महिलाओं की भूमिका घरेलू आवश्यकताओं की पूर्ति तक सीमित रही। उनके त्याग और सभ्य जीवन के केंद्रक के रूप में परिवार के निर्माण में उनके योगदान के बावजूद उन्हें निम्न दर्जा दिया गया। शिक्षा व प्रशिक्षण में असमान अवसर, स्वास्थ्य सुविधाओं में असमानता, धन-संपत्ति के स्वामित्व के सीमित अधिकार तथा राजनीतिक अधिकारों से वंचित रखकर अधिकांश समाजों ने उन्हें अधीनता का दर्जा दिया। अभी, आधुनिक काल से पहले उदार पश्चिमी समाजों में भी उनको मताधिकार से वंचित

रखा गया। सौभाग्य से पिछले दो दशकों में लिंगभेद को लेकर विश्व में बहुत बड़ा परिवर्तन आया है। यह हर्ष का विषय है कि हमारा यह विचार-विनिमय उस समय हो रहा है, जब लिंग आधारित असमानताएँ एवं पुराने पूर्वग्रह समाप्त हो रहे हैं और हम लिंग-समानता, सामंजस्यपूर्ण विकास व स्थायी शांति के अपने लक्ष्य के निकट पहुँच रहे हैं। अब महिलाएँ सीमित परिधि की भूमिका नहीं चाहतीं। अब वे आर्थिक, राजनीतिक सहित जीवन के सभी क्षेत्रों में अपनी अधिकृत भूमिका निभाना चाहती हैं। नैरोबी में हुए महिला-सम्मेलन से जो जागरूकता आई, उससे सामाजिक-राजनीतिक ढाँचे में उनके बारे में सोच में सर्वत्र बहुत परिवर्तन आया है। महिलाओं के राजनीतिक सशक्तीकरण की आवश्यकता को अब सर्वत्र स्वीकृति दी जा रही है। लेकिन मेक्सिको से बीजिंग तक की यात्रा बहुत लंबी थी। यह यात्रा उन महिला व पुरुषों दोनों की तरफ से, जो लिंग समानता को सुनिश्चित करने के मार्ग में आनेवाले सभी सामाजिक, राजनीतिक, कानूनी व मनोवैज्ञानिक अवरोधों को दूर करने के लिए कृतसंकल्प थे, उनके समर्पण भाव व प्रतिबद्धता से परिपूर्ण थी। बीजिंग में हुए महिलाओं के बारे में विश्व अधिवेशन में न केवल जीवन के हर क्षेत्र में महिलाओं के अधिकारों की घोषणा की गई, बल्कि हमें कार्यान्वयन के लिए एक मंच भी दिया गया। इस युग-प्रवर्त्तक दस्तावेज में मुख्य बलाघात निर्णय लेने के क्षेत्र में था। अब हम कह सकते हैं कि महिलाओं के लिए अब एक नया युग आरंभ हुआ है और इस दिशा में महत्त्वपूर्ण प्रगति हुई है। फिर भी, संपूर्ण कार्यान्वयन दूर का सपना ही लगता है।

कृपया मुझे इस सम्मेलन में भाग लेनेवालों के साथ मेरे देश के तद्विषयक अनुभवों को बाँटने की अनुमति दें। दक्षिण एशिया की मानव के आत्म-निर्णय, स्वशासन व मानव अधिकारों के लिए संघर्ष करने की समृद्ध परंपरा रही है। बंगाल के किसान आंदोलन को स्वशासन के संघर्ष का अनुगामी कहा जा सकता है, जिसकी चरम परिणति हमारे गौरवशाली स्वाधीनता संग्राम में हुई। ऐसे सभी आंदोलनों में महिलाओं ने सक्रिय भूमिका निभाई। इनमें प्रीतिलता वाडेकर, कल्पना दत्ता, इला मित्रा, मातुंगिनी हाजिरा आदि कुछ ऐसे नाम हैं जिनके वीरता के कारनामे आज भी हमें प्रेरणा देते हैं। आज के संदर्भ में अगर देखें तो सात सार्क देशों में चार देशों में महिलाएँ सरकार की प्रमुख रही हैं। मैं इस अवसर पर भारत की महान् सुपुत्री श्रीमती इंदिरा गांधी को अपनी श्रद्धांजलि अर्पित करना चाहूँगी, जिन्होंने अपने देशवासियों के समक्ष समर्पित सेवा का उदाहरण प्रस्तुत किया। ऐसी ही हमारे बँगलादेश के लिए सकिया शख्वत हुसैन हैं, जो समाज सुधार, शिक्षा व महिला

अधिकारों के लिए जूझने में अग्रणी रही हैं। उनके प्रयत्नों और लेखन ने हमारे देश की महिलाओं के मुक्ति आंदोलन को बहुत प्रभावित किया है। हमारे इतिहास में महान् महिलाओं के योगदान की चर्चा करते समय मैं अपनी माता बेगम फाजिलातुन्निसा की मौन किंतु महत्त्वपूर्ण भूमिका की भी चर्चा करना चाहूँगी। हमारे स्वाधीनता संग्राम में उनके महान् सहयोग के बारे में बहुत कम लोग जानते हैं। जब मेरे पिता ने राष्ट्र को अंतिम संघर्ष के लिए प्रेरित, संगठित व तैयार किया, तब मेरी माता ने अपने मौन साहस के साथ, जब वह जेल में थे, परिवार की देखभाल की, हर कष्ट में उनका साथ दिया और हमारे देश के इतिहास की नाजुक घड़ियों में उन्हें सहारा और शक्ति प्रदान की। मैं कह नहीं सकती कि इतिहास उनके योगदान को पूरी तरह अंकित करेगा या नहीं, लेकिन मेरा विश्वास है कि उनका धैर्य, सटीक निर्णय और सबसे बढ़कर उनका साहस उन्हें बँगलादेश के अग्रणी स्वाधीनता सेनानियों में गिने जाने का पात्र बनाता है।

यह गंभीर चिंता का विषय है कि साहस व नेतृत्व के ऐसे गुणों के बावजूद हमारी महिलाओं की बहुत बड़ी जनसंख्या को निम्न दर्जा दिया जाता है। समाज इस तरह की महिलाओं को अपवादस्वरूप मानता है। आज भी राजनीतिक व आर्थिक जीवन पर विशेषाधिकार-संपन्न व शक्तिशाली लोगों का ही प्रभुत्व है, इसलिए उसमें अधिकांश पुरुष ही हैं। लोकतांत्रिक राजनीति में सभी को सम्मिलित किया जाना चाहिए, भले ही वे किसी भी जाति या लिंग के हों। जब आधी जनसंख्या महिलाओं की हो और बहुमत निर्धनों का हो तो राजनीति में महिलाओं एवं निर्धनों की भागीदारी का इस तरह समाकलन करना चाहिए कि लोकतंत्र सचमुच सार्थक हो जाए। युगों पुरानी परंपराओं, सामाजिक प्रथाओं व मूल्यों, आर्थिक निर्भरता और निरक्षरता के कारण महिलाएँ हर स्तर पर निर्णय लेने में हाशिए पर बनी रहीं। राजनीति में उनकी भागीदारी उनकी संख्या के अनुपात में बहुत कम है। मैं इस सम्माननीय सभा में घोषणा करती हूँ कि मैं और मेरी पार्टी आनेवाले वर्षों में अडिग दृढ़ता के साथ इस असंतुलन को दूर करेगी।

बंग-बंधु मुजीबुर्रहमान के नेतृत्व के दौरान संसद् द्वारा पारित संविधान एक ऐसा विशिष्ट दस्तावेज है, जिसमें महिलाओं को जीवन के हर क्षेत्र में समान अधिकारों की गारंटी दी गई है। इसमें महिलाओं के लिए पुरुषों के साथ समान अधिकारों के साथ संसद् व स्थानीय निकायों में प्रतिनिधित्व का प्रावधान किया गया है। इसके साथ ही संसद् में महिलाओं के एक न्यूनतम प्रतिनिधित्व को सुनिश्चित करने के लिए राष्ट्रपिता ने दूरदर्शिता से काम लेते हुए उनके लिए सीटों का आरक्षण

किया, ताकि गणतंत्र की सर्वोच्च विधायिका में उनकी भागीदारी की गारंटी रहे। हमारे संविधान के अनुच्छेद 28 व 29 में महिलाओं के मूलभूत अधिकारों का उल्लेख है। अनुच्छेद 122 में महिला व पुरुष दोनों को बिना किसी भेदभाव के वोट देने का अधिकार दिया गया है। महिलाओं के विरुद्ध किसी भी प्रकार के भेदभाव को समाप्त करने का कानूनी ढाँचा उस समय और भी सुदृढ़ हो गया, जब बँगलादेश ने महिलाओं के विरुद्ध सभी तरह के भेदभाव को समाप्त करने के सम्मेलन के दस्तावेज पर हस्ताक्षर किए। बँगलादेश की महिलाओं के प्रति चिंता के मुख्य क्षेत्रों की लिंग समानता, महिलाओं की स्वायत्तता और काम के भुगतान के रूप में पहचान की गई है। समान कार्य के लिए समान पारिश्रमिक के अधिकार को भी सुस्पष्ट किया जा रहा है।

'80 और '90 के दशक के सामाजिक आंदोलनों के दौरान महिलाओं के राष्ट्रीय राजनीति में हाशिएवाली स्थिति में बहुत अधिक अंतर आया है। समाज के सभी स्तर से महिलाओं ने, जिनमें गृहिणियाँ भी शामिल हैं, इन आंदोलनों में सक्रिय रूप से भाग लिया। एक तटस्थ प्रभारी सरकार के शासनाधीन सभी के लिए वोट देने की पूर्ण स्वतंत्रता के आंदोलन को देश राष्ट्र से पूर्ण समर्थन मिला था। 12 जून, 1996 को हुए आम चुनावों में महिलाओं ने वोट डालने का कीर्तिमान बनाया था। यह उनके राष्ट्र के भाग्य-निर्माण में गहरी रुचि लेने का प्रत्यक्ष प्रमाण है। यह भी संतोष का विषय है कि विभिन्न राजनीतिक दलों में महिला राजनीतिक अग्रणी भूमिका निभा रही हैं। यह बहुत उत्साहवर्धक परिवर्तन है। सन् 1979-82 में जहाँ केवल 1 महिला संसद् के लिए चुनकर आई थी, वहाँ वर्तमान संसद् में आरक्षित चुनाव क्षेत्रों से सीधे चुनी गई 7 महिलाएँ हैं। मेरे मंत्रिमंडल में मेरे अतिरिक्त 2 महिला मंत्री और 1 महिला उपमंत्री हैं। हम जानते हैं कि अभी बहुत दूर जाना है, पर हमने सही रास्ते पर शुरुआत की है।

राष्ट्र के सामाजिक, राजनीतिक व आर्थिक जीवन में हम महिलाओं को पूरी तरह कैसे सम्मिलित कर सकते हैं? शुरुआत के लिए स्थानीय निकाय सर्वोत्तम प्रतीत होते हैं। मेरी सरकार संसद् में एक स्थानीय शासन विधेयक प्रस्तुत करने वाली है। यह न केवल प्रशासन का विकेंद्रीकरण करेगा बल्कि विधेयक में प्रस्तावित संस्थानों के माध्यम से ग्रामीण क्षेत्रों में भी महिलाओं को भागीदार बनाएगा। स्थानीय निकायों के सभी स्तरों पर महिलाएँ सीधे चुनी जाएँगी। हमारा विश्वास है कि यह देश की राजनीति व निर्णय लेने की दिशा में पुरुषों व महिलाओं की समान हिस्सेदारी आरंभ करने का अग्रणी प्रयास सिद्ध होगा। लेकिन केवल

इतना ही नहीं है, संसद् में 10 प्रतिशत आरक्षित सीटों के अतिरिक्त सरकारी सेवाओं में भी महिलाओं के लिए कोटा है। सरकार के महिला सशक्तीकरण के प्रयास को सफल बनाने के लिए निजी व गैर-सरकारी संगठनों ने भी संपूरक प्रयत्न किए हैं। जनसाधारण के स्तर पर किए गए उनके प्रयत्नों के कारण ग्रामीण महिलाओं के दृष्टिकोण में परिवर्तन किया है और अब वे अपने अधीनतावाले स्तर को बदलने की आकांक्षा रखती हैं। ग्रामीण क्षेत्रों में धनार्जन की गतिविधियों तथा व्यष्टि-ऋण के साथ-साथ वस्त्र उद्योग में बड़ी मात्रा में महिलाओं को सम्मिलित करने के कारण सामाजिक परिवेश में परिवर्तन आया है। हमने शिक्षा-प्राप्ति के क्षेत्र में भी महिलाओं को बढ़ावा देना आरंभ किया है। हमारे विचार में, यही महिलाओं के लिए उनके अधिकार सुरक्षित करने का निश्चित साधन है। केवल समानता के कानून बनाना और महिलाओं को विभिन्न कानूनों के जरिए आरक्षण देना ही पर्याप्त नहीं। यदि महिलाएँ अपने अधिकारों को पूरी तरह नहीं समझतीं या उनमें उन अधिकारों की रक्षा करने के लिए पर्याप्त ज्ञान या आवश्यक कुशलता नहीं है तो यह प्रभावी न होगा।

मुझे आशा है कि इस महत्त्वपूर्ण सम्मेलन में सारे विश्व में, और विशेषत: विकासशील विश्व में, महिलाओं का निम्नलिखित जिन मुद्दों से संबंध है, उन पर विचार किया जाएगा—

1. राष्ट्रीय स्तर पर संसद् में महिलाओं की भागीदारी।
2. दलगत राजनीति में शामिल होकर महिलाओं का राजनीतिक प्रक्रिया में भाग लेना।
3. राजनीतिक प्रक्रिया व व्यवहार में लिंग आधारित भेदभाव।
4. उच्च स्तरीय प्रशासन, राष्ट्रीय एवं स्थानीय आर्थिक प्रबंधन क्षेत्रों में महिलाओं का योगदान।

जब तक राजनीति में महिलाओं के सशक्तीकरण के लिए प्रभावी कदम नहीं उठाए जाते, राजनीति में महिलाओं व पुरुषों की प्रभावी भागीदारी का लक्ष्य अपूर्ण रहेगा। हमें महिलाओं में और अधिक राजनीतिक जागरूकता लाने के तरीके खोजने होंगे। इस उद्देश्य के लिए सरकार, सामाजिक समितियों एवं निजी स्वयंसेवी संगठनों में सहयोग व तालमेल की आवश्यकता है।

हाल ही के वर्षों में संयुक्त राष्ट्र ने कई उच्च वरीयता के क्षेत्रों में अंतरराष्ट्रीय स्तर के सम्मेलनों का आयोजन किया है, जिसके लिए हम उसे धन्यवाद देते हैं, रियो पृथ्वी सम्मेलन (1992), काहिरा में संपन्न हुआ जनसंख्या व विकास

सम्मेलन (1994), कोपेनहेगन में विश्व सामाजिक विकास सम्मेलन (1995) तथा अन्य अनेक विश्व सम्मेलनों में महिला व बाल अधिकारों को सर्वोच्च प्राथमिकता दी गई है। इन आधारभूत अधिकारों को विश्व स्तरीय स्वीकृति मिलने की पृष्ठभूमि में हमें महिलाओं के राजनीतिक सशक्तीकरण के मार्ग में आनेवाली जटिल बहुआयामी बाधाओं के उत्तर तलाशने होंगे। हमें महिलाओं की प्रच्छन्न अंत:शक्ति को समझना होगा। इस अंत:शक्ति की अभिव्यक्ति के मार्ग में आनेवाले अवरोधों की पहचान करके उन्हें दूर करना होगा। अब से तीन वर्ष बाद हम अगली सहस्राब्दी में प्रवेश करेंगे, ऐसे में हमें महिलाओं की भूमिका के लिए अधिक गतिशील व समग्र भूमिका निर्धारित करनी चाहिए। इसके लिए न केवल विचार-प्रक्रिया में बल्कि निजी व सामूहिक स्तर पर तैयार किए गए सामाजिक-राजनीतिक एजेंडा में भी परिवर्तन करना होगा।

अपने संबोधन की समाप्ति से पहले श्रीमान अध्यक्ष महोदय, मैं आपको, इस सम्मेलन के आयोजकों और सदस्यों को इसकी सफलता के लिए अपनी शुभकामनाएँ देती हूँ। हमारे विचार-विमर्श के लिए यह जो इतना महत्त्वपूर्ण विषय निर्धारित किया गया था, उस पर मुझे अपने विचार आपके समक्ष प्रस्तुत करने के लिए आमंत्रित करने के लिए मैं सम्मेलन के संयोजकों के प्रति आभार व्यक्त करती हूँ और उन्हें धन्यवाद देती हूँ।

अध्यक्ष महोदय, महामहिमजी, विशिष्ट सदस्यगण, आप सबका धन्यवाद।

खुदा हाफिज।

जय बँगला, जय बँग-बंधु!

बँगलादेश जिंदाबाद!

□

सुकरात

सुकरात को सूफियों की भाँति मौलिक शिक्षा और आचरण द्वारा उदाहरण देना ही पसंद था। वस्तुतः उनके समसामयिक भी उन्हें सूफी समझते थे। वह सूफियों की भाँति साधारण शिक्षा तथा मानव सदाचार पर जोर देते थे और उन्हीं की तरह पुरानी रूढ़ियों पर प्रहार करते थे। वह कहते थे, ''सच्चा ज्ञान संभव है, बशर्ते उसके लिए ठीक से प्रयत्न किया जाए; जो बातें हमारी समझ में आती हैं या हमारे सामने आई हैं, उन्हें तत्संबंधी घटनाओं पर परखें। इस तरह अनेक परखों के बाद हम सच्चाई पर पहुँच सकते हैं। ज्ञान के समान पवित्रतम कोई वस्तु नहीं है।''

सुकरात एथेंस के बहुत गरीब घर में पैदा हुए थे। गंभीर विद्वान् और ख्याति-प्राप्त हो जाने पर भी उन्होंने वैवाहिक जीवन की लालसा नहीं रखी। ज्ञान का संग्रह और प्रसार, ये ही उनके जीवन के मुख्य लक्ष्य थे। उनके अधूरे कार्य को उनके शिष्य अफलातून और अरस्तू ने पूरा किया। इनके दर्शन को दो भागों में बाँटा जा सकता है—पहला सुकरात का गुरु-शिष्य यथार्थवाद और दूसरा अरस्तू का प्रयोगवाद।

उन पर तरुणों को बिगाड़ने, देव निंदा एवं नास्तिक होने का झूठा दोष लगाया गया था और उसके लिए उन्हें जहर देकर मारने का दंड मिला था।

सुकरात ने जहर का प्याला खुशी-खुशी पिया और अपनी जान दे दी।

क्षमा-याचना

✍ **सुकरात**

399 ई.पू. महान् दार्शनिक और विचारक सुकरात को अपने शिष्यों को पथभ्रष्ट करने के आरोप में मृत्युदंड दिया गया था। अपनी सफाई में उन्होंने निम्न भाषण दिया—

ओ एथेंसवासियो! मुझे दु:खी नहीं होना चाहिए उसके लिए, जो हुआ। यानी इसके लिए कि तुम लोगों ने मुझे अपराधी ठहराया और उन हालात के लिए, जो गुजरे! और जो कुछ हुआ, वह मेरी उम्मीद से ऊपर तो नहीं हुआ। पर मुझे दोनों ओर से जो वोट पड़े, उन पर आश्चर्य अवश्य है। मुझे आशा न थी कि इतने कम वोटों के अंतर से मुझे अपराधी ठहराया जाएगा। मुझे बड़े बहुमत की उम्मीद थी। पर अब, जैसा कि पता चल रहा है, 3 और वोट पक्ष में पड़ते तो पासा पलट जाता और मैं बरी हो जाता। जहाँ तक मैलिटस का सवाल है, मुझे लगता है, उनके द्वारा मैं निर्दोष ठहराया गया हूँ। न केवल मैं निर्दोष ठहराया गया हूँ बल्कि जैसा कि सबको जाहिर है, अगर एनीटस और लिकोन मुझ पर आरोप लगाने के लिए आगे नहीं आते तो मैलिटस को वोटों का पंचमांश न पाने के लिए 1,000 दरहम का जुर्माना हो जाता।

इसलिए इस आदमी ने मुझे मौत की सजा सुनाई। पर ओ एथेंसवासियो! मैं अपने आपको क्या दंड दूँ? यह स्पष्ट नहीं कि मैं किस लायक हूँ? वह क्या है? क्या मैं कष्ट भोगने लायक हूँ या अर्थदंड के लायक हूँ? क्योंकि अपने जीवन काल में मैं खामोश नहीं रहा। मैंने उन सब वस्तुओं की, उपेक्षा की जिनके पीछे अधिकांश लोग भागते हैं—पैसा कमाना, घर-गृहस्थी की चिंता, सेना की कमान सँभालना,

लोकप्रियतावाले भाषण देना। इसके अलावा दंडाधिकार, षड्यंत्र और गुटबंदी, जो इस शहर में होती रहती है। मैं ठहरा बहुत सीधा-सच्चा आदमी। अगर ऐसी हरकतों में लिप्त होता तो सुरक्षित न रहता। इसलिए मैं इनके पीछे कभी नहीं भागा। अगर ऐसा करता तो मैं न आपके किसी काम आता, न अपने। लेकिन आप में से प्रत्येक को व्यक्तिगत रूप से लाभान्वित करने के लिए मैंने यह लक्ष्य चुना कि आप में से हरेक को प्रेरित करूँ कि वह अपने मामलों पर या नगर के मामलों पर ध्यान देने से पहले यह देखे कि वह नगर के अतिरिक्त अन्य मामलों में भी कैसे सर्वाधिक समझदार और सर्वश्रेष्ठ बन सकता है। मैं तो ऐसा ही आदमी हूँ, फिर मेरे साथ कैसा सुलूक किया जाना चाहिए? ओ एथेंसवासियो! कोई पुरस्कार, जो मेरा सही मूल्यांकन करके तय किया जाए। मेरे लिए उपयुक्त हो तो एक निर्धन, उपकारी के लिए क्या उपयुक्त होगा। जिसे आपको अच्छी सलाह देने के लिए अवकाश चाहिए। ओ एथीनियावासियो! इससे अधिक उपयुक्त और कुछ न होगा कि ऐसे व्यक्ति को प्रेथानियम सभागार में नियुक्त किया जाए। अगर आप में से कोई ओलंपिक खेलों में घुड़दौड़ में या चार घोड़ों के रथ की दौड़ में विजयी होता है तो वह जितना प्रसन्न होगा, मुझे भी कुछ वैसी ही खुशी होगी, लेकिन उसे किसी सहायता की आवश्यकता न होगी, मुझे है। इसलिए अगर मैं स्वयं को कोई सजा देना चाहूँ तो प्रेथानियम सभागार की देखभाल का यह काम होगा।

शायद आपके साथ इस प्रकार बात करने से आपको लगे कि मैं उसी आदर व विनयपूर्वक बोल रहा हूँ, जैसे मंडल अधिकारियों के समक्ष बोला था। लेकिन ऐसा नहीं है। ओ एथेंसवासियो! यह इस प्रकार है—मैंने कभी भी जान-बूझकर किसी व्यक्ति को हानि नहीं पहुँचाई। हालाँकि मैं आपको इसके लिए सहमत नहीं कर सकता, क्योंकि मेरी-आपकी बातचीत थोड़े समय के लिए ही हुई है। क्योंकि अगर कानून आपके लिए भी उसी तरह होता जैसा दूसरों के लिए होता है तो मृत्युदंड के मामले की सुनवाई केवल एक दिन नहीं, कई दिन चलती। मेरे खयाल से, आप इस बात से सहमत होंगे। लेकिन थोड़े से समय में इतने बड़े मिथ्या प्रचार की सफाई देना संभव नहीं। यह समझ लेने पर कि मैंने किसी को हानि नहीं पहुँचाई, मेरा इरादा स्वयं को हानि पहुँचाने का बिलकुल नहीं है, न ही यह घोषणा करने का है कि मुझे दंडित किया जाना चाहिए। न ही स्वयं के लिए कोई दंड का प्रस्ताव रखने का है। मुझे किस बात का डर है? यह कि मैलिटस जो निर्णय देगा, उससे मुझे कष्ट पहुँचेगा? जबकि मैं जानता तक नहीं कि वह निर्णय भला होगा या बुरा! तो क्या मैं अपने लिए वह चुन लूँ, जो बुरा ही है और स्वयं को वह दंड

दे डालूँ? क्या मैं कैद की सजा चुन लूँ? मैं जेल में क्यों रहूँ, उन 11 दंडाधिकारियों का दास बनकर? क्या मैं अपने लिए कोई जुर्माना नियत करूँ, जिसे अदा न करने तक जेल में रहूँ? लेकिन यह तो वही बात होगी, जो मैंने अभी-अभी कही। क्योंकि मेरे पास जुर्माना देने के लिए रकम नहीं है। तो क्या मैं खुद को देशनिकाला की सजा दूँ? शायद आप इस प्रस्तावित सजा से सहमत हो जाएँ। ओ एथेंसवासियो! मुझे जीवन से प्रेम होना चाहिए। अगर मैं ऐसा नासमझ होता, जो इतना भी न समझ पाता कि मेरे सह-नागरिक आप सब मेरी जीवन-शैली और उपदेशों को सहन नहीं कर पाए। वे आपके लिए इतने असह्य और कष्टप्रद बन गए कि आप अब उनसे मुक्त होना चाहते हैं। लेकिन कुछ अन्य लोग उन्हें सरलता से सह सकते हैं। इसलिए ओ एथेंसवासियो! इस उम्र में मेरे लिए घुमंतू बनकर नगर-नगर घूमना और इस प्रकार का जीवन जीना श्रेयस्कर होगा। क्योंकि मैं जानता हूँ कि मैं जहाँ भी जाऊँगा, जब बोलूँगा, युवा मुझे सुनेंगे, जैसा कि उन्होंने यहाँ किया। अगर मैं उन्हें अरुचिकर लगा तो वे मुझे बड़ों से आग्रह करके वहाँ से खदेड़ देंगे। यदि मैं उन्हें अरुचिकर नहीं लगा तो उनके पिता और संबंधी अपने तईं मुझे निर्वासित कर देंगे।

शायद कोई कहे, 'यहाँ से जाने पर सुकरात चुपचाप शांत जीवन नहीं बिता सकते!' आपको समझाने के लिए यह सबसे मुश्किल बात है। अगर मैं ऐसा करूँ तो देवता की अवज्ञा होगी। इसलिए मेरा चुपचाप रहना असंभव है। आप यह सोचकर कि मैं व्यंग्य कर रहा हूँ, मुझ पर विश्वास नहीं करेंगे। अगर मैं यह कहूँ कि रोज सद्‍गुणों के बारे में और उन विषयों पर चर्चा करना, जो मैं करता रहा हूँ, सबसे बड़ी अच्छाई है, जिसमें मैं अपना व दूसरों का परीक्षण करता हूँ और कहता रहा हूँ कि अन्वेषण के बिना जीवन व्यर्थ है तो आप मुझ पर और भी अविश्वास करेंगे। इसलिए ओ एथेंसवासियो! मैं कहता हूँ कि आपको राजी करना आसान नहीं। इसके साथ ही मैं यह सोचने का आदी भी नहीं कि मैं किसी बुराई के लायक हूँ। अगर मैं धनी होता तो अपने पर इतना जुर्माना करता, जो मैं अदा कर सकता। तब मेरा कुछ भी अहित न होता। पर मैं इस समय इतना भी नहीं कर सकता। हाँ, अगर आप मुझे इतना जुर्माना करने को तैयार हैं, जो मैं दे सकता हूँ तो मैं जुर्माने के तौर पर चाँदी का एक माइना ही अदा कर सकता हूँ। यह जुर्माना मैं स्वयं के लिए स्वीकार कर लेता हूँ। लेकिन ओ एथेंसवासियो! प्लेटो, क्रिटोबुलस और अपोलोडोरस कहते हैं कि मैं स्वयं को 30 माइना का जुर्माना करूँ। उन्होंने मुझे इस रकम की जमानत देने की पेशकश की है। इसलिए मैं खुद को यह जुर्माना करता हूँ और इस रकम के लिए पर्याप्त जमानतें होंगी।

इसके बाद न्यायाधीशों ने आगे काररवाई करते हुए सुकरात को मृत्युदंड सुना दिया। इस पर उन्होंने आगे कहा—

कुछ ही समय बाद ओ एथेंसवासियो! तुमको उन्हीं शहर को बदनाम करनेवालों की फटकार सुनने को मिलेगी कि बुद्धिमान सुकरात को मार डाला। तुम्हें बदनाम करनेवाले दावा करेंगे कि मैं बुद्धिमान था; जबकि ऐसा नहीं है। अगर तुम लोग थोड़ा सा इंतजार करते तो यह अपने आप हो जाता। मेरी उम्र पर ध्यान दो! मैं काफी बूढ़ा हो चुका हूँ और मौत के करीब हूँ। पर यह मैं तुम सबसे नहीं कह रहा हूँ, उनसे कह रहा हूँ जिन्होंने मुझे मौत की सजा दी है और मैं उनसे यह भी कहता हूँ, शायद तुम सोचते हो, ओ एथेंसवासियो! कि मैं पर्याप्त तर्क प्रस्तुत न कर पाने के कारण दंडित हुआ हूँ, जिसके द्वारा मैं तुम्हें सहमत कर सकता था। अगर मैं ऐसा करना उचित समझता तो तुम्हें राजी करके बरी होने की कोशिश करता। मैं किसी बात के अभाव के कारण दंडित हो रहा हूँ। पर वह तर्क नहीं। इसका कारण मेरा दुःसाहस और ढिठाई है। मैंने वैसी बातें करने की प्रवृत्ति नहीं दिखाई, जिसे सुनना तुम सब बहुत पसंद करते। अगर मैं रोता-पीटता, विलाप करता—और भी ऐसी बातें कहता, जो मुझ जैसे को शोभा नहीं देती। न तो मैंने तब खतरे से बचने के लिए ऐसा कुछ किसी स्वतंत्र व्यक्ति के लिए अशोभनीय करने का विचार किया था और न ही अब मुझे इसको लेकर कोई पछतावा है। इस तरह से अपना बचाव करके जीने के बजाय तो मैं मर जाना पसंद करूँगा; क्योंकि युद्ध में अथवा किसी मुकदमे की सुनवाई में मुझे या किसी भी अन्य व्यक्ति के लिए मृत्यु से बचने के लिए हरसंभव साधन का प्रयोग करना उचित नहीं होता। युद्ध में हर कोई जानता है कि कोई व्यक्ति हथियार डालकर और अपने विपक्षियों से दया की भीख माँगकर मौत से बच सकता है। इसी तरह दूसरी तरह के खतरों में भी मृत्यु के बचने के अन्य उपाय हैं। बशर्ते आदमी वह सब कहने और करने को तैयार हो! ओ एथेंसवासियो! मृत्यु की अपेक्षा दुष्टता से बचना कहीं अधिक कठिन होता है; क्योंकि इसकी गति मृत्यु से तीव्र होती है। अब मैं चूँकि अपनी उम्र के कारण सुस्त होकर इन दोनों में से जो छाई है, उसकी भी चपेट में आ गया हूँ; जबकि मुझ पर आरोप लगानेवाले शक्तिशाली और फुरतीले होने के कारण अधिक तीव्र गतिवाली दुष्टता की चपेट में आए हुए हैं। अब मैं तुम्हारे द्वारा मृत्युदंड पाकर विदा लेता हूँ और वे इस अन्याय व असमानता के कारण सत्य द्वारा दंडित हुए हैं। मैं अपना दंड स्वीकार करता हूँ, वे अपना। मेरे विचार में, यह सब होना था और इसी में भलाई है।

इसके बाद मैं तुम्हारे बारे में भविष्यवाणी करना चाहता हूँ, ओ मुझे दंडित

करनेवालो! कि तुम्हारा क्या होगा! क्योंकि अब मैं उस स्थिति को पहुँच गया हूँ जिसमें लोग अकसर भविष्यवाणी करते हैं। यानी कि जब वे मृत्यु के निकट होते हैं। तो अब मैं तुमसे कहता हूँ, ओ एथेंसवासियो! जिन्होंने मुझे मृत्युदंड दिया है कि मेरी मृत्यु के तुरंत बाद तुम्हें इससे भी कठोर दंड मिलेगा, बृहस्पति देवता द्वारा। क्योंकि तुमने यह सोचकर ऐसा किया है कि तुम्हें अपनी जिंदगी का हिसाब देने से छुटकारा मिल जाएगा। लेकिन मैं बताता हूँ कि इसका बिलकुल उलट होगा। क्योंकि आरोप लगानेवाले कहीं बड़ी संख्या में होंगे, जिनको मैंने अभी रोक रखा है; जबकि तुमने यह नहीं देखा। वे और भी कठोर होंगे, क्योंकि वे अधिक युवा हैं। तुम और अधिक तिरस्कृत होगे। क्योंकि अगर तुम समझते हो कि किसी को मौत देकर तुम दूसरों को अपनी भर्त्सना करने से रोक लोगे तो यह तुम्हारी गलती है, क्योंकि यह न तो संभव है और न ही सम्मानजनक। लेकिन दूसरा तरीका अत्यंत सम्मानजनक और सरल है—दूसरों को न रोककर अपनी ओर ध्यान देना कि कोई स्वयं को कैसे त्रुटिहीन व परिपूर्ण बना सकता है। इस प्रकार मुझे दंडित करनेवालो! तुम्हारे विषय में भविष्यवाणी करके मैं तुमसे विदा लेता हूँ।

और तुम लोग, जिन्होंने मेरी रिहाई के लिए वोट दिया, मैं खुशी से अपनी बात जारी रखूँगा; क्योंकि न्यायाधीश अभी व्यस्त हैं और मुझे अभी उस स्थान पर नहीं ले जाया गया है, जहाँ मुझे मरना होगा। इसलिए ओ एथेंसवासियो! तब तक मेरे साथ रहो। क्योंकि जब तक हमें अनुमति है, हमारी बातचीत में कोई बाधा नहीं होगी। तुम मेरे मित्र हो, इस नाते मैं तुम्हें, जो कुछ मुझ पर अभी बीती है, उसका अर्थ बताना चाहता हूँ। मेरे लिए ओ मेरे न्यायाधीशो! मैं तुम्हें न्यायाधीश कहकर पुकारता हूँ, एक विचित्र बात हुई है। मेरे पथ-प्रदर्शक देव की स्वभावगत पैगंबरी वाणी ने—अगर मैं कोई छोटी सी भी गलती करने लगता तो—सदा मेरा विरोध किया है। लेकिन अब जो कुछ मेरे साथ घटा है, जो तुम सबने भी देखा है, जिसके बारे में कोई सोच सकता है कि बुराई की पराकाष्ठा है, फिर भी न तो जब मैं सुबह अपने घर से निकला तब देववाणी ने मुझे कोई चेतावनी दी, न ही यहाँ सुनवाई के स्थान पर या मेरे इस भाषण के दौरान ही ऐसा कुछ हुआ। जबकि और कई अवसरों पर इस वाणी ने मुझे कुछ बोलने के बीच में भी रोका है। लेकिन अब इस सारी सुनवाई के दौरान जो कुछ मन ने कहा या किया, उसका उसने जरा भी विरोध नहीं किया। तो मैं इसका क्या कारण समझूँ? मैं तुम्हें बताता हूँ कि जो कुछ मुझ पर गुजर रहा है, वह वरदान है। जो मृत्यु को बुरा समझते हैं, उनके लिए यह मानना असंभव होगा कि हम ठीक सोच रहे हैं। इसका एक बड़ा प्रमाण यह है कि अगर

इसमें अच्छाई न होती तो सदा-सर्वदावाला संकेत मेरा विरोध अवश्य करता।

अत: हमें इस निष्कर्ष पर पहुँचना चाहिए कि मृत्यु वरदान है। क्योंकि मृत्यु में इन दो बातों में से एक होती है—या तो मृतक का अस्तित्व पूर्णत: नष्ट हो जाता है, फिर उसे किसी तरह की कोई अनुभूति नहीं होती अथवा फिर यह कहा जाता है कि आत्मा कोई दूसरी राह चुनती है। वह एक स्थान से दूसरे स्थान को जाती है। अगर यह हर तरह की अनुभूति का विलुप्त हो जाना है तो वह ऐसी गहरी नींद है, जिसमें सोनेवाला कोई सपना नहीं देखता। तब तो मृत्यु अद्‌भुत उपलब्धि है। क्योंकि अगर किसी व्यक्ति से पूछा जाए कि तुमने अपने जीवन काल में कितनी रातें या दिन ऐसी गहन निद्रा से बेहतर शांति में बिताए हैं, तो सामान्य जन से लेकर राजा तक मानेंगे कि वे दिन तो गिनती के ही थे। तो यदि मृत्यु इस प्रकार की है तो मैं कहूँगा कि यह उपलब्धि है; क्योंकि तब सारा भविष्य एक रात्रि में सिमट जाएगा।

लेकिन अगर इसके विपरीत मृत्यु यहाँ से किसी अन्य स्थान को जाना है, और जैसा कि कहा जाता है, सभी मृतक वहाँ एकत्र होते हैं! तो मेरे न्यायाधीशो! इससे बड़ा वरदान और क्या हो सकता है? क्योंकि यमलोक पहुँचने पर इनसे मुक्ति मिल जाएगी, जो न्यायाधीश बनने का ढोंग कर रहे हैं और सच्चे न्यायाधीश मिल जाएँगे। यीनोस और रादामेंथस, जिनके बारे में कहा जाता है कि त्रहाँ न्याय करते हैं। फेकस और त्रिप्तोलेपस जैसे उपदेवता, जो अपने जीवन काल में भी वैसे ही थे। तो क्या यह स्थानांतरण दु:खद होगा? आखिर ऑरफेयस, मूजियस, हेसियोद और होमर से मुलाकात को किस कीमत के लिए रोकना उचित होगा? अगर यह सच है तो मैं एक बार नहीं, अनेक बार मरना पसंद करूँगा। मेरे लिए यह कैसा उत्तम प्रवास होगा, जब मेरी मुलाकात पालामेडीम और तेलामन के पुत्र एजाक्स तथा उन जैसे कुछ अन्य पुराने लोगों से होगी, जो अनुचित दंड के कारण मृत्यु का ग्रास बने! अपनी यातना की उनकी यातना से तुलना करना मेरे विचार में कम दिलचस्प न होगा। लेकिन सबसे अधिक आनंद वहाँ लोगों से सवाल करने और उनका परीक्षण करने में आएगा, जैसा कि मैं यहाँ करता रहा हूँ, ताकि पता चल सके कि उनमें से कौन बुद्धिमान है और कौन खुद को वैसा मानता है, पर है नहीं। ओ मेरे न्यायाधीशो! उससे किसी भी कीमत पर कोई सवाल क्यों न करना चाहेगा, जिसने ट्राय, यूलेसिस, सिसीफस या ऐसे ही अन्य हजारों के विरुद्ध शक्तिशाली सेनाएँ भेजीं। ऐसे और भी कई स्त्री-पुरुषों से मुलाकात करना, बात करना, उनसे सवाल करना आनंददायक होगा। इसके लिए वहाँ जो न्यायाधीश हैं, वे मृत्युदंड नहीं देते।

इसलिए जो लोग वहाँ हैं, वे यहाँ वालों की अपेक्षा अधिक प्रसन्न हैं। वे अमर हैं, अगर यह जो बात बताई गई है, वह सच है।

इसलिए ओ मेरे न्यायाधीशो! तुम्हें मृत्यु के विषय में अच्छी आशा रखनी चाहिए। इस सत्य को स्वीकारना चाहिए कि किसी अच्छे इनसान के साथ कुछ भी बुरा नहीं होता—न जीवित रहते, न मरते समय। देवता भी उसकी चिंताओं की उपेक्षा नहीं करते। जो कुछ मेरे साथ हो रहा है, वह संयोगवश नहीं। मुझे यह नितांत स्पष्ट है कि किस तरह मरकर अपनी चिंताओं से मुक्त होना मेरे लिए बेहतर है। अत: चेतावनी ने मुझे दरकिनार नहीं किया। जिन्होंने मुझे अपराधी ठहराया है, उनके प्रति भी मेरे मन में नाराजगी नहीं है। न ही मुझ पर आरोप लगानेवालों के लिए है। हालाँकि उन्होंने इस भावना से न तो मुझ पर आरोप लगाए, न दंडित किया। वे तो मुझे पीड़ा पहुँचाना चाहते थे, जिसके लिए उन्हें दोष दिया जाना चाहिए।

मेरी उनसे एक ही प्रार्थना है। अगर मेरे पुत्र लायक और गुणी बनने से पहले संपदा की चाह करें तो उन्हें मेरी ही तरह दंड देना। उन्हें पीड़ा पहुँचाना, जैसे मैंने तुम्हें पीड़ा पहुँचाई है। उनकी भर्त्सना करना, उसी तरह जैसे मैंने तुम्हारी भर्त्सना की है, उस पर ध्यान न देने के लिए, जिस पर ध्यान देना चाहिए। अपने आपको कुछ समझने के लिए, जबकि वे कुछ भी न हों। अगर ऐसा करोगे तो वह मेरे और मेरे पुत्रों के साथ न्याय होगा।

अब विदाई का समय आ गया है—मेरे लिए मरने का, तुम्हारे लिए जीवित रहने का। लेकिन हममें से कौन बेहतर स्थिति में होगा, यह ईश्वर के सिवा और कोई नहीं जानता।

□

सुभाषचंद्र बोस

नेताजी सुभाषचंद्र बोस का जन्म 23 जनवरी, 1897 को उड़ीसा के कटक शहर में हुआ था। उनके पिता श्री जानकीदास बोस कटक में वकालत करते थे। सुभाष बचपन से ही मेधावी थे। आई.सी.एस. की परीक्षा पास करने के लिए वे इंग्लैंड गए। इसी दौरान वे देश को गुलामी की जंजीरों से मुक्ति के लिए स्वतंत्रता की लड़ाई में कूद पड़े। आंदोलन के दौरान कई बार जेल गए। कांग्रेस के त्रिपुरी अधिवेशन में वे अध्यक्ष चुने गए। 1939 में उन्होंने फारवर्ड ब्लॉक की स्थापना की और कांग्रेस से अलग हो गए। 26 जनवरी, 1941 को वे घर की नजरबंदी से बचकर निकल गए और बर्लिन में आजाद हिंद फौज का नेतृत्व किया। 24 अगस्त, 1943 को उन्होंने नियमित रूप से आजाद हिंद फौज की कमान सँभाली और राष्ट्र बंधुओं को ओजस्वी वाणी में संबोधित किया। आजाद हिंद फौज ने अंग्रेजों के खिलाफ युद्ध छेड़ दिया। 30 दिसंबर, 1943 को नेताजी सुभाष ने अंडमान-निकोबार पहुँचकर पोर्ट ब्लेयर में राष्ट्रीय ध्वज फहराया। आजादी की लड़ाई लड़ते हुए 18 अगस्त, 1945 को एक वायुयान दुर्घटना में उनकी मृत्यु हो गई। भारत की आजादी की लड़ाई में उनका अनुपम योगदान है।

तुम मुझे खून दो, मैं तुम्हें आजादी दूँगा

✍ **सुभाषचंद्र बोस**

दोस्तो! बारह महीने पहले पूर्वी एशिया में भारतीयों के सामने 'संपूर्ण सैन्य संगठन' या 'अधिकतम बलिदान' का कार्यक्रम पेश किया गया था। आज मैं आपको पिछले साल की हमारी उपलब्धियों का ब्योरा दूँगा तथा आनेवाले साल की हमारी माँगें आपके सामने रखूँगा। परंतु ऐसा करने से पहले मैं आपको एक बार फिर यह एहसास कराना चाहता हूँ कि हमारे पास आजादी हासिल करने का कितना सुनहरा अवसर है। अंग्रेज एक विश्वव्यापी संघर्ष में उलझे हुए हैं और इस संघर्ष के दौरान उन्होंने कई मोरचों पर मात खाई है। इस तरह शत्रु के काफी कमजोर हो जाने से आजादी के लिए हमारी लड़ाई उससे बहुत आसान हो गई है, जितनी वह पाँच वर्ष पहले थी। इस तरह का अनूठा और ईश्वर-प्रदत्त अवसर सौ वर्षों में एक बार आता है। इसीलिए अपनी मातृभूमि को ब्रिटिश दासता से छुड़ाने के लिए हमने इस अवसर का पूरा लाभ उठाने की कसम खाई है।

हमारे संघर्ष की सफलता के लिए मैं इतना अधिक आशावान् हूँ, क्योंकि मैं केवल पूर्व एशिया के 30 लाख भारतीयों के प्रयासों पर निर्भर नहीं हूँ। भारत के अंदर एक विराट् आंदोलन चल रहा है तथा हमारे लाखों देशवासी आजादी हासिल करने के लिए अधिकतम दुःख सहने और बलिदान देने के लिए तैयार हैं। दुर्भाग्यवश, सन् 1857 के महान् संघर्ष के बाद से हमारे देशवासी निहत्थे हैं, जबकि दुश्मन हथियारों से लदा हुआ है। आज के इस आधुनिक युग में निहत्थे लोगों के लिए हथियारों और एक आधुनिक

सेना के बिना आजादी हासिल करना नामुमकिन है। ईश्वर की कृपा और उदार नियम की सहायता से पूर्वी एशिया के भारतीयों के लिए यह संभव हो गया है कि एक आधुनिक सेना के निर्माण के लिए हथियार हासिल कर सकें। इसके अतिरिक्त, आजादी हासिल करने के प्रयासों में पूर्वी एशिया के भारतीय एकसूत्र में बँधे हुए हैं तथा धार्मिक और अन्य भिन्नताओं का, जिन्हें ब्रिटिश सरकार ने भारत के अंदर हवा देने की कोशिश की, यहाँ पूर्वी एशिया में नामोनिशान नहीं है। इसी के परिणामस्वरूप आज परिस्थितियों का ऐसा आदर्श संयोजन हमारे पास है, जो हमारे संघर्ष की सफलता के पक्ष में है—अब जरूरत सिर्फ इस बात की है कि अपनी आजादी की कीमत चुकाने के लिए भारतीय स्वयं आगे आएँ! 'संपूर्ण सैन्य संगठन' के कार्यक्रम के अनुसार मैंने आपसे जवानों, धन और सामग्री की माँग की थी। जहाँ तक जवानों का संबंध है, मुझे आपको बताने में खुशी हो रही है कि हमें पर्याप्त संख्या में रंगरूट मिल गए हैं। हमारे पास पूर्वी एशिया के हर कोने से रंगरूट आए हैं—चीन, जापान, इंडोचीन, फिलीपींस, जावा, बोर्नियो, सेलेबस, सुमात्रा, मलाया, थाईलैंड और बर्मा से।

आपको और अधिक उत्साह एवं ऊर्जा के साथ जवानों, धन तथा सामग्री की व्यवस्था करते रहना चाहिए, विशेष रूप से आपूर्ति और परिवहन की समस्याओं का संतोषजनक समाधान होना चाहिए।

हमें मुक्त किए गए क्षेत्रों के प्रशासन और पुनर्निर्माण के लिए सभी श्रेणियों के पुरुषों व महिलाओं की जरूरत होगी। हमें उस स्थिति के लिए तैयार रहना चाहिए, जिसमें शत्रु किसी विशेष क्षेत्र से पीछे हटने से पहले निर्दयता से 'घर-फूँक नीति' अपनाएगा तथा नागरिक आबादी को अपने शहर या गाँव खाली करने के लिए मजबूर करेगा, जैसा उन्होंने बर्मा में किया था।

सबसे बड़ी समस्या युद्धभूमि में जवानों और सामग्री की कुमुक पहुँचाने की है। यदि हम ऐसा नहीं करते तो हम मोरचों पर अपनी कामयाबी को जारी रखने की आशा नहीं कर सकते, न ही हम भारत के आंतरिक भागों तक पहुँचने में कामयाब हो सकते हैं।

आपमें से उन लोगों को, जिन्हें आजादी के बाद देश के लिए काम जारी रखना है, यह कभी नहीं भूलना चाहिए कि पूर्वी एशिया—विशेष रूप से बर्मा—हमारे स्वातंत्र्य संघर्ष का आधार है। यदि यह आधार मजबूत नहीं है तो हमारी लड़ाकू सेनाएँ कभी विजयी नहीं होंगी। याद रखिए कि यह एक 'संपूर्ण युद्ध' है—केवल दो सेनाओं के बीच युद्ध नहीं है। इसीलिए, पिछले पूरे एक वर्ष से मैंने पूर्व में 'संपूर्ण सैन्य संगठन' पर इतना जोर दिया है।

मेरे यह कहने के पीछे कि आप घरेलू मोरचे पर और अधिक ध्यान दें, एक और भी कारण है। आनेवाले महीनों में मैं और मत्रिमंडल की युद्ध समिति के मेरे सहयोगी युद्ध के मोरचे पर—और भारत के अंदर क्रांति लाने के लिए भी—अपना सारा ध्यान केंद्रित करना चाहते हैं। इसीलिए हम इस बात को पूरी तरह सुनिश्चित करना चाहते हैं कि आधार पर हमारा कार्य हमारी अनुपस्थिति में भी सुचारु रूप से और निर्बाध चलता रहे।

साथियो एक वर्ष पहले, जब मैंने आपके सामने कुछ माँगें रखी थीं, तब मैंने कहा था कि यदि आप मुझे 'संपूर्ण सैन्य संगठन' दें तो मैं आपको एक 'दूसरा मोरचा' दूँगा। मैंने अपना वह वचन निभाया है। हमारे अभियान का पहला चरण पूरा हो गया है। हमारी विजयी सेनाओं ने निप्पोनीज सेनाओं के साथ कंधे से कंधा मिलाकर शत्रु को पीछे धकेल दिया है और अब वे हमारी प्रिय मातृभूमि की पवित्र धरती पर बहादुरी से लड़ रही हैं।

अब जो काम हमारे सामने हैं, उन्हें पूरा करने के लिए कमर कस लें। मैंने आपसे जवानों, धन और सामग्री की व्यवस्था करने के लिए कहा था। मुझे वे सब भरपूर मात्रा में मिल गए हैं। अब मैं आपसे कुछ और चाहता हूँ। जवान, धन और सामग्री अपने आप विजय या स्वतंत्रता नहीं दिला सकते। हमारे पास ऐसी प्रेरक शक्ति होनी चाहिए, जो हमें बहादुर व नायकोचित कार्यों के लिए प्रेरित करे।

सिर्फ इस कारण कि अब विजय हमारी पहुँच में दिखाई देती है, आपका यह सोचना कि आप जीते-जी भारत को स्वतंत्र देख ही पाएँगे, आपके लिए एक घातक गलती होगी। यहाँ मौजूद लोगों में से किसी के मन में स्वतंत्रता के मीठे फलों का आनंद लेने की इच्छा नहीं होनी चाहिए। एक लंबी लड़ाई अब भी हमारे सामने है। आज हमारी केवल एक ही इच्छा होनी चाहिए—मरने की इच्छा, ताकि भारत जी सके; एक शहीद की मौत मरने की इच्छा, जिससे स्वतंत्रता की राह शहीदों के खून से बनाई जा सके।

साथियो, स्वतंत्रता के युद्ध में मेरे साथियो! आज मैं आपसे एक ही चीज माँगता हूँ; सबसे ऊपर मैं आपसे अपना खून माँगता हूँ। यह खून ही उस खून का बदला लेगा, जो शत्रु ने बहाया है। खून से ही आजादी की कीमत चुकाई जा सकती है। तुम मुझे खून दो और मैं तुम से आजादी का वादा करता हूँ।

□

सुसान बी. एंथनी

सुसान बी. एंथनी (15 फरवरी, 1820–13 मार्च, 1906) अमेरिका की प्रमुख मानव अधिकार नेता रही हैं। उन्होंने अमेरिका में महिलाओं को मानव अधिकार दिलाने के 19वीं सदी के आंदोलन में महत्त्वपूर्ण भूमिका निभाई। एलिजाबेथ कैंडी स्टेनॉन के साथ मिलकर पहला महिला आंदोलन चलाया। उन्होंने अमेरिका व यूरोप के दौरे करके प्रतिवर्ष औसतन 75 से 100 भाषण दिए। अमेरिकी सरकार से महिलाओं को उनके समुचित अधिकार दिलाने में उनकी प्रमुख भूमिका रही।

संपन्न परिवार की सुसान को उस समय कड़ा संघर्ष करना पड़ा, जब उनके परिवार को वर्ष 1837 की आर्थिक मंदी के दौरान संकट का सामना करना पड़ा। उनके पिता को उस समय अपनी सारी संपत्ति बेचनी पड़ी थी। उसके बाद सुसान ने अपने पिता का कर्जा चुकाने के लिए घर से दूर शिक्षक की नौकरी कर ली। उनके चरित्र की एक उल्लेखनीय बात यह है कि एक युवती के तौर पर वह सार्वजनिक भाषण देने से बहुत कतराती थीं। उन्हें सदा आशंका रहती थी कि अभिव्यक्ति में कमी न रह जाए और श्रोताओं पर बुरा प्रभाव न पड़े; लेकिन इसके बावजूद उन्होंने आगे चलकर अंतरराष्ट्रीय स्तर के वक्ता की ख्याति पाई।

महिला मताधिकार

✍ **सुसान बी. एंथनी**

जब महिलाओं को मत देने का अधिकार नहीं था तब सुसान ने सन् 1872 के राष्ट्रपति के चुनाव में वोट डालकर विरोध प्रकट किया। उन्हें कानून का उल्लंघन करने के आरोप में गिरफ्तार कर लिया गया। इस पर सुसान ने निम्नलिखित भाषण देकर अपने विचार व्यक्त किए।

मित्रो और साथी नागरिको! आज रात मैं आपके सामने इस अभियोग के साथ खड़ी हूँ कि मैंने पिछले राष्ट्रपति के चुनाव में मतदान का अधिकार न होते हुए भी वोट देने का कथित गैर-कानूनी काम किया है। आज शाम मेरा काम आपके सामने यह सिद्ध करना है कि मैंने कोई अपराध नहीं किया। मैंने तो केवल नागरिक होने के नाते अपने अधिकार का प्रयोग किया है। यह अधिकार संयुक्त राज्य अमेरिका के प्रत्येक नागरिक को उसके राष्ट्रीय संविधान ने प्रदान किया है, जिसे नकारने का अधिकार किसी राज्य को नहीं है।

संघीय संविधान की प्रस्तावना में कहा गया है, ''हम संयुक्त राज्य के लोग एक अधिक परिपूर्ण संघ बनाने, न्याय की स्थापना करने, आंतरिक शांति सुनिश्चित करने, साझी सुरक्षा व्यवस्था बनाने, व्यापक कल्याण के लिए, स्वयं और अपनी भावी संतति के लिए स्वाधीनता का वरदान सुनिश्चित करने के उद्देश्य से संयुक्त राज्य अमेरिका के लिए यह संविधान स्थापित व नियोजित करते हैं।''

हम लोगों ने—श्वेत पुरुष नागरिकों ने नहीं, नागरिक पुरुषों ने भी नहीं,

बल्कि हम सब लोगों ने—संघ की स्थापना की थी। हमने संघ बनाया, स्वतंत्रता के वरदान के लिए ही नहीं, बल्कि उनको सुरक्षा प्रदान करने के लिए। न केवल हममें से आधों को या आधी संतति को, बल्कि सभी लोगों को—स्त्री व पुरुष दोनों को। महिलाओं से उनको मिले स्वतंत्रता के वरदान की बात करना सीधा-सीधा मजाक है, जब तक उन्हें लोकतांत्रिक सरकार द्वारा सुरक्षा पाने के एकमात्र साधन मताधिकार से वंचित रखा जाता है।

किसी भी राज्य के लिए लिंग को पात्रता बनाना, जिससे आधी जनसंख्या मताधिकार से वंचित हो जाए, एक अपयशपूर्ण विधेयक या पश्चदर्शी कानून है, इसलिए यह देश के सर्वोच्च कानून का उल्लंघन है। इसके द्वारा महिलाओं और उनकी स्त्री-संतति को स्वतंत्रता के वरदान से सदा के लिए वंचित रखा जा रहा है।

उनके लिए इस सरकार के पास शासितों की सम्मति से दिए गए समुचित अधिकार नहीं हैं। उनके लिए यह सरकार प्रजातंत्र नहीं, यह गणतंत्र नहीं। यह एक कुत्सित अभिजात-तंत्र है। यह एक लिंग आधारित घृणित कुल-तंत्र है। यह धरती पर स्थापित सर्वाधिक घृणित अभिजात-तंत्र है। यह धन का कुल-तंत्र है, जिसमें धनी निर्धनों पर शासन करते हैं। यह शिक्षकों का कुल-तंत्र है, जिसमें शिक्षित अशिक्षितों पर शासन करते हैं। यह तो नस्ल का कुलतंत्र भी है। किसी सैक्सन का अफ्रीकियों पर शासन करना तो सहन किया जा सकता है। लेकिन यह लिंग आधारित कुल-तंत्र, जिसमें हर घर में पिता, भाई, पति और बेटे—माताओं, बहनों, पत्नियों और बेटियों पर शासन करते हैं, जिसमें हर पुरुष शासक और हर स्त्री प्रजा है, राष्ट्र के प्रत्येक घर में मन-मुटाव, मतभेद और विद्रोह फैलाता है।

वेबस्टर, वॉरसेस्टर और बोवियर इन सभी कोशों में नागरिक की परिभाषा उस व्यक्ति के रूप में की है, जो अमेरिका का निवासी है और यहाँ वोट देने तथा पद ग्रहण करने का अधिकार रखता है।

अब एक ही प्रश्न बाकी रह जाता है—क्या महिलाएँ भी व्यक्ति हैं? मेरे खयाल से हमारे विरोधियों में से किसी में भी यह करने का दु:साहस न होगा कि वे व्यक्ति नहीं हैं। तो फिर व्यक्ति होने के नाते महिलाएँ भी नागरिक हैं। ऐसे में किसी भी राज्य को कोई ऐसा कानून बनाने या पुराना कानून लागू करने का अधिकार नहीं है जो उनके इस विशेषाधिकार या निरापदता को प्रतिबंधित करे। अत: राज्यों के संविधान या कानून में महिलाओं के साथ किया जानेवाला कोई भी भेदभाव उसी तरह अमान्य और शून्य है, जैसा अश्वेतों के साथ भेदभाव है।

□

स्वामी विवेकानंद

स्वामी विवेकानंद का जन्म 12 जनवरी, 1863 को कलकत्ता में हुआ था। उनके बचपन का नाम नरेंद्रनाथ था। उनके पिता श्री विश्वनाथ दत्त कलकत्ता हाई कोर्ट में प्रसिद्ध वकील थे। नरेंद्र बचपन से ही नटखट और कुशाग्र बुद्धि के थे। उनके घर में नियमित पूजा-पाठ होता था, अतः परिवार के धार्मिक एवं आध्यात्मिक वातावरण में बालक नरेंद्र के मन में बाल्यकाल से ही धर्म एवं अध्यात्म के संस्कार गहरे पड़ गए। पाँच वर्ष की अवस्था में ही वे बड़ों की तरह सोचने एवं व्यवहार करने लगे। कलकत्ता के प्रेजीडेंसी कॉलेज में नरेंद्र ने शिक्षा पाई। वे आजीवन ब्रह्मचारी रहे और दक्षिण के प्रसिद्ध संत रामकृष्ण परमहंस के शिष्य बने। गुरु ने उन्हें अपनी तमाम आध्यात्मिक शक्तियाँ सौंप दीं। गुरु के समाधि लेने के बाद वे दीन-दुखियों की सेवा में जुट गए। 11 सितंबर, 1893 को अमेरिका के शिकागो शहर में हुए सर्वधर्म सम्मेलन में भाग लेने पहुँचे। अपने ज्ञान और ओजस्वी वक्तृत्व कला से उन्होंने भारतीय अध्यात्म का झंडा गाड़ दिया और भारत को विश्व गुरु के सिंहासन पर आरूढ़ किया। 1 मई, 1887 को उन्होंने श्रीरामकृष्ण मिशन की स्थापना की। उन्होंने अपने सब कार्यों का श्रेय अपने गुरु को ही दिया। 4 जुलाई, 1903 को यह अलौकिक तपस्वी, समाज-सुधारक परमात्मा में विलीन हो गया।

अमेरिका की बहनो और भाइयो!

✍ **स्वामी विवेकानंद**

अमेरिका की बहनो और भाइयो!

आपने हमारा जैसा हार्दिक और स्नेहपूर्ण स्वागत किया है, उसके लिए आभार व्यक्त करने के लिए जब मैं यहाँ खड़ा हुआ हूँ, तो मेरा मन एक अकथनीय आनंद से भरा हुआ है। मैं विश्व की सबसे प्राचीन संन्यासियों की परंपरा की ओर से आपको धन्यवाद देता हूँ; मैं आपको धर्मों की जननी की ओर से धन्यवाद देता हूँ; और मैं सभी वर्गों एवं पंथों के करोड़ों हिंदुओं की ओर से आपको धन्यवाद देता हूँ।

इस मंच पर आए उन कुछ वक्ताओं को भी मेरा धन्यवाद, जिन्होंने पूर्व से आए प्रतिनिधियों का उल्लेख करते हुए आपको बताया कि दूर देशों से आए हुए ये सज्जन विभिन्न देशों में सहिष्णुता का संदेश पहुँचाने के सम्मान के अधिकारी हो सकते हैं। मुझे उस धर्म से संबंधित होने का गर्व है, जिसने विश्व को सहिष्णुता और सार्वभौमिक स्वीकार्यता का पाठ पढ़ाया। हम न केवल सार्वभौमिक सहिष्णुता में विश्वास करते हैं, बल्कि हम सभी धर्मों की सत्यता को स्वीकार करते हैं। मुझे उस देश से संबंधित होने में भी गर्व है, जिसने इस पृथ्वी के सभी धर्मों व सभी देशों के सताए हुए लोगों और शरणार्थियों को शरण दी है। मुझे आपको यह बताने में गर्व है कि हमने उन पवित्र इजराइलियों को अपने कलेजे से लगाया है, जिन्होंने ठीक उसी वर्ष दक्षिण भारत में आकर शरण ली, जब रोमन अत्याचारियों ने उनके पवित्र मंदिर को ध्वस्त कर दिया था। मुझे उस धर्म से संबंधित होने का गर्व है, जिसने महान् ज़ोरोस्ट्रियन राष्ट्र के विस्थापितों को शरण दी है और अब भी उनके विकास में सहयोग दे रहे हैं। भाइयो, मैं आपके सामने उस भजन की कुछ पंक्तियाँ प्रस्तुत

करूँगा, जिसको मैं अपने बचपन से दोहराता आया हूँ और जिसे करोड़ों लोग प्रतिदिन दोहराते हैं—

'जैसे विभिन्न स्रोतों से उद्भूत विभिन्न धाराएँ
अपना जल सागर में विलीन कर देती हैं,
वैसे ही हे ईश्वर! विभिन्न प्रवृत्तियों के चलते
जो भिन्न मार्ग मनुष्य अपनाते हैं, वे
भिन्न प्रतीत होने पर भी
सीधे या अन्यथा, तुझ तक ही जाते हैं।'

वर्तमान सम्मेलन, जो अब तक हुई सबसे महान् सभाओं में से एक है, स्वयं 'गीता' में बताए उस अद्भुत सिद्धांत का पुष्टीकरण और विश्व के लिए एक घोषणा है—

'जो कोई, किसी भी स्वरूप में
मेरे पास आता है, मुझे पाता है;
सभी मनुष्य उन मार्गों पर
संघर्षरत हैं, जो अंत में उन्हें
मुझ तक ही ले आते हैं।'

सांप्रदायिकता, कट्टरता और उन्हीं की भयानक उपज धर्मांधता ने बहुत समय से इस सुंदर पृथ्वी को ग्रस रखा है। उन्होंने पृथ्वी को हिंसा से भर दिया है, कितनी ही बार उसे मानव रक्त से सराबोर कर दिया है, सभ्यता को नष्ट किया है और समूचे राष्ट्रों को निराशा के गर्त में धकेल दिया है। यदि ये राक्षसी कृत्य नहीं किए जाते तो मानव समाज उससे बहुत अधिक विकसित होता, जितना वह आज है। परंतु उनका अंतकाल आ गया है; और मुझे पूरी आशा है कि इस सम्मेलन के सम्मान में सुबह जो घंटानाद हुआ था, वह सभी प्रकार के कट्टरपन, सभी प्रकार के अत्याचारों, चाहे वे तलवार के जरिए हों या कलम के—और व्यक्तियों, जो एक ही उद्देश्य के लिए अग्रसर हैं, के बीच सभी प्रकार की दुर्भावनाओं के लिए मृत्यु का घंटानाद बन जाएगा।

□

हिलेरी क्लिंटन

हिलेरी डायेन रोढम क्लिंटन (जन्म : 26 अक्तूबर, 1947) अमेरिका के न्यूयॉर्क प्रांत की सीनेटर रह चुकी हैं। वे अमेरिका के बयालीसवें राष्ट्रपति बिल क्लिंटन की पत्नी हैं और सन् 1993 से 2001 तक अमेरिका की प्रथम महिला रहीं।

हिलेरी वर्ष 2008 में अमेरिका के राष्ट्रपति पद के लिए डेमोक्रेटिक पार्टी की अग्रणी उम्मीदवार रहीं।5 जून, 2008 को उन्होंने अपने डेमोक्रेटिक प्रतिद्वंद्वी बराक ओबामा की उम्मीदवारी के समर्थन में अपनी दावेदारी छोड़ दी।

हिलेरी अमेरिका के इलिनॉय प्रांत की रहनेवाली हैं। सन् 1969 में वेलेस्ले विश्वविद्यालय, जहाँ से वे राजनीति विज्ञान में स्नातकोत्तर हैं, में अपने विवादास्पद कमेंसमेंट भाषण से राष्ट्रीय स्तर पर सुर्खियों में आ गईं। सन् 1973 में येल लॉ स्कूल से स्नातक होने के उपरांत उन्होंने एक अधिवक्ता के रूप में अमेरिका के अरकांसास प्रांत में कार्य शुरू किया। 1988 तथा 1991 में उन्हें अमेरिका के सौ सबसे प्रभावशाली वकीलों में सूचीबद्ध किया गया। अमेरिकी सीनेटर के रूप में अपना पहला कार्यकाल उन्होंने 3 जनवरी, 2001 में शुरू किया।

1971 में जब उनका बिल क्लिंटन से विवाह हुआ तब वह और बिल दोनों ही अरकांसास विश्वविद्यालय में अध्यापन से जुड़े थे। येल लॉ स्कूल में भी दोनों सहपाठी थे और एक-दूसरे से परिचित थे। उनकी एक पुत्री है चेलसा क्लिंटन, जिसका जन्म 27 फरवरी, 1980 को हुआ।

महिलाएँ और मानव अधिकार

✍ **हिलेरी क्लिंटन**

अमेरिकी राष्ट्रपति बिल क्लिंटन भी पत्नी और सीनेट सदस्य हिलेरी क्लिंटन महिलाओं व बच्चों के अधिकारों के लिए जागरूकता फैलाने और संघर्ष करने के लिए सतत प्रयत्नशील रहीं। महिला अधिकारों के विषय में अपना यह प्रसिद्ध भाषण उन्होंने 5 सितंबर, 1995 को दिया था।

श्रीमती मोंजेला, संयुक्त राष्ट्र के अवर सचिव किरानी, विशिष्ट प्रतिनिधियो व अतिथियो! महिलाओं पर संयुक्त राष्ट्र के चौथे विश्व सम्मेलन में भाग लेने के लिए आमंत्रित करने पर मैं संयुक्त राष्ट्र के महासचिव को धन्यवाद देती हूँ। यह वास्तव में एक उत्सव है—जीवन के प्रत्येक पक्ष, घर, कामकाज, समुदाय, माता, पत्नी, बहन, बेटी, शिक्षार्थी, श्रमिक, नागरिक व नेता के रूप में उनके योगदान का उत्सव।

यह एक सामूहिक मिलन भी है। जिस तरह महिलाएँ प्रत्येक देश में प्रतिदिन आपस में मिलती हैं।

हम खेतों में, कारखानों में, गाँवों के हाट में, सुपर बाजारों में, ड्राइंग रूमों और बोर्ड रूमों में मिलती हैं।

चाहे हम पार्क में बच्चों के साथ खेल रही हों, नदी पर कपड़े धो रही हों या दफ्तर के बाहर वाटर कूलर पर अल्प-अवकाश में एकत्र हों—हम जहाँ भी मिलती हैं, अपनी आकांक्षाओं व चिंताओं के बारे में चर्चा करती हैं। बार-

बार हमारी चर्चा घूम-फिरकर हमारे बच्चों और परिवार पर आ जाती है। हम चाहें कितनी भी भिन्न क्यों न हों, हमें अलग करने की अपेक्षा इकट्ठे करनेवाले मुद्दे कहीं अधिक हैं। हमारा भविष्य साझा है। हम यहाँ एक साझी पृष्ठभूमि की खोज में एकत्र हुई हैं, ताकि संपूर्ण विश्व में महिलाओं को नई गरिमा व सम्मान दिलाने में सहायक बन सकें। ऐसा करके हम परिवारों को भी नई शक्ति एवं स्थिरता देंगी।

बीजिंग में एकत्र होकर वे महिलाओं व उनके परिवारों से संबंधित मुद्दों पर विश्व का ध्यान आकर्षित कर रही हैं। ये मुद्दे हैं शिक्षा, स्वास्थ्य, रक्षा, रोजगार व ऋण की प्राप्ति, आधारभूत कानूनी व मानव अधिकार पाने के अवसर तथा उनके देशों के राजनीतिक जीवन में पूरी भागीदारी।

यह सम्मेलन क्यों हो रहा है, कुछ लोग इसके बारे में भी प्रश्न करते हैं।

ऐसे लोगों को अपने घरों, पास-पड़ोस व कार्यस्थलों पर महिलाओं की आवाजें सुननी चाहिए।

कुछ ऐसे भी हैं, जो सोचते हैं कि विश्व में आर्थिक व राजनीतिक प्रगति में महिलाओं या लड़कियों की भी कुछ भूमिका हो सकती है!

उनको चाहिए कि यहाँ एकत्र और अन्यत्र महिलाओं पर एक नजर डालें—गृहिणियाँ, नर्सें, शिक्षक, वकील, नीति-निर्माता तथा अपना व्यवसाय करनेवाली महिलाएँ।

इस तरह के सम्मेलन ही सर्वत्र सरकारों व जनता को विश्व की सर्वाधिक ज्वलंत समस्याओं के बारे में सुनने, ध्यान देने तथा उनका सामना करने के लिए बाध्य करती हैं।

क्या दस वर्ष पहले नैरोबी में हुए महिला सम्मेलन के बाद ही पहली बार घरेलू हिंसा की समस्या की तरफ विश्व का ध्यान केंद्रित नहीं हुआ था?

इससे पूर्व आज मैंने विश्व स्वास्थ्य संगठन के एक मंच की बैठक में भाग लिया। इसमें सरकारी अधिकारी, गैर-सरकारी संगठन व नागरिक मिलकर महिलाओं एवं लड़कियों की स्वास्थ्य समस्याओं पर काम कर रहे हैं।

कल मैं महिलाओं के लिए संयुक्त राष्ट्र विकास कोष की एक बैठक में भाग लूँगी। वहाँ उन अत्यंत सफल स्थानीय कार्यक्रमों पर चर्चा होगी, जो अत्यंत परिश्रमी महिलाओं को ऋण उपलब्ध कराएगी, ताकि वे अपने व अपने

परिवार के जीवन में सुधार ला सकें।

सारे संसार से हमें यह सीख मिल रही है कि यदि महिलाएँ स्वस्थ व शिक्षित हों तो उनके परिवार उन्नति कर सकते हैं। यदि महिलाओं को समाज में समानता के साथ काम करने और धन कमाने का अवसर मिले तो उनके परिवार उन्नति कर सकते हैं। यदि महिलाएँ हिंसा-मुक्त हों तो उनके परिवार उन्नति कर सकते हैं।

और जब परिवार उन्नति करते हैं तो समुदाय व राष्ट्र उन्नति करते हैं।

यही कारण है कि यहाँ होनेवाली चर्चा से विश्व की प्रत्येक महिला, प्रत्येक पुरुष, प्रत्येक बच्चे, प्रत्येक परिवार का हित जुड़ा हुआ है।

पिछले 25 वर्षों से मैं महिलाओं, बच्चों व परिवारों के लिए निरंतर काम करती रही हूँ। पिछले ढाई वर्षों में मुझे हमारे देश में तथा विश्व में महिलाओं की चुनौतियों के बारे में और अधिक जानने का अवसर मिला है।

मैंने जकार्ता व इंडोनेशिया में बहुत सी नवमाताओं से भेंट की, जो पौष्टिकता, परिवार-नियोजन और बच्चों की देखभाल पर चर्चा करने के लिए नियमित रूप से गाँवों में एकत्र होती हैं।

मैं डेनमार्क में ऐसे माता-पिता से मिली हूँ, जो यह बताने में संतोष का अनुभव करते हैं कि उनके बच्चों को स्कूल बाद के केंद्रों में देखभाल, सुरक्षा व पालन-पोषण की सुविधा उपलब्ध है।

मैं दक्षिण अफ्रीका में उन महिलाओं से मिली हूँ, जो नस्लभेद के विरुद्ध संघर्ष का नेतृत्व करने में सहायक थीं और अब वहाँ नए जनतंत्र का निर्माण करने में सहयोग कर रही हैं।

मैं पश्चिमी गोलार्ध की उन अग्रणी महिलाओं से मिली हूँ, जो अपने देश के बच्चों के लिए स्वास्थ्य की बेहतर देखभाल व साक्षरता के लिए प्रतिदिन काम कर रही हैं।

मैं भारत व बँगलादेश में उन महिलाओं से मिली हूँ, जो दुधारू गायों, रिक्शा, धागा या अन्य सामान खरीदने के लिए छोटे ऋण लेती हैं, ताकि अपना व अपने परिवारों का भरण-पोषण कर सकें।

मैं बेलारूस और यूक्रेन में उन डॉक्टरों व नर्सों से मिली हूँ, जो चेर्नोबिल के दुष्परिणाम से प्रभावित बच्चों को जीवित रखने के प्रयास में लगे हुए हैं।

इस सम्मेलन के समक्ष सबसे बड़ी चुनौती उन महिलाओं की आवाज

बनना है, जिनके अनुभव अनदेखे रह जाते हैं, जिनके शब्द अनसुने रह जाते हैं।

महिलाएँ विश्व की आधी जनसंख्या से अधिक हैं। वे विश्व के निर्धनों का 70 प्रतिशत और जिन्हें लिखना-पढ़ना नहीं सिखाया गया, उनका दो-तिहाई हैं।

महिलाएँ विश्व के अधिकांश बच्चों व वृद्धजनों की प्राथमिक देखरेख करनेवाली हैं। फिर भी, हम जो काम करती हैं उसे अर्थशास्त्री, इतिहासकार, लोकप्रिय सरकारें या सरकारी नेतृत्व कोई महत्त्व नहीं देता।

इस समय जब हम यहाँ बैठे हैं, सारे विश्व में महिलाएँ बच्चों को जन्म दे रही हैं, बच्चों को पाल-पोस रही हैं, भोजन बना रही हैं, कपड़े धो रही हैं, घरों की सफाई कर रही हैं, खेती के लिए बीज रोप रही हैं, संयोजन पंक्ति पर काम कर रही हैं, कंपनियों का प्रबंधन कर रही हैं, देशों की सरकारें चला रही हैं।

महिलाएँ ऐसी बीमारियों से मर भी रही हैं, जिनकी रोकथाम या उपचार संभव है। वे आर्थिक विपन्नता व निर्धनता के कारण अपने बच्चों को कुपोषण का शिकार होते देख रही हैं। उनके अपने पिता और भाई उन्हें स्कूल जाने से वंचित कर रहे हैं। उनको जबरन वेश्यावृत्ति में धकेला जा रहा है। उनको बैंकों से ऋण नहीं मिलता और मताधिकार से वंचित रखा जाता है।

हममें से जिनको यहाँ आने का अवसर मिला है, उनका कर्तव्य है कि उनके लिए बोलें, जिन्हें यह अवसर नहीं मिला।

एक अमेरिकन होने के नाते मैं अपने देश की महिलाओं के बारे में बोलना चाहूँगी। वे महिलाएँ, जो न्यूनतम वेतन पर अपने बच्चों का पालन-पोषण कर रही हैं, वे महिलाएँ जो स्वास्थ्य या बच्चों की देखभाल का खर्च उठाने में असमर्थ हैं, वे महिलाएँ जिनके जीवन को हिंसा का खतरा है, जिसमें उनके अपने घर की हिंसा भी शामिल है।

मैं उन माताओं की तरफ से बोलना चाहती हूँ, जो अच्छे स्कूलों, सुरक्षित पास-पड़ोस व स्वच्छ वायु के लिए संघर्ष कर रही हैं। उन वृद्ध महिलाओं की तरफ से बोलना चाहती हूँ, जिनमें कुछ विधवाएँ भी हैं, जिन्होंने अपने परिवार का भरण-पोषण किया और अब उन्हें पता चला है कि उनकी कुशलता व अनुभव की उनके कार्यस्थल में अब कोई पूछ नहीं है। मैं उन महिलाओं की तरफ से बोलना चाहती हूँ, जो नर्स, होटल क्लर्क या फास्ट फूड रसोइए

के रूप में सारी रात काम करती हैं, ताकि दिन में अपने बच्चों के साथ रह सकें। और उन सभी महिलाओं की तरफ से, जिनके पास वह सब करने का समय नहीं है, जो उन्हें प्रतिदिन करना चाहिए।

आज आप से बात करते हुए मैं उनके बारे में बोल रही हूँ। ठीक उसी तरह जैसे हममें से हरेक विश्व की उन महिलाओं के बारे में बोलता है जिन्हें स्कूल जाने, डॉक्टर के पास जाने, संपत्ति का स्वामित्व पाने, अपने जीवन की दिशा निर्धारित करने का अधिकार रखने से वंचित होना पड़ा, केवल इसलिए क्योंकि वे महिलाएँ हैं। सच तो यह है कि विश्व की अधिकांश महिलाएँ घर में और घर से बाहर आवश्यकतावश काम करती हैं।

यह बात समझनी आवश्यक है कि महिलाओं को अपना जीवन कैसे जीना चाहिए! इस बारे में कोई निश्चित नियम या सूत्र नहीं गढ़ा जा सकता। इसलिए कोई महिला अपने या अपने परिवार के लिए जो रास्ता चुनती है, हमें उसका सम्मान करना चाहिए। प्रत्येक महिला को ईश्वर-प्रदत्त क्षमता का उपयोग करने का अवसर दिया जाना चाहिए।

हमें यह भी समझना चाहिए कि जब तक उनके मानव अधिकारों को सुरक्षा व सम्मान नहीं मिलता, महिलाओं को कभी संपूर्ण गरिमा नहीं मिलेगी।

हमारे इस सम्मेलन का लक्ष्य अपने भाग्य का नियंत्रण करने के लिए महिलाओं का सशक्तीकरण करना है, ताकि परिवार व समाज सबल बनें। लेकिन यह लक्ष्य तब तक पूरा नहीं होगा जब तक यहाँ की सरकार तथा समूचे विश्व की सरकारें अंतरराष्ट्रीय स्तर पर मान्य मानव-अधिकारों की सुरक्षा का उत्तरदायित्व लेना स्वीकार नहीं करतीं।

अंतरराष्ट्रीय समुदाय ने बहुत पहले यह मान लिया था और हाल ही में विएना में इसकी पुष्टि की गई कि महिला व पुरुष दोनों सुरक्षा व निजी स्वतंत्रता की एक श्रेणी के अधिकारी हैं। इसमें निजी सुरक्षा से लेकर बच्चों की संख्या और उनमें अंतर का स्वतंत्र रूप से निर्धारण करना शामिल है।

धार्मिक या राजनीतिक उत्पीड़न, गिरफ्तारी या दुर्व्यवहार का भय दिखाकर किसी को भी चुप रहने के लिए बाध्य नहीं किया जाना चाहिए।

दुर्भाग्य से अधिकांशतः महिलाओं के मानव अधिकारों का हनन होता है।

20वीं शताब्दी के अंतिम वर्षों में भी महिलाओं के साथ बलात्कार को

सशस्त्र संघर्ष का उपकरण बनाया जा रहा है। विश्व के शरणार्थियों में महिलाओं व बच्चों की संख्या सर्वाधिक है। जब महिलाओं को राजनीतिक प्रक्रिया से बाहर रखा जाता है तो वे और भी अधिक असहाय होकर दुर्व्यवहार का शिकार बनती हैं।

मेरा विश्वास है कि नई सहस्राब्दी की पूर्व संध्या पर हमें अपना मौन तोड़ना चाहिए। यहाँ बीजिंग में अब हमारे लिए समय आ गया है कि हम बोलें और सारा विश्व सुने कि महिला अधिकारों की मानव अधिकारों से पृथक् चर्चा करना स्वीकार्य नहीं है।

ये दुर्व्यवहार जारी रहे, क्योंकि दीर्घ अवधि तक महिलाओं का इतिहास मौन का इतिहास रहा है। आज भी ऐसे लोग हैं, जो हमारी आवाज को दबाना चाहते हैं।

इस सम्मेलन की आवाज स्पष्ट रूप से सुनी जानी चाहिए। जब बच्चियों को भोजन नहीं दिया जाता, उन्हें डुबो दिया जाता है, उनका दम घोंट दिया जाता है या रीढ़ तोड़ दी जाती है, केवल इसलिए कि वे बेटियों के रूप में जनमी हैं तो यह मानव अधिकारों का हनन है।

जब महिलाओं और लड़कियों को वेश्यावृत्ति की दासता करने के लिए बेच दिया जाता है, तब भी यह मानव अधिकारों का हनन है।

जब महिलाओं को दहेज लाने के लिए तेल छिड़ककर जिंदा जला दिया जाता है, तब भी मानव अधिकारों का हनन होता है।

जब एक महिला का उसके समाज में ही बलात्कार होता है या फिर युद्ध में विजय के पुरस्कार-स्वरूप महिलाओं का सामूहिक बलात्कार होता है, तब भी मानव अधिकारों का हनन होता है।

जब संपूर्ण विश्व में 14 से 44 वर्ष तक की महिलाओं की मृत्यु का मुख्य कारण घरेलू हिंसा हो, तब भी मानव अधिकारों का हनन होता है।

जब युवा लड़कियों के जननांगों को क्षत-विक्षत करने का अपमानजनक व पीड़ादायक कुकृत्य किया जाता है, तब भी मानव अधिकारों का हनन होता है।

जब महिलाओं को अपनी इच्छानुसार अपने परिवार का नियोजन कराने की स्वतंत्रता नहीं दी जाती, जब उन्हें उनकी इच्छा के विरुद्ध गर्भपात के लिए अथवा बंध्याकरण के लिए विवश किया जाता है, तब भी मानव अधिकारों का हनन होता है।

यदि इस सम्मेलन से गूँजनेवाला कोई एक संदेश है तो वह है—मानव अधिकार महिला अधिकार हैं और महिला अधिकार मानव अधिकार हैं। हमें यह नहीं भूलना चाहिए कि इन अधिकारों में स्वतंत्रता से अपने विचार व्यक्त करना और सुने जाने का अधिकार भी शामिल है।

यदि हम चाहते हैं कि स्वतंत्रता और लोकतंत्र फले-फूले तो महिलाओं को उनके देशों के सामाजिक व राजनीतिक जीवन में पूर्ण भागीदारी का अधिकार मिलना चाहिए।

गैर-सरकारी संगठनों की अनेक महिलाएँ, जो इस सम्मेलन में भाग लेना चाहती थीं, लेकिन भाग नहीं ले पाईं या उन्हें भाग लेने की अनुमति नहीं दी गई तो यह असमर्थनीय है।

मैं स्पष्ट कर देना चाहती हूँ कि स्वतंत्रता का अर्थ जनसाधारण को एकत्र होने, संगठित होने और खुलेआम वाद-विवाद या चर्चा करने का अधिकार देना है। इसका अर्थ है उनके विचारों का सम्मान करना, जो सरकार के विचारों से सहमत नहीं हैं। इसका अर्थ है अपने विचारों की शांतिपूर्ण अभिव्यक्ति के लिए नागरिकों को उनके प्रियजनों से दूर न ले जाना, उनको जेल में बंद न करना, उनके साथ दुर्व्यवहार या उनकी गरिमा या स्वतंत्रता का हनन न करना।

हाल ही में अमेरिका में हमने महिलाओं के मताधिकार की 75वीं जयंती मनाई थी। स्वाधीनता की उद्घोषणा पर हस्ताक्षर होने के 150 वर्षों के बाद महिलाएँ अपने लिए मताधिकार पा सकीं।

अनेक साहसी पुरुषों व महिलाओं के 72 साल के संगठित संघर्ष के बाद यह संभव हुआ। यह अमेरिका का सर्वाधिक विभाजक सैद्धांतिक संघर्ष था। लेकिन यह एक रक्तहीन संघर्ष भी था। मताधिकार एक भी गोली चले बिना प्राप्त हुआ।

पिछले दिनों 'विजय दिवस' पर हमें स्मरण कराया गया कि जब महिलाएँ और पुरुष सम्मिलित रूप से अत्याचारों के विरुद्ध संघर्ष करते हैं तो एक बेहतर संसार निर्मित होता है।

आधी शताब्दी से संसार के अधिकांश भागों में शांति का वातावरण है। हमने एक और विश्वयुद्ध को टाला है।

लेकिन हम पुरानी जड़ें जमा चुकी समस्याओं का समाधान नहीं कर पाए। ये समस्याएँ विश्व की आधी जनसंख्या की क्षमता को निरंतर क्षीण कर रही हैं।

अब समय आ गया है कि हम सर्वत्र महिलाओं के लिए कदम उठाएँ। यदि हम महिला कल्याण के लिए साहसपूर्ण कदम उठाएँगे तो हम बच्चों और परिवार के जीवन को उन्नत बनाने के लिए साहसपूर्ण कदम उठाएँगे।

परिवार भावनात्मक सहारे व देखभाल के लिए माताओं व पत्नियों पर आश्रित होते हैं। परिवार घर में परिश्रम के लिए महिलाओं पर आश्रित होते हैं। और अब तो अधिक-से-अधिक परिवार स्वस्थ बच्चों के लालन-पालन व परिवार के वृद्धों की देखभाल के लिए आवश्यक आय के लिए महिलाओं पर आश्रित हो रहे हैं।

जब तक संसार में सर्वत्र असमानता व भेदभाव बना रहेगा, जब तक महिलाओं और लड़कियों का अवमूल्यन होगा, उन्हें कम आहार दिया जाएगा, सबसे बाद में दिया जाएगा, उनसे अधिक काम लिया जाएगा, कम पारिश्रमिक दिया जाएगा, स्कूल नहीं भेजा जाएगा, उन्हें घर में और बाहर हिंसा का शिकार बनाया जाएगा, तब तक मानव की परिवार को शांतिपूर्ण समृद्ध संसार बनाने की क्षमता सार्थक नहीं होगी।

यह सम्मेलन हमारे व समस्त विश्व के लिए कार्यान्वयन का आह्वान हो। हम उस आह्वान को सुनें, ताकि हम एक ऐसे विश्व का निर्माण कर सकें, जिसमें प्रत्येक महिला का सम्मान हो, प्रत्येक लड़के व लड़की की देखभाल एक से प्यार व समानता के साथ हो तथा प्रत्येक परिवार में सशक्त व स्थिर भविष्य की आशा का संचार हो। धन्यवाद।

आप पर, आपके काम पर और उससे लाभान्वित होनेवाले सभी लोगों पर ईश्वर कृपालु हों।

□□□